北京市社科基金青年项目"北京'两区'建设下境外仲裁机构准入的法治保障研究"（21FXC014）的阶段性研究成果

首都经济贸易大学·法学前沿文库

中国仲裁法治现代化研究

张建 著

Research on the Modernization of the
Rule of Law in Arbitration in China

中国政法大学出版社

2022·北京

图书在版编目（ＣＩＰ）数据

中国仲裁法治现代化研究/张建著.—北京:中国政法大学出版社，2022.6
ISBN 978-7-5764-0439-5

I.①中…　II.①张…　III.①仲裁法—研究—中国　IV.①D925.704

中国版本图书馆 CIP 数据核字(2022)第 083143 号

出 版 者　　中国政法大学出版社
地　　址　　北京市海淀区西土城路 25 号
邮寄地址　　北京 100088 信箱 8034 分箱　邮编 100088
网　　址　　http://www.cuplpress.com (网络实名：中国政法大学出版社)
电　　话　　010-58908441(编辑部) 58908334(邮购部)
承　　印　　北京九州迅驰传媒文化有限公司
开　　本　　880mm×1230mm　1/32
印　　张　　11.25
字　　数　　265 千字
版　　次　　2022 年 6 月第 1 版
印　　次　　2022 年 6 月第 1 次印刷
定　　价　　49.00 元

总　序

　　首都经济贸易大学法学学科始建于 1983 年。1993 年开始招收经济法专业硕士研究生。2006 年开始招收民商法专业硕士研究生。2011 年获得法学一级学科硕士学位授予权，目前在经济法、民商法、法学理论、国际法、宪法与行政法等二级学科招收硕士研究生。2013 年设立交叉学科法律经济学博士点，开始招收法律经济学专业的博士研究生，同时招聘法律经济学、法律社会学等方向的博士后研究人员。经过 30 年的建设，首都经济贸易大学几代法律人的薪火相传，现已经形成了相对完整的人才培养体系。

　　为了进一步推进首都经济贸易大学法学学科的建设，首都经济贸易大学法学院在中国政法大学出版社的支持下，组织了这套"法学前沿文库"，我们希望以文库的方式，每年推出几本书，持续地、集中地展示首都经济贸易大学法学团队的研究成果。

既然这套文库取名为"法学前沿"，那么，何为"法学前沿"？在一些法学刊物上，常常可以看到"理论前沿"之类的栏目；在一些法学院校的研究生培养方案中，一般都会包含一门叫作"前沿讲座"的课程。这样的学术现象，表达了法学界的一个共同旨趣，那就是对"法学前沿"的期待。正是在这样的期待中，我们可以发现值得探讨的问题：所以法学界一直都在苦苦期盼的"法学前沿"，到底长着一张什么样的脸孔？

首先，"法学前沿"的实质要件，是对人类文明秩序做出了新的揭示，使人看到文明秩序中尚不为人所知的奥秘。法学不同于文史哲等人文学科的地方就在于：宽泛意义上的法律乃是规矩，有规矩才有方圆，有法律才有井然有序的人类文明社会。如果不能对千差万别、纷繁复杂的人类活动进行分门别类的归类整理，人类创制的法律就难以妥帖地满足有序生活的需要。从这个意义上说，法学研究的实质就在于探寻人类文明秩序。虽然，在任何国家、任何时代，都有一些法律承担着规范人类秩序的功能，但是，已有的法律不可能时时处处回应人类对于秩序的需要。"你不能两次踏进同一条河流"，这句话告诉我们，由于人类生活的流动性、变化性，人类生活秩序总是处于不断变换的过程中，这就需要通过法学家的观察与研究，不断地揭示新的秩序形态，并提炼出这些秩序形态背后的规则——这既是人类生活和谐有序的根本保障，也是法律发展的重要支撑。因此，所谓"法学前沿"，乃是对人类生活中不断涌现的新秩序加以揭示、反映、提炼的产物。

其次，为了揭示新的人类文明秩序，就需要引入新的观察视角、新的研究方法、新的分析技术。这几个方面的"新"，可以概括为"新范式"。一种新的法学研究范式，可以视为"法学前沿"的形式要件。它的意义在于，由于找到了新的研究范式，人们可以洞察到以前被忽略了的侧面、维度，它为人们认识秩序、认识法律提供了新的通道或路径。依靠新的研究范式，甚至还可能转换人们关于法律的思维方式，并由此看到一个全新的秩序世界与法律世界。可见，法学新范式虽然不能对人类秩序给予直接的反映，但它是发现新秩序的催生剂、助产士。

再其次，一种法学理论，如果在既有的理论边界上拓展了新的研究空间，也可以称之为法学前沿。在英文中，前沿（frontier）也有边界的意义。从这个意义上说，"法学前沿"意味着在已有的法学疆域之外，向着未知的世界又走出了一步。在法学史上，这种突破边界的理论活动，常常可以扩张法学研究的范围。譬如，以人的性别为基础展开的法学研究，凸显了男女两性之间的冲突与合作关系，就拓展了法学研究的空间，造就了西方的女性主义法学；以人的种族属性、种族差异为基础而展开的种族批判法学，也为法学研究开拓了新的领地。在当代中国，要拓展法学研究的空间，也存在着多种可能性。

最后，西方法学文献的汉译、本国新近法律现象的评论、新材料及新论证的运用……诸如此类的学术劳作，倘若确实有助于揭示人类生活的新秩序、有助于创造新的研究范式、有助于拓展新的法学空间，也可宽泛地归属于法学理论的前沿。

以上几个方面，既是对"法学前沿"的讨论，也表明了本套文库的选稿标准。希望选入文库的每一部作品，都在法学知识的前沿地带做出新的开拓，哪怕是一小步。

喻　中

2013 年 6 月于首都经济贸易大学法学院

序 言
PREFACE

随着"一带一路"建设的不断深入，跨国商业交往大量增加，国际商事与经贸争议频发，妥当且合理地解决商事争议，将为"一带一路"的行稳致远提供法制保障。在新的历史时期，国际商事争议解决面临新的发展机遇，除了国际商事仲裁，国际商事法庭、国际投资仲裁、国际争端预防与解决、国际商事调解等新领域备受理论与实务界的关注，这给传统的商事仲裁制度带来了新的挑战，亟待以新时代的实践需求为统领，借助法治化营商环境的构建等契机，推动中国仲裁法治走向现代化。本书是作者在多年研究国际商事仲裁法律制度的基础上撰写的一本专著，在全书中，作者首先回顾了改革开放四十余年来中国仲裁法律制度发展的历史征程，继而针对现行《中华人民共和国仲裁法》存在的弊病提出相应的修改方案。在此基础上，作者分别选取了三个具体问题，即国际商事仲裁证据规则的制定与适用、中国引入临时仲裁的路径与方案、国际投资仲裁规则的现代化展开讨论。总体来看，"一带一路"建设为中国仲裁的发展提供了绝佳的契机，而自贸区、粤港澳大湾区等新型经济实体的建设则为改革和完善现有仲裁制度提供了法治"先行先试"的平台。在探索中国仲裁法治现代化的过程中，既要汲取《联合国国际贸易法委员会国际商事仲裁示范法》等国际规则中的合理元素，又要结合我国国情、紧密围绕我国的现实法治环境进行制度设计。不同于其他的法律领域，在仲裁理论与实践方面，制度的变革不独取决于立法者的远见卓识，还依赖于法院等司法机关的适度审查，同时还需要各个仲裁机构不断地反思、总结，从仲裁实践中摸索规律、探索经验、贡献智慧。对于研究仲裁理论与从事仲裁实践的人士而言，不仅需要随时保持敏感度、不断汲取新知，还需要放大格局、开阔视野，学习域外规则的同时也要将中国的实践智慧推广出去。鉴于此，本书希冀以中国仲裁的国际化为线索，将各章节的主题串联起来，以期起到抛砖引玉之效，引导更多的同仁关注仲裁、研究仲裁。

目 录 CONTENTS

改革开放四十余年来中国国际仲裁法治
变迁与展望

改革开放迄今已走过了四十余年的历程，这四十余年来中国国际仲裁法律制度与实践的发展轨迹既是改革和开放在法律上的投射，又是中国仲裁法本身对时代发展的自觉回应。2018年是中国仲裁法治的"不惑之年"，立足于时代视野对中国涉外仲裁法治与理论的发展谱系进行梳理和回顾，既是对中国仲裁法近几十年来发展进程的一个总结和交代，也是探索和思考中国仲裁法未来发展方向的新起点。

党的十一届三中全会的召开标志着改革开放的起步，这促使我国的民主与政治生活进入崭新的时代，亦为仲裁法学研究的复兴和仲裁法律实践步入正轨提供了宝贵的机遇和广阔的空间。自《中华人民共和国仲裁法》（以下简称《仲裁法》）于1995年实施以来，我国仲裁机构受理商事仲裁的案件数量始终处于稳步增长的状态。据相关统计数据显示，《仲裁法》实施的第一年，即1995年全年，全国仲裁委员会共受理案件1048件，之后的每年都有不同程度的增长。特别是自2014年全国19家仲裁机构根据国务院法制办公室的部署展开"案件受理多样化、纠纷处理多元化"（以下简称"两化"）试点工作后，仲裁受案数量增速更为明显。2016 年，全国仲裁年受案量首次突破"二十万件"。[1]2016 年全年，全国共 255 家仲裁机构，受案总量达 208 545 件，几乎达到 1995 年的 200 倍。就仲裁案件标的额而言，1995 年，全国仲裁委员会受理案件标的总额仅为 42 亿元，2016 年，全国案件标的总额高达 4695 亿元，达到 1995 年的 100 多倍。特别是，2016 年，纳入"两化"试点工作的仲裁机构扩充至 74 家，这些机构 2016 年度共受理案件 87 826 件，约占全国受案总数的 42%，试点工作成效明显。[2]截至 2018 年底，全国共设立 255 个仲裁委员会，工作人员 6 万多名。自1994 年《仲裁法》颁布以来，全国仲裁机构累计处理各类民商事案件 260 万余件，标的额 4 万多亿元，案件当事人涉及 70 多个国家和地区。仲裁解决纠纷的范围涉及经济贸易、建设工程、房地产、金融、农业生产经营以及物业纠纷等经济社会发展的各个领域。近几年来，全国仲裁机构办理案件的质量不断提高，案件快速结案率、纠纷自愿和解调解率达到 60% 以上，仲裁裁决的自动履行率达到 50% 以上，作出的裁决被人民法院撤销和不予执行的比例始终低于 1%。[3]

如此可见，我国的商事仲裁事业正处于蒸蒸日上的发展期，受案数量与案件标的额的猛增赋予中国仲裁界"百尺竿头，更进一步"的信心。与此同时，在 2018 年改革开放四十

---

〔1〕 张维："中国仲裁事业保持迅猛发展势头 2017 年仲裁受案量仍将大幅增长"，载 http://www. legaldaily. com. cn/index/content/2018-01/08/content_ 7441610. htm? node=20908，最后访问日期：2019 年 4 月 24 日。

〔2〕 江越："2017 年全国仲裁'两化'试点工作座谈会在惠州召开"，载 http://www. legaldaily. com. cn/Arbitration/content/2017-04/10/content_ 7098845. htm? node=79488，最后访问日期：2019 年 3 月 22 日。

〔3〕 孝金波："全国仲裁工作会议举行 完善仲裁制度 提高仲裁公信力"，载 http://legal. people. com. cn/n1/2019/0329/c42510-31001831. html，最后访问日期：2019 年 8 月 9 日。

年这一关键时间节点上，回顾改革开放以来（尤其是《仲裁法》颁布实施以来）中国国际仲裁法治的变迁，在理清现状的基础上，反思其中隐存的问题并探讨可行的对策，有助于更好地谋划未来。

第一节　《仲裁法》颁行前中国国际仲裁的制度形成与演变

一、改革开放前中国国际仲裁制度的萌芽与初创期

如果严格按照时间纵轴作代际划分，中华人民共和国成立前的中国仲裁法肇始于 1912 年国民政府颁布的《商事公断处章程》及相关的办事细则，1921 年北洋政府又制定了《民事公断暂行条例》，国民政府于 1927 年暂准援用《商事公断处章程》及《商事公断处办事细则》，当时的公断处附设于所在地的商会，更近似于一种调解机制而非现代意义上的仲裁。[1]中华人民共和国成立后，中国的仲裁制度可溯至 1954 年中国国际贸易促进委员会组建对外贸易仲裁委员会，但在改革开放前夕，二十余年间其受案总量仅达到 20 多件，且这些案件多以调解方式解决。[2]鉴于此，将中国国际仲裁制度的真正起点定位为改革开放之际，是客观且准确的。

二、改革开放至《仲裁法》颁布前的恢复与调整期

在《仲裁法》颁行前，尤其是在 20 世纪 80 年代，中国虽然已经存在经济合同纠纷仲裁，但相关规定与机构设置缺乏规

---

〔1〕　谢冬慧："民国时期民事仲裁制度论略"，载《仲裁研究》2014 年第 1 期。

〔2〕　陶春明、王生长编著：《中国国际经济贸易仲裁——程序理论与实务》，人民中国出版社 1992 年版，第 3 页。

范、体制混乱、受案分散、程序不统一,并且实行多头仲裁,又裁又审,十分复杂。根据 1979 年《国家经济委员会、工商行政管理总局、中国人民银行关于管理经济合同若干问题的联合通知》与 1980 年《工商行政管理总局关于工商行政管理部门合同仲裁程序的试行办法》的规定,当时的经济合同纠纷实行"两级仲裁"与"先裁后审"相结合的模式,程序相当烦琐。在 1981 年《中华人民共和国经济合同法》与 1983 年《中华人民共和国经济合同仲裁条例》颁布后,经贸合同仲裁又从"两裁两审制"转变为"一裁两审制",仲裁实行一次裁决制,当事人不服仲裁裁决不得再次申请仲裁,只能向法院起诉。仲裁程序的耗时漫长,裁决的拘束力与执行力难以得到保障,这与国际通行的仲裁制度相去甚远,效率与公正的价值理念均难觅其踪。

在这个时期内,1991 年颁行的《中华人民共和国民事诉讼法》(以下简称《民事诉讼法》)堪称《仲裁法》制定前我国关于国际商事仲裁最重要的一部国内立法。[1]1991 年《民事诉讼法》专设一编,对我国涉外仲裁的有关问题作了特别规定。其中包括,涉外仲裁协议具有排除法院管辖权的效力、涉外仲裁中的财产保全、强制执行涉外仲裁裁决的管辖法院、不予执行涉外裁决的条件、裁决被不予执行后当事人可采取的救济。与此同时,该法"司法协助"一章还就我国涉外仲裁机构所作裁决在国外申请执行作了原则性规定。除该法外,1979 年《中华人民共和国中外合资经营企业法》、1982 年《中华人民共和国对外合作开采海洋石油资源条例》、1983 年发布的《中华人民共和国海上交通安全法》、1985 年《中华人民共和国涉外经

---

〔1〕 韩德培主编:《国际私法问题专论》,武汉大学出版社 2004 年版,第394页。

济合同法》、1988 年《中华人民共和国中外合作经营企业法》等法律文件中也鼓励以仲裁方式解决相关争议。[1]

尽管中国的国内仲裁制度尚待规范，但经过各界的努力，中国的国际仲裁制度正通过加入各类仲裁公约而初步实现与国际社会的对话。1986 年 12 月，中国正式决定加入国际商事仲裁领域影响力最大的《承认及执行外国仲裁裁决公约》（即《纽约公约》），公约自 1987 年 4 月 22 日对我国生效。[2]为了正确地理解、贯穿并落实该公约，最高人民法院于 1987 年 4 月发布了《关于执行我国加入的〈承认及执行外国仲裁裁决公约〉的通知》（法［经］发〔1987〕5 号），其中重点申明了中国政府在加入该公约之际所提出的互惠保留声明与商事保留声明，并具体规定了有权审理承认和执行外国仲裁裁决请求的管辖法院及申请执行期限。加入该公约，是中国仲裁史上的重大历史性事件，这标志着具有中国国籍的仲裁裁决能够通过该公约在其他缔约国的法院得到广泛的承认和执行。同时，中国法院有义务承认和执行外国仲裁裁决，除非存在该公约第 5 条所列明的拒绝事由，这对优化中国的营商环境、增强外国当事人选择在中国仲裁的信心、提升中国仲裁机构的国际公信力具有极为深远的现实意义。

除解决平等主体之间跨国民商事争议的国际商事仲裁之外，中国自改革开放以来，在解决外国投资者与东道国政府之间争端的国际投资仲裁方面亦有长足的进展。早在 20 世纪 80 年代改革

---

〔1〕　赵健："回顾与展望：世纪之交的中国国际商事仲裁"，载《仲裁与法律》2001 年第 1 期。

〔2〕　2018 年 3 月 22 日，联合国国际贸易法委员会秘书处宣布，佛得角已交存加入《纽约公约》的文书，成为公约第 158 个成员国；2018 年 3 月 26 日，苏丹也交存了加入《纽约公约》的批准文件，成为公约第 159 个成员国，随着缔约国数量的增多，公约影响力正不断扩大。

开放初期，中国就已经启动了对外缔结双边投资条约（Bilateral Investment Treaty，BIT）的实践，其中绝大多数条约中都订入了投资者与国家间争端解决（Investor-State Dispute Settlement，ISDS）条款，而投资仲裁方式是重要选项之一。[1]然而，在早期缔结的 BIT 中，ISDS 条款规定的投资仲裁选项多为根据《联合国国际贸易法委员会仲裁规则》（以下简称《贸法会仲裁规则》）进行专设仲裁或约定在瑞典斯德哥尔摩商会仲裁院仲裁。1990 年 2 月 9 日，中国政府签署了《关于解决国家与他国国民之间投资争议公约》（即《华盛顿公约》），并于 1993 年 1 月正式向公约存管机构交存了批准书，公约已于 1993 年 2 月 6 日起正式对中国生效。[2]此后，中国政府在对外缔结 BIT 时，开始将国际投资争端解决中心（ICSID）仲裁作为 ISDS 条款的必备选项之一，这标志着中国在国际投资仲裁法治方面走出了第一步，也为中国政府与海外投资者解决国际争端奠定了法制基础。

第二节 《仲裁法》颁行后中国国际仲裁制度的革新与发展

一、《仲裁法》颁布以来中国仲裁制度发展的三重阶段

1994 年颁布的《仲裁法》堪称中国仲裁界的基本规范，这部法律的颁布，意味着中国仲裁法律制度与实践开始从本土化

---

〔1〕 我国自 1978 年实行改革开放以来，对谈判和签订双边投资保护协定始终持积极态度，在坚持主权原则和平等互利原则的基础上，积极与有关国家磋商并缔结了大量的条约。据统计，中国历史上最早的一份 BIT 是 1982 年与瑞典缔结的，目前中国缔结 BIT 的总数量已达到全球第二，仅次于德国。余劲松：《国际投资法》（第五版），法律出版社 2018 年版，第 189 页。

〔2〕 吕岩峰、何志鹏、孙璐：《国际投资法》，高等教育出版社 2005 年版，第 255 页。

迈向国际化，从杂乱无章转向合理有序的状态，因而标志着中国国际仲裁制度的发展进入了一个新的"分水岭"。[1]就其历史意义而言，这部法律统一了中国国际仲裁法治的原则、规则和程序，改变了过去"裁出多门"的混乱局面，使我国商事仲裁制度走上了良性发展的道路。结合全国仲裁工作发展与仲裁委员会受案的实际统计情况，以仲裁界在不同历史阶段的主要任务作为界限，中国仲裁行业自《仲裁法》颁行以来的二十多年，基本可区分为三个主要阶段。

第一阶段：自1994年《仲裁法》颁布至2004年该法颁布十周年。这段时间堪称中国现代仲裁的起步阶段和制度生成期。这个时期内，中国仲裁界以重新组建仲裁机构和筹建中国仲裁协会作为中心目标。根据国务院办公厅发布的《关于做好重新组建仲裁机构和筹建中国仲裁协会筹备工作的通知》（国办发〔1994〕99号）规定，重新组建仲裁机构的"具体工作由市政府法制局（办）牵头，司法、工商等部门和贸促会、工商联参加。"1995年《仲裁委员会登记暂行办法》第3条第1款、第2款规定："仲裁委员会可以在直辖市和省、自治区人民政府所在地的市设立，也可以根据需要在其他设区的市设立，不按行政区划层层设立。设立仲裁委员会，应当向登记机关办理设立登记；未经设立登记的，仲裁裁决不具有法律效力。"客观评价，1994年《仲裁法》的颁布，标志着具有中国特色的社会主义仲裁法律制度真正确立，这是党和国家根据新时期的历史任务对

---

〔1〕　所谓"国际化"，是指从体制外融入体制内的过程，也是一个在体制内由消极或次要成员演变成积极和主导成员的过程。没有实现国际化的中国商事仲裁法治，是难以影响全球化时代的法律发展的，也不能成为建立对中国有利的国际秩序和保护中国国际利益的有效手段。参见莫世健："中国法治三十年之国际法篇"，载中国政法大学：《中国法治三十年论文集》，中国政法大学出版社2008年版，第187页。

我国民商事纠纷解决制度进行的重大改革。在该阶段的后期，即 2002 年在济南召开的全国仲裁工作会议上，仲裁界还针对部分省份提出了跨越式发展的使命，概括而言，跨越式发展是指全国仲裁工作在三年时间内，以非常规的速度和幅度发展，重点单位要保证受案量翻一番，力争后两年继续保持相当的发展速度，拉动全国仲裁工作迅速迈上新台阶。[1]

第二阶段：2004 年《仲裁法》首次颁布十年开始至 2014 年该法颁布二十周年，中国特色社会主义仲裁事业与全国仲裁工作迈上了"二次创业"的新征程。在这一阶段内，中国仲裁界的中心任务转变为：努力把我国仲裁事业为社会主义市场经济体制建设发挥的积极作用提升为重要作用。[2]在《仲裁法》颁布十年之际，按照国务院办公厅有关文件的规定，在全国依法可以重新组建仲裁委员会的城市中，已先后重新组建了 183 个仲裁委员会，一个适应社会主义市场经济体制建设要求，满足公正、及时解决民商事纠纷需要的仲裁工作体制已经基本形成。在《仲裁法》颁行十周年之际，对全国仲裁工作的目标与中心任务作出调整，是全国仲裁界根据我国仲裁工作长期存在的先进的仲裁法律制度与相对滞后的社会仲裁意识和初始的仲裁工作水平的基本矛盾而提出的重要决策，是继续推行中国特色社会主义仲裁事业发展的重大战略举措，是最终实现我国仲裁工作正规化、科学化、现代化的历史必由之路。二次创业的提出，不但彰显了全国仲裁界的坚定信心，也重估了第一代仲裁开拓者的创业与进取精神。

第三阶段：自 2014 年《仲裁法》颁布二十周年至今，全国

---

〔1〕 卢云华：《中国仲裁十年》，百家出版社 2006 年版，第 95 页。
〔2〕 卢云华："努力开创仲裁事业的崭新局面"，载《法制日报》2006 年 9 月 19 日，第 12 版。

仲裁工作进入了加速发展的"快车道"。为了进一步推动仲裁事业阔步前进，努力使我国仲裁工作立足于世界纠纷解决发展趋势前沿，仲裁界展开了全国仲裁工作"两化"的积极探索，借此提升仲裁的服务作用、改善仲裁的社会地位、提高仲裁的公众认知。[1]在全面深化改革的历史条件下，党的十八届四中全会指出，新时期全国仲裁工作的主要任务是"完善仲裁制度，提高仲裁公信力"。这是对我国仲裁事业发展实际提出的新任务、新要求，对于全面推进依法治国、营造并改善制度环境、促进经济社会发展而言，意义重大且深远。为了实现把仲裁打造成新型的、现代的、科学高效解决社会矛盾的专业法律平台的目标，应充分发挥仲裁在社会治理中巧实力、软手段的特殊作用，进而保障经济社会的持续发展。为了实现新时期的仲裁发展任务，对二十多年来的《仲裁法》实施情况进行全面了解，是贯彻党的十八届四中全会精神的一项基础性工作，对全面研究评估仲裁事业发展现状，探索完善仲裁制度、提升仲裁公信力的措施，具有重要意义。

二、《仲裁法》对中国涉外仲裁制度的改革

具体而言，《仲裁法》的颁行给中国仲裁制度带来了一定的冲击，这部法律实施以来，中国的涉外仲裁制度经历了多重变

---

〔1〕　具体而言，仲裁工作"两化"试点的主要内容区分为案件受理多样化与纠纷处理多元化两个方面。对于前者，特指在继续加大受理商事纠纷力度的同时，根据仲裁法的规定，积极面向社会各个领域广泛受理涉及财产权益的民事纠纷，尽可能多地解决社会矛盾。目前部分仲裁机构正在进行的纠纷受理探索，除法律明确规定不属于仲裁受理的事项外，都可纳入试点受理范围，也可以探索与有关国家机关和行业组织合作，将涉及财产权益的争议先行引入仲裁处理。对于后者，特指树立少敲锤子、多解扣子的纠纷处理观念，避免靠简单裁决方式解决矛盾，积极探索运用调解和解、仲裁确认、友好仲裁、工程评审、仲裁斡旋和谈判等方法解决纠纷，尽可能使争议中的各方当事人都能满意。

革，突出体现在以下几个方面：

第一，开展仲裁机构重新组建的工作。

《仲裁法》生效之际，中国存在两类不同类型的仲裁委员会，一类是国内仲裁委员会，其仅受理国内纠纷，另一类是涉外仲裁委员会，即中国国际经济贸易仲裁委员会与中国海事仲裁委员会，专门受理涉外纠纷。由于《仲裁法》中不再严格区分国内机构与涉外机构，也并不禁止某一类机构受理涉外案件，自 1996 年开始，前述两类仲裁委员会的职能开始融合，原则区别不复存在。但在当时，从客观情况来看，两类仲裁委员会在设立机关、运作模式、仲裁规则、办案经验等方面都存在较大的差异。一般认为，两家涉外仲裁机构自成立初期就贴近国际惯例运作，基本代表了国内仲裁机构的成熟阶段，因此《仲裁法》生效后无需重新组建。而原来的国内仲裁机构，由于行政化色彩过重，不符合《仲裁法》的定位和条件，亟待按照《仲裁法》的要求重新组建，未重新组建的一律终止运行。[1] 为了妥善完成这项工作，国务院还发布了《仲裁委员会登记暂行办法》《仲裁委员会仲裁收费办法》等一系列文件。[2]

可以说，1994 年《仲裁法》的颁布为改革旧的行政仲裁制度奠定了基础，其中第 8 条与第 14 条分别明确了仲裁的独立性与非行政性，第 10 条则改变了原来仲裁机构按行政区划及行政隶属关系层层设置的做法，并规定了通过中国仲裁协会作为规范与监督全国各仲裁委员会工作的自律性组织。这些机构改制

---

〔1〕 参见国务院办公厅发布的《关于做好重新组建仲裁机构和筹建中国仲裁协会筹备工作的通知》。

〔2〕 黄进、宋连斌、徐前权：《仲裁法学》，中国政法大学出版社 2008 年版，第 38 页。

方面的努力，为中国仲裁事业的健康成长铺平了道路。[1]

第二，确立了中国商事仲裁的基本理念、原则与制度。

《仲裁法》的颁布正式确立了协议仲裁、或裁或审、一裁终局等基本原则与制度，对仲裁机构、仲裁协议、仲裁员、仲裁程序、仲裁裁决的司法监督（含撤销与不予执行）及涉外仲裁作出了全面规定，力图在借鉴国际经验的基础上恢复仲裁的本来面目，从而还原中国仲裁的自治性、独立性、民间性等优势，真正实现与国际接轨。[2]

正如同国际仲裁界所公认的，仲裁之好坏取决于仲裁员。[3]仲裁员制度是国际商事仲裁制度的核心内容，作为国际仲裁员，其不仅要满足必要的法律或经贸知识和裁判技能，而且须符合中立裁判所要求的独立性与公正性。[4]与此同时，仲裁员在仲裁执业过程中面临着一定的风险，虽然大多数国家的仲裁立法对仲裁员实现不同程度的责任豁免，但豁免并不意味着仲裁员获得了绝对免责，也不等同于仲裁在法律和道德上必

---

[1]　有观点特别指出，《仲裁法》的颁布之所以堪称中国仲裁法治发展史的里程碑，主要在于本法否定了国内原有的行政仲裁模式。与此同时，决不能把仲裁的行政化理解为中国仲裁制度的特色，也不能在中国特色仲裁制度的大旗下掩盖或纵容仲裁行政化的发展。费宗祎："费宗祎先生谈仲裁法的修改"，载《北京仲裁》2007 年第 2 期。

[2]　徐家力："回顾与展望:《仲裁法》实施后我国商事仲裁事业发展之路"，载 http://blog. sina. com. cn/s/blog_ 3fe560cb0102vggi. html，最后访问日期：2018 年 4 月 15 日。

[3]　David Hacking, "Arbitration is Only as Good as Its Arbitrators", in S. Kröll et al. eds., *Liber Amicorum Eric Bergsten*, Kluwer Law International, 2011, p. 223.

[4]　不同的国际条约及各国仲裁立法对担任仲裁员的资格条件设置了不同的要求，其中存在一些共性，如必须具备完全的民事权利能力及行为能力，但也存在一些区别，如有些公约对仲裁员国籍设定了消极要求，一些国家对担任仲裁员的法律从业经验及律师执业年限给出了具体标准等。See Emmanuel Gaillard and John Savage eds., *Fouchard Gaillard Goldman on International Commercial Arbitration*, CITIC Publishing House, 2004, p. 561.

然是可靠的，对仲裁员的民事责任、刑事责任、行业纪律责任予以深入研究和论证颇为必要。就刑事责任而言，2006 年我国第十届全国人大常委会第二十二次会议通过了《中华人民共和国刑法修正案（六）》，其中第 20 条规定在《中华人民共和国刑法》第 399 条后增加一条，定为"枉法仲裁罪"。这一罪名的出台，引发了国内仲裁界的激烈反对、批判与抵触。[1]总体来看，这一罪名的增设给中国仲裁界带来了一定的消极影响，暴露了立法者对仲裁员队伍的不信任，在司法实践中应谨慎认定。此外，就仲裁员的行业纪律责任方面，通行的国际律师协会《国际仲裁利益冲突指引》在我国还没有得到充分的重视，有些仲裁机构在仲裁员信息披露方面做得较好，有些则严重缺乏利益冲突审查的意识。对此，我国在修订立法时应明确仲裁员在哪些特定情形下负有自行主动披露的义务，在哪些情形下需要由主张仲裁员回避的一方承担缺失独立性与公正性的证明责任。[2]此外，仲裁界有必要从仲裁行业的角度对违纪者予以除名、解聘甚至"终身禁入"等惩戒，以便尽可能减小仲裁员不当行为带来的损害，从根本上保障中国仲裁的公信力及仲裁从业者的公正性。[3]

第三，构建涉外仲裁司法审查的内部报告制。

《仲裁法》实施后，为了充分保证国际商事仲裁司法审查案件的裁判质量，防止下级法院在审理涉外仲裁协议效力认定、

---

〔1〕 宋连斌："枉法仲裁罪批判"，载《北京仲裁》2007 年第 2 期。

〔2〕 彭丽明：《仲裁员责任制度比较研究》，法律出版社 2017 年版，第 205 页。

〔3〕 2006 年，富士施乐仲裁案引发的天津仲裁委员会仲裁员戚某被"终身禁入"的事例遭到曝光，这对中国仲裁界的公信力形成了消极影响，引起国内仲裁界对仲裁员独立性、公正性及职业操守的关注，却很少有人反思相应的预警与防范机制。参见萧凯："从富士施乐仲裁案看仲裁员的操守与责任"，载《法学》2006 年第 10 期。

申请撤销或不予执行涉外仲裁裁决、申请承认和执行外国裁决的案件中作出不当决定，最高人民法院自 1995 年以来，先后下发了《关于人民法院处理与涉外仲裁及外国仲裁事项有关问题的通知》)（法发〔1995〕18 号）、《关于人民法院撤销涉外仲裁裁决有关事项的通知》（法〔1998〕40 号）及《关于承认和执行外国仲裁裁决收费及审查期限问题的规定》（法释〔1998〕28 号），其中要求受理案件的人民法院在对涉外、涉港澳台仲裁司法审查案件作出否定性结论的（包括拟认定仲裁协议无效、拟撤销或不予执行仲裁裁决），必须逐级报请最高人民法院审定。[1]

值得肯定的是，中国涉外仲裁领域的内部报告制，其出台存在特定的历史背景，在改革开放之初至《仲裁法》颁布前，中国相当一部分地方法院对商事仲裁的认知存在误区，将其视为与法院竞争管辖权的敌对方。因此法院在司法审查中漠视当事人意思自治，并对本应提交仲裁的案件行使了司法管辖权。内部报告制实施后，最高人民法院在大量案件中否定了地方法院认定涉外仲裁协议无效的决定，其中包括部分地方法院由于无视当事人订立的法律选择条款而错误地直接适用了中国法、拒不查明外国法、混淆适用于主合同的准据法与适用于仲裁条款的准据法等而对仲裁协议的效力作出错误认定的情形。在这种历史背景下，在涉外仲裁司法审查中实施法院的内部报告制，其目的在于确保地方法院不至于与仲裁机构争夺管辖权，或者过度行使管辖权，但是其在实践中取得的效果却并不理想。

首先，内部报告制的实施只能由地方法院启动，如果中级人民法院未能上报，则高级人民法院与最高人民法院不会自愿主动审查中级人民法院的管辖权是否正当。事实上，在实践中，

---

〔1〕　朱科："国际商事仲裁司法审查案件内部请示报告制度的转型"，载《法学杂志》2017 年第 6 期。

的确有部分地方法院并未有效地遵行内部报告制，在其认定仲裁协议无效后即刻对案件行使了管辖权，此时，反对的一方当事人只能通过向上一级法院提起上诉寻求程序救济。比如在鲁琴（香港）有限公司与广东中外运船务代理有限公司关于仲裁协议效力异议的案件中，上海海事法院认定租船合同中的仲裁条款无效，直接行使了管辖权。其后，一审被告向上海市高级人民法院上诉，二审法院依据查明的英国法和中国香港法，认定系争仲裁条款有效，一审法院对本案没有管辖权。很明显，上海海事法院在一审中并未履行内部报告制所规定的上报程序，并因此导致了二审法院与一审法院作出了截然相反的认定。

其次，内部报告制对双方当事人的保护是单向的，即内部报告制仅在一审法院认定仲裁协议无效而将要行使司法管辖权、决定受理一方当事人起诉的情况下方才启用，但在当事人仅申请否定声明时则不予适用。例如，在铁行渣华有限公司等诉华兴海运（中国）有限公司申请确认提单仲裁条款无效案中，申请人向法院请求确认仲裁协议无效，法院据此作出了消极的认定，裁定提单背面条款第 2 条管辖权条款中的仲裁协议无效。但本案法院并未向高级人民法院上报，原因是一审法院仅作出了仲裁协议无效的认定，而未打算据此行使司法管辖权，因此严格来讲，并不符合 1995 年《最高人民法院关于人民法院处理与涉外仲裁及外国仲裁事项有关问题的通知》中所载明的内部报告制的启动条件。对该通知的严格解释，将很可能导致内部报告制被当事人规避或者架空。

最后，内部报告制在一定程度上增加了高级人民法院与最高人民法院的受案量，且整套程序可能耗费数月，抵消了商事仲裁内在的效率优势。然而，据观察发现，法治观念与裁判水准越高的一审法院，其更可能严格遵行内部报告制履行上报程序，进而对仲裁协议效力的认定更有可能正确，却因程序的烦琐而导致拖延。恰恰相反，越是对仲裁法治存在认识误区的一审法院，其也恰恰不愿遵循内部报告制，进而对仲裁协议的效力认定越有可能出现错误，却可以逃避上级的审查与纠错。当然，这一悖论不是单纯制度层面的问题，其解决方案尚且依赖于整体法治状况与司法水平的进步，且内部报告制能否如愿发挥效果，有赖于最高人民法院的办案效率与初审法院的裁判质量。

第四，更新涉外仲裁协议的法律适用规则。

在判定国际商事仲裁协议的有效性时，准据法的确定问题始终是实践中的"疑难杂症"，综合各国实践，至少存在国际仲裁协议适用当事人协议选择的法律、主合同准据法、仲裁程序准据法、法院地法、仲裁地法、仲裁机构所在地法等方案。[1]在中国涉外经贸仲裁制度运用之初，尽管受案量在不断增长，但法官在认定仲裁协议准据法时，多径行依赖于法院地法予以判断，在仲裁协议的解释及发现仲裁协议准据法方面的裁判意思乏善可陈。国际商事仲裁的法律适用问题受到漠视的状况，直至2003年北京仲裁委员会修订仲裁规则时才被引起重视。[2]随着实践的推进，最高人民法院也意识到了这一问题，并于2006年《关于适用〈中华人民共和国仲裁法〉若干问题的解释》（以下简称《仲裁法司法解释》）第16条中确立了涉外仲裁协议法律

---

〔1〕 Mauro Rubino-Sammartano, *International Arbitration Law and Practice*, CITIC Publishing House, 2003, p. 23.

〔2〕 该规则第58条确立了国际商事仲裁法律适用的几项基本原则，这些原则与国际通行标准相一致，比如允许当事人意思自治优先、排除反致、当事人没有选择法律时遵循最密切联系原则、仲裁庭尊重当事人之间的合同并考虑商事惯例等。宋连斌："中国仲裁的国际化、本土化与民间化——基于2004年《北京仲裁委员会仲裁规则》的个案研究"，载《暨南学报（哲学社会科学版）》2006年第5期。

适用的基本顺序：当事人意思自治—仲裁地法—法院地法。[1]可见，无论合同中是否存在法律选择条款，主合同的准据法并不当然是仲裁条款的准据法，仲裁协议应独立确定准据法。然而实际上，在仲裁与司法实践中，罕见有当事人专为仲裁条款选定准据法的，适用仲裁地法与法院地法成为我国的主流实践。本着尽可能促使对仲裁协议作有效认定且可执行的理念指引，法院采取了种种支持仲裁的举措，通过发布一系列批复明确了在约定仲裁机构不明确、约定或裁或审、约定多家仲裁机构等情况下仲裁协议效力的认定规则。[2]

值得一提的是，2011 年生效的《中华人民共和国涉外民事关系法律适用法》（以下简称《涉外民事关系法律适用法》）及最高人民法院于 2012 年针对本法发布的司法解释[3]对涉外仲裁协议的法律适用问题作出了明确规定，结合二者来看，当下涉外仲裁协议的效力认定遵循新的顺位：当事人意思自治—仲裁机构所在地法或仲裁地法—法院地法。事实上，这种安排

---

〔1〕 2006 年《仲裁法司法解释》第 16 条对仲裁协议法律适用的规定符合 1958 年《纽约公约》第 5 条第 1 款 a 项，根据该公约，判定仲裁协议的有效性时依据当事人共同选择的应当适用的法律，或者未指定此项法律时适用仲裁地的法律。赵秀文：《国际商事仲裁现代化研究》，法律出版社 2010 年版，第 101 页。

〔2〕 根据仲裁协议独立性原则（又称可分性原则），主合同变更、解除、终止、未成立、无效、失效、被撤销等，并不必然对仲裁协议的效力构成消极影响。对仲裁协议的有效性，应由仲裁庭或法院作出独立认定。根据《最高人民法院关于同时选择两个仲裁机构的仲裁条款效力问题的函》（法函〔1996〕176 号），当仲裁协议中同时约定 A 或 B 仲裁机构的情况下，最高人民法院的复函认定此类协议为明确的、有效的且可以执行的。不过，2006 年《仲裁法司法解释》则要求对于此类情形需要当事人另行达成补充协议，如果无法通过补充协议具体选择其中一家机构，则将导致仲裁条款归于无效。参见林一飞：《商事仲裁实务精要》，北京大学出版社 2016 年版，第 45 页。

〔3〕《最高人民法院关于适用〈中华人民共和国涉外民事关系法律适用法〉若干问题的解释（一）》（法释〔2012〕24 号，自 2013 年 1 月 7 日起施行，以下简称《涉外民事关系法律适用法司法解释一》）。

对 2006 年《仲裁法司法解释》作出了一定的修改，鉴于《涉外民事关系法律适用法》的位阶高于司法解释，在《涉外民事关系法律适用法》生效之后，涉外仲裁协议的法律适用顺序应遵循新的安排。但不容否认的是，无论是新规定抑或旧规定，立法者和最高人民法院的理念是一致的，即尽可能促成仲裁协议的有效性认定。[1]

三、最高人民法院发布一系列司法解释以支持仲裁

除上述《仲裁法》《涉外民事关系法律适用法》及其配套的司法解释外，由于仲裁协议、仲裁程序与仲裁裁决受到来自法院的司法监督与协助，我国关于民事诉讼的立法与司法解释中亦频现仲裁新规，始终处于与时俱进、适时更新的状态。

2012 年修正的《民事诉讼法》中，共计 60 个条款得到了修正，其中涉及仲裁的有 6 处，所涉及的要点包括：增设了仲裁前的证据保全与财产保全、禁止通过仲裁方式逃避履行法律文书所确立的义务、强化仲裁协议排斥法院司法管辖权的效力、明确撤销裁决适用裁定的方式、统一国内裁决撤销与不予执行的条件从而初步改变了"双轨制"。[2]《民事诉讼法》与《仲裁法》在我国的仲裁法律框架体系中，前者侧重于以司法监督的角度从外部调整仲裁法律关系，后者则集中于从仲裁协议、仲裁机构、仲裁员、仲裁程序、仲裁裁决等内部视角调整仲裁法律关系，二者实属相互补充、相互配合、共同发挥作用的关系，此次《民事诉讼法》修正虽是从外部调整司法与仲裁的关系，

---

〔1〕《最高人民法院关于审理仲裁司法审查案件若干问题的规定》（法释〔2017〕22 号）第 14 条、第 15 条重申了这一理念在仲裁协议效力认定案件中的适用。

〔2〕 宋连斌："司法与仲裁关系的重构：'民诉法'有关仲裁新规定之解析"，载《仲裁研究》2013 年第 3 期。

但是对于仲裁自治理念之塑造亦颇具影响力。

2015 年，最高人民法院发布了三份重要的与仲裁有关的司法解释，分别是：《关于适用〈中华人民共和国民事诉讼法〉的解释》（法释〔2015〕5 号，以下简称《民事诉讼法司法解释》）、《关于认可和执行台湾地区仲裁裁决的规定》（法释〔2015〕14 号）、《关于对上海市高级人民法院等就涉及中国国际经济贸易仲裁委员会及其原分会等仲裁机构所作仲裁裁决司法审查案件请示问题的批复》（法释〔2015〕15 号）。这三份解释分别澄清了中国仲裁实务中的若干疑难问题。其中，2015 年《民事诉讼法司法解释》号称中国法律史上最长的司法解释，全文多达 552 条，其中共有 17 个条款是与仲裁有关的规定。[1]

2012 年 10 月与 2013 年 4 月，中国国际经济贸易仲裁委员会与其原华南分会、上海分会发生了分立风波，两分会不但发布了《中国国际经济贸易仲裁委员会上海分会、中国国际经济贸易仲裁委员会华南分会（深圳国际仲裁院）关于贸仲委"管理公告"的联合声明》以抵制中国国际经济贸易仲裁委员会的管理公告，而且通过更名的方式强化其独立仲裁机构的身份，两分会分别更名为华南国际经济贸易仲裁委员会（同时启用深圳国际仲裁院的名称）、上海国际经济贸易仲裁委员会（同时启用上海国际仲裁中心的名称），更名后的两家仲裁机构不但凸显了国际化的形象，而且成为两家中国国际经济贸易仲裁委员会强大的竞争对手，从长远来看，分立整体上提升了中国涉外仲

---

〔1〕 这 17 个条款的内容分别涉及：仲裁前保全、生效仲裁裁决所确认事实的证明力、仲裁条款的妨诉抗辩效力、仲裁裁决被撤销或变更引起的法院再审程序、仲裁裁决的部分不予执行、裁决被不予执行后法院不受理有关异议或复议、仲裁程序确认或分割财产不影响执行、申请不予执行的期间、仲裁协议排除法院专属管辖、申请执行仲裁裁决的形式要求、仲裁裁决执行的抗辩、保全申请、审查与担保、外国临时裁决的执行等。

裁服务业的市场化程度。[1]但同时，此事引发了特殊的仲裁管辖权冲突问题，即在此之前当事人约定由某个分会仲裁的协议，在分会独立之后，这些案件究竟应由哪个仲裁机构受理的问题。[2]特别是，尽管中国国际经济贸易仲裁委员会极力反对两分会进行独立的合法性并力争案件管辖权，但部分地方法院肯定了分会独立受案的职权。[3]这一问题的出现，既使仲裁机构彼此纷争，又让相关的当事人深受困扰，法院在对相关裁决进行司法审查时也颇为犯难。鉴于此，最高人民法院于2015年专门作出批复（法释〔2015〕15号），试图从根本上解决问题。[4]具言之，根据该批复中的规定，最高人民法院以中国国际经济贸易仲裁委员会分立的时间点为界限，在更名及独立前约定由中国国际经济贸易仲裁委员会分会仲裁的案件，由更名后的深圳国际仲裁院及上海国际仲裁中心行使仲裁管辖权，而在更名及独立后约定由中国国际经济贸易仲裁委员会分会仲裁的案件，一律由中国国际经济贸易仲裁委员会予以管辖。对于分立后、该批复生效前这段时间内已经由某机构受理的案件，如果当事人没有提出管辖权异议或者仲裁机构已经作出裁决，则视为合法有效，当事人以该批复的意见为由申请撤销或不予执行的，法院不予支持。

自2017年5月至2018年3月，最高人民法院先后发布了《关于仲裁司法审查案件归口办理有关问题的通知》（法〔2017〕

---

　　〔1〕　池漫郊：《国际仲裁体制的若干问题及完善——基于中外仲裁规则的比较研究》，法律出版社2014年版，第90页。

　　〔2〕　高菲："贸仲委上海、华南两分会与贸仲委之争的法律问题研究（一）——贸仲委上海、华南两分会不是独立的仲裁委员会"，载《时代法学》2012年第6期。

　　〔3〕　如广东省深圳市中级人民法院民事裁定书：〔2012〕深中法涉外仲字第225号、〔2012〕深中法涉外仲字第226号。

　　〔4〕　宋连斌、傅攀峰、陈希佳："中国商事仲裁年度观察（2015）"，载黄进、肖永平、刘仁山主编：《中国国际私法与比较法年刊》（2016第十九卷），法律出版社2017年版，第317页。

152 号）、《关于仲裁司法审查案件报核问题的有关规定》（法释
〔2017〕21 号）、《关于审理仲裁司法审查案件若干问题的规定》
（法释〔2017〕22 号）、《关于人民法院办理仲裁裁决执行案件
若干问题的规定》（法释〔2018〕5 号）。最高人民法院发布的
这四部支持仲裁的新规定，堪称继 2006 年《仲裁法司法解释》
颁布十多年以来对中国仲裁司法监督制度调整力度最大的一次
革新，对这一系列司法解释的正确理解与适用，不仅关系到中国
能否成功打造为国际仲裁中心地，而且对中国仲裁界提升竞争力、
铸造公信力、建设"一带一路"国际商事争端预防与解决中心亦
颇具现实意义。[1]

　　除上述司法解释外，最高人民法院还在涉外仲裁内部报告
制度的运行实践中针对若干典型个案作出了批复，这些复函同
样折射出中国涉外仲裁法治的完善进程。例如，最高人民法院
在《关于申请人安徽省龙利得包装印刷有限公司与被申请人 BP
Agnati S. R. L 申请确认仲裁协议效力案的请示的复函》（〔2013〕
民四他字第 13 号）中阐明：当事人约定国际商会仲裁院在上海
进行仲裁的仲裁条款有效；[2]在《关于浙江逸盛石化有限公司
申请确认仲裁条款效力一案请示的复函》（〔2013〕民四他字第
60 号）中确认，当事人选定中国国际经济贸易仲裁委员会作为
仲裁的管理机构，同时适用《贸法会仲裁规则》的仲裁条款不
违反我国《仲裁法》，法院应认定此类条款有效；[3]在《关于

　　〔1〕　宋连斌："仲裁司法监督制度的新进展及其意义"，载《人民法治》2018
年第 5 期。
　　〔2〕　刘健勤、胡秀娟、唐云峰："中国仲裁发展的成就与展望——谨以此文献
给中国《仲裁法》颁布 20 周年"，载《商事仲裁》2014 年第 1 期。
　　〔3〕　高文杰："国际争议解决最新发展的 2016 年度观察"，载中国国际经济贸
易仲裁委员会、中国海事仲裁委员会、中国国际商会仲裁研究所主办：《仲裁与法
律》（第 135 辑），法律出版社 2017 年版，第 68 页。

ED&F 曼氏（香港）有限公司申请承认和执行伦敦糖业协会仲裁裁决案的复函》（［2003］民四他字第 3 号）中澄清：仲裁裁决的内容对行政法规、部门规章等我国法律强制性规定的违反，并不必然构成对公共政策的违反，不能径行以裁决违反法律强制性规定而拒绝承认和执行；在《关于不予承认和执行国际商会仲裁院仲裁裁决的请示的复函》（［2008］民四他字第 11 号）中指出：国际商会仲裁院审理并裁决我国法院业已裁判的纠纷，侵犯我国司法主权和司法管辖权，构成对公共秩序的违反，裁决应被拒绝承认及执行。[1]此类复函，虽然多针对个案作出，但是其所解决的问题大多是普遍存在的，因此相关裁判意见也具有后续的启示意义，对这些复函予以整合，是总结我国法院对仲裁实施司法监督经验并概括裁判规律的重要根据。

四、仲裁机构适时更新仲裁规则以顺应国际趋势

尽管推动仲裁立法修订的进程较为缓慢，但是中国仲裁事业整体上的繁荣发展是个不争的事实，由此也促使各个仲裁机构自下而上地从内部充实仲裁制度。具言之，仲裁机构的主要使命一方面体现在提升具体个案的办案质量上，另一方面即体现在通过适时更新仲裁规则进而完善仲裁程序、案件管理、仲裁员制度等，从而紧密保持与国际规则的无缝对接。随着国际仲裁行业市场竞争程度的加剧，各仲裁机构极力在仲裁规则中采用具有创新性的程序工具，以凸显自身的独特优势和制度软

---

〔1〕　宋连斌："中国仲裁二十年之制度回顾——以 1994 年《仲裁法》为起点"，载中国国际经济贸易仲裁委员会、中国海事仲裁委员会、中国国际商会仲裁研究所主办：《仲裁与法律》（第 134 辑），法律出版社 2017 年版，第 21 页。

实力。[1]最近几年，国内仲裁机构也频频修订仲裁规则，其中，对国外新规则的借鉴是重要的参考因素之一，对国际化的追求同时也使得各机构间的规则呈现趋同化。

表 1　国内主要仲裁机构最新版仲裁规则的实施日期

仲裁机构名称	最新版本仲裁规则	新规则实施日期
中国国际经济贸易仲裁委员会	2014 年版	2015 年 1 月 1 日
中国海事仲裁委员会	2021 年版	2021 年 10 月 1 日
北京仲裁委员会	2019 年版	2019 年 9 月 1 日
上海国际仲裁中心	2015 年版	2015 年 1 月 1 日
深圳国际仲裁院	2020 年版	2020 年 10 月 1 日
广州仲裁委员会	2021 年版	2021 年 7 月 1 日
武汉仲裁委员会	2018 年版	2018 年 3 月 1 日
石家庄仲裁委员会	2013 年版	2013 年 1 月 1 日
青岛仲裁委员会	2014 年版	2014 年 3 月 1 日

经过将这些国内仲裁规则与国际通行仲裁规则相比较可以发现，我国机构制定的仲裁规则经过吸取国际上的有益元素并充分考虑多年积累的成功办案经验，已经日臻完备，大大推动了我国仲裁规则的进步，并有利于形成支持仲裁的良好态势。[2]例如，中国国际经济贸易仲裁委员会与北京仲裁委员会的仲裁规

---

　　〔1〕　其中，通行的国际仲裁规则既有特定仲裁机构制定的机构仲裁规则，如《国际商会仲裁院仲裁规则》，也有国际组织制定的临时仲裁规则，如《贸法会仲裁规则》。W. Michael Reisman et al. , *International Commercial Arbitration：Cases, Materials and Notes on the Resolution of International Business Disputes*, The Foundation Press, Inc. , 1997, pp. 236-237.

　　〔2〕　肖永平、邹晓乔：“论我国国际商事仲裁规则的新发展”，载《武大国际法评论》2015 年第 1 期。

则不仅拓展了仲裁协议的书面形式、构建了多方当事人多合同仲裁机制、纳入了追加当事人及案外人的机制、引入了合并仲裁及紧急仲裁员制度，而且在涉外及涉港澳台仲裁中试图扩充仲裁庭决定采取临时措施的权力、在法律适用方面重视当事人意思自治及国际惯例的角色，这些元素在很大程度上赋予了当事人及仲裁庭以程序方面的管理权，符合国际商事仲裁的内在价值理念。

特别值得一提的是，"一带一路"与中国自贸区的构建为仲裁制度的更新提供了契机。2014 年 5 月，作为国内首部专门的自贸区仲裁规则——《中国（上海）自由贸易试验区仲裁规则》开始施行，该规则秉持"先行先试"的政策引导，旨在为自贸区构建法治化、国际化的营商环境提供制度保障。[1]从制度层面来看，该规则存在以下创新：纳入开放的仲裁员名册制、仲裁第三人等新条款，细化了合并仲裁、临时措施、紧急仲裁员、仲裁证据制度等。[2]这部规则一改中国仲裁立法与实践中保守的立场，突出体现了仲裁庭的权力和当事人的意思自治，追求效率价值的充分实现。不过，也有学者对这些国际化的创举与现行《仲裁法》和《民事诉讼法》能否衔接表达了隐忧。[3]

---

〔1〕 该规则已于 2015 年进行了修订，新版本于 2015 年 1 月 1 日生效。

〔2〕 丁夏："仲裁员制度的比较与反思——以《上海自贸区仲裁规则》的人本化为视角"，载《法学论坛》2015 年第 2 期。

〔3〕 例如，该规则改变了以往中国仲裁机构选任仲裁员的强制名册制，改为推荐名册制，允许当事人在名册之外选任仲裁员，这是为了给将来试行临时仲裁提供契机，但是在现有的中国仲裁实践中，名册外的仲裁员若要得到选任，仍然需要满足立法规定的资格要件，仲裁员资格审查工作仍然需要机构完成，因此单纯改变仲裁规则难以实现其目的，必须要制定配套的仲裁员聘任管理办法。再如，中国立法中，仲裁庭无法决定是否准予临时措施的申请，而必须由仲裁委员会转交法院决定，这就导致紧急仲裁员程序难以在中国运用。袁发强："自贸区仲裁规则的冷静思考"，载《上海财经大学学报》2015 年第 2 期。

第三节 中国现行国际商事仲裁制度存在的问题及成因

一、现行《仲裁法》在具体制度方面存在滞后性

我国现行《仲裁法》自 1994 年首次颁布、1995 年实施以来，迄今为止只修改过两次，一次是根据 2009 年第十一届全国人大常委会第十次会议《关于修改部分法律的决定》修正，此次修正只涉及因民事诉讼法修订所导致的仲裁法援引相关条款的条文序号问题。另一次是根据 2017 年第十二届全国人大常委会第二十九次会议《关于修改〈中华人民共和国法官法〉等八部法律的决定》修正，此次修正则针对国家统一法律职业资格考试对仲裁员资格条件的影响问题，具言之，此次修改将《仲裁法》（2009 年修正）第 13 条第 2 款第 1 项修改为："（一）通过国家统一法律职业资格考试取得法律职业资格，从事仲裁工作满八年的"，将第 3 项修改为："（三）曾任法官满八年的"。

不过，显而易见的是，这两处小幅度的改动与仲裁实务界吁求《仲裁法》修订的呼声日渐高涨的事实还存在较大的差距。早在《仲裁法》实施五周年之际，就已经有学者结合仲裁的发展需求对法律的条款提出了修改的提议，所提建议全面且具体，其中不乏有远见的卓识者提出的深刻见解，甚至包括一些具体条文草案的制度设计。[1]

首先，现行《仲裁法》对可仲裁事项的界定过于狭窄，仅

---

[1] 例如：宋连斌、赵健："关于修改 1994 年中国《仲裁法》若干问题的探讨"，载《国际经济法论丛》2001 年；宋连斌、黄进："《中华人民共和国仲裁法》（建议修改稿）"，载《法学评论》2003 年第 4 期；马占军：《仲裁法修改新论》，法律出版社 2011 年版；梁垫：《英国 1996 年仲裁法与中国仲裁法的修改：与仲裁协议有关的问题》，法律出版社 2006 年版。

允许平等主体间的合同纠纷和其他财产权益纠纷可提交仲裁，几乎排除了投资者与东道国政府间的争端，限制了知识产权纠纷、证券与期货争议、跨国破产等案件类型的可仲裁性，仲裁机构的受案范围并未囊括所有民商事纠纷。鉴于仲裁在中国具备相当广阔的潜在市场与发展空间，还需深度挖掘其潜能。

其次，立法对仲裁机构的法律地位界定不清，这是导致仲裁机构难以实现"民间化"的障碍。就定位选择而言，行政化的发展路径是违反《仲裁法》的规定和商事仲裁的特征的，不能成为仲裁体制改革的方向，"民间化"才是理性的选择，仲裁机构总体上应该向更有利于保障仲裁独立性、铸造公信力的方向发展。[1]

再其次，对符合仲裁自身规律的法律原则与制度未予借鉴。例如，现行《仲裁法》未能全面肯定在我国开展临时仲裁、友好仲裁的合法性；对国际通行的仲裁庭自裁管辖权原则，我国立法仅授予仲裁委员会或法院对仲裁管辖权异议作出认定，而没有充分认可仲裁庭的决定权；[2]在外国仲裁裁决承认和执行案件中，迄今为止仍以仲裁机构所在地作为判断裁决国籍的标准，而没有足够重视"仲裁地"的概念；等等。[3]

最后，现行仲裁立法与司法解释允许法院介入和干预仲裁的痕迹过于明显。例如，在当事人申请临时性保全措施（包括财产保全、证据保全、行为保全等）时，仲裁庭不能径行决定

---

〔1〕　值得关注的是，2017 年颁布的《中华人民共和国民法总则》第三章废弃了《中华人民共和国民法通则》（2009 年修正）所采用的法人分类体系，而是将法人区分为营利法人、非营利法人、特别法人。其中，非营利法人又包括了事业单位、社会团体、基金会、社会服务机构。根据此归类方式，将我国的仲裁机构定位为提供社会服务的非营利法人更为适宜。

〔2〕　刘晓红主编：《仲裁"一裁终局"制度之困境及本位回归》，法律出版社2016 年版，第 72 页。

〔3〕　赵秀文："论法律意义上的仲裁地点及其确定"，载《时代法学》2005 年第 1 期。

是否采取保全措施，而必须由仲裁委员会将当事人的申请转交相关法院决定和执行。[1]

由上述分析可见，对我国《仲裁法》进行修改已经刻不容缓。具言之，在修订的指导思想方面，要突出法律对仲裁事业的支持与鼓励；在操作层面，要充分提升当事人意思自治的空间，对仲裁协会与仲裁机构的功能做出限定；在程序设计方面，现有的条款强制性规定过多，存在严重的仲裁程序诉讼化倾向，修订时应侧重于突出程序的灵活、简便、快捷等优势。此外，现行立法的部分条款在特定历史背景下具有过渡意义（如仲裁机构重组），但随着时间的推移及相关问题的解决，立法中再继续保留此类规定似无必要。在立法技术层面，某些条款过于原则化而缺乏操作性（如重新仲裁），也有些规定过于僵化而缺乏弹性和灵活度（如仲裁协议的内容、开庭审理与质证等），这些亟待引起重视。[2]

二、仲裁程序诉讼化倾向浓重而灵活性不足

对我国商事仲裁程序的现状，诸多学者从诉讼化的角度表达过隐忧。[3]从现行《仲裁法》的文本来看，第四章专章就仲裁程序问题作出了规范，所涉条款包括审理方式、证据收集、质证、法庭辩论、当事人最后陈述等具体的程序环节。从条文

---

〔1〕 2012年《民事诉讼法》修订时新增了仲裁前证据保全、仲裁前财产保全，但是并没有改变临时保全措施决定权专属于法院这一模式，仲裁委员会与仲裁庭均无权对临时保全措施的申请作出决定。赵秀文："论国际商事仲裁中的临时性保全措施与紧急仲裁员制度"，载中国国际经济贸易仲裁委员会、中国海事仲裁委员会、中国国际商会仲裁研究所主办：《仲裁与法律》（第134辑），法律出版社2017年版，第49页。

〔2〕 王红松："《仲裁法》存在的问题及修改建议"，载《北京仲裁》2004年第2期。

〔3〕 例如：丛雪莲、罗楚湘："仲裁诉讼化若干问题探讨"，载《法学评论》2007年第6期；丁颖："论仲裁的诉讼化及对策"，载《社会科学》2006年第6期；王继福："我国仲裁诉讼化之检讨"，载《甘肃政法学院学报》2008年第6期。

采用的措辞来看，"应当"的表述多于"可以"，不少款项采取强制性规定，而漠视了当事人意思自治及仲裁庭的自由裁量权。之所以产生这种现象，主要是立法者在拟定条文草案时照搬了民事诉讼法中的规范而未加以改造，这种立法技术方面的移植，与当时中国的历史背景分不开。中国在1994年《仲裁法》颁布前，无论官方抑或民间，都没有一部系统的、完整的、真正意义上的仲裁立法，而当时的民事诉讼立法已经初具规模，因此在仲裁程序立法过程中"如法炮制"，借用诉讼中的模型，显然有益于节省立法成本，提升规则制定的效率。[1]

不过，随着我国仲裁制度与实践步入成熟，继续在国际商事仲裁中套用国内民事诉讼中的程序规则（包括证据规则），无益于吸引外方当事人选择中国仲裁，也无益于探索中国仲裁的国际化出路。鉴于仲裁程序的灵活性及对当事人意思自治的尊重，也为了避免僵硬、机械地运用诉讼规则对仲裁追求的快捷与经济目标形成阻碍，除非当事人一致同意将法院的诉讼证据规则适用于仲裁（通常普通法国家可能发生此类情况），仲裁员不应当主动在程序中援引诉讼规则。[2]

三、各级法院裁判水平参差不齐影响了仲裁司法监督的统一性

仲裁司法监督包括三个阶段：裁决前监督、裁决中监督、裁决后监督。裁决前监督，即由法院对仲裁协议的有效性及其效力范围作出认定；裁决中监督，指法院对仲裁程序中的财产保全、证据保全等作出裁定；裁决后监督，指当事人申请法院撤销裁决或请求不予执行。目前，我国最高人民法院对《纽约

---

〔1〕 杨玲：《国际商事仲裁程序研究》，法律出版社2011年版，第248页。
〔2〕 卢松："国际商事仲裁中的证据"，载《北京仲裁》2014年第2期。

公约》的适用已经趋于成熟，但形成对比的是，地方法院在理解与适用《纽约公约》时仍然存在裁判错误的风险，部分法院没有严格遵循内部报告机制。对此，在审理司法监督案件的过程中，仍有必要强调以下裁判要点：其一，秉持支持仲裁的理念，在正确判定并查明准据法的基础上，尽可能对涉外仲裁协议的效力作有效性认定；其二，在审理外国仲裁裁决的承认和执行案件时，重视仲裁地标准在确定裁决国籍过程中的作用，避免单一地以机构所在地标准来判定仲裁裁决的籍属；[1]其三，强化司法监督程序的可操作性，如明确可发回重新仲裁的范围（仅限于证据隐瞒与证据伪造）[2]、厘清撤销程序与执行程序的关系[3]、确立异议权的放弃对撤销程序的影响[4]等；其四，我国目前的《民事诉讼法》与《仲裁法》对涉外仲裁与国内仲裁的监督加以区分规定，这种内外有别的模式造成国内仲裁案件与涉外仲裁案件的当事人在权利义务方面不完全对等，法院不能径行僭越行使立法职能，但是可以尽可能限制在司法监督中审查实体事项，应将审查范围主要限于程序方面的法定撤销事由，从而间接实现二者的相对一致；[5]其五，在适用公约拒绝承认或执行外国裁决时，应慎用"公共秩序保留"原则对裁决作否定性评价。[6]

---

〔1〕 参见最高人民法院《关于不予执行国际商会仲裁院 10334/AMW/BWD/TE 最终裁决一案的请示的复函》（［2004］民四他字第 6 号）。

〔2〕 参见 2006 年《仲裁法司法解释》第 21 条。

〔3〕 参见 2006 年《仲裁法司法解释》第 26 条。

〔4〕 参见 2006 年《仲裁法司法解释》第 27 条。

〔5〕 陈绍方："仲裁及其在中国的发展——世纪之交的回顾与展望"，载《学术探索》2001 年第 S1 期。

〔6〕 齐飞："《纽约公约》主要内容及发展趋势述评"，载张卫平主编：《民事程序法研究》（第六辑），厦门大学出版社 2011 年版，第 301 页。

四、中国籍仲裁员在国际仲裁中缺乏充分的话语权

就涉中国因素的投资争端仲裁和平等主体之间的商事争议解决现状而言，有两组数字值得重点关注：

第一，三个90%。根据中国国际贸易促进委员会法律事务部通过企业调研、座谈等活动了解到的信息显示：在中国企业所签订的涉外合同中，90%以上都约定了通过仲裁方式解决纠纷；在中国企业所订立的仲裁协议中，90%的涉外商事纠纷都选择了国外仲裁机构；就中国企业参与涉外商事纠纷仲裁的结果而言，90%以上为败诉（业内专家对此数据也有印证）。[1]

第二，几乎零参与。根据ICSID公布的数据，自1972年至2017年6月，参与案件审理的中国籍仲裁员和调解员仅为11人次，在100多个国家中排名第33位。相比之下，法国籍与美国籍仲裁员参与案件审理的次数最多，分别为210人次和208人次。[2]2017年，我国向ICSID成功推荐4名仲裁员和4名调解员（其中中国国际贸易促进委员会推荐仲裁员3名、调解员1名），但ICSID 2017年财政年度（2016年6月1日至2017年6月30日）没有一名中国籍仲裁员、调解员参与案件处理。[3]

---

〔1〕　何其生："国际私法秩序与国际私法的基础性价值"，载《清华法学》2018年第1期；钟克元："中企海外仲裁为何十案九败"，载《法人》2011年第10期。

〔2〕　The ICSID Caseload—Statistics, available at https://icsid.worldbank.org/en/Pages/resourc-es/ICSID-Caseload-Statistics.aspx, last visited on 2018-1-29.

〔3〕　迄今为止，陈安教授曾在两起ICSID仲裁案件中（Bernhard von Pezold and Others v. Republic of Zimbabwe, ICSID Case No. ARB/10/15；Border Timbers Limited, Border Timbers International（Private）Limited, and Hangani Development Co.（Private）Limited v. Republic of Zimbabwe, ICSID Case No. ARB/10/25）先后被津巴布韦指定为仲裁员，替代原马拉维国籍仲裁员（但后来退出改为新加坡籍仲裁员）；陈治东教授在一起案件（Carnegie Minerals Limited v. Republic of the Gambia, ICSID Case No. ARB/09/19）的撤销程序中被指定为专门委员会成员；张月姣教授在一起案件（Victor Pey Casado and President Allende Foundation v. Republic of Chile, ICSID Case

国际商会仲裁院情况也基本如此。根据国际商会仲裁院数据统计，在该机构 2016 年新受理的 966 起仲裁案件中，参与处理的中国籍仲裁员仅为 9 人次，其中边裁 8 人次，首席仲裁员 1 人次，独任仲裁员 0 人次。选择在中国仲裁的案件仅有 8 件，均由当事人约定，仲裁地均为中国香港。[1]实际上，单在 2016 年至 2017 年间，国际商会中国国家委员会就向国际商会仲裁院及其仲裁和替代性争议解决委员会推荐了 11 名中国籍仲裁员，向其跟单金融产品争议解决机制专家组推荐了 18 名中国专家，但其中多数专家并未获得争议当事人的选任。由以上数据可知，中国籍仲裁员在国际争端解决机构中虽位列名册之中，但实质参与度却非常低，缺少基本的话语权。

从外部来看，导致中国当事人在国际仲裁中"十案九败"和中国籍仲裁员在国际仲裁中参与度低的主要原因可归结为两点：其一，中国官方及仲裁界在国际规则的制定与运用上缺少基本的话语权。现存国际争端解决机构乃至规则基本上是西方国家主导建立的，语言全部采用欧美国家的官方语言，其裁决制度基本体现了西方社会的价值观。发展中国家由于没有参与机构筹建和规则制定，对其规则不熟悉、不适应。虽然由西方国家主导建立的争端解决机构并不必然因此而缺乏公正性和正当性，但发展中国家参与的缺位确实造成了先天程序上的缺陷。据了解，无论是 ICSID 还是国际商会仲裁院管理层均由发达国家主导，来自其他发展中国家的职员比例非常低。其二，中国籍

（接上页）No. ARB/98/2）的撤销程序中被指定为专门委员会成员。陶立峰："中欧 BIT 谈判中投资者与国家争端解决的模式选择"，载《法学》2017 年第 10 期。

　〔1〕　ICC Reveals Record Number of New Arbitration Cases Filed in 2016, available at https://iccwbo.org/me-dia-wall/news-speeches/icc-reveals-record-number-new-arbi-tration-cases-filed-2016/, last visited on 2018-1-29.

仲裁员及法律从业人员难以进入欧美国家封闭的"朋友圈"。西方国家仲裁业起步较早，历史积累深厚。欧美国家仲裁员之间建立了相对封闭的"朋友圈"，他们利用关系网络互相推荐案源，并利用语言、普通法系、庭辩程序等优势，垄断国际争端解决业务。[1]

上述状况的存在，不仅使我国企业在"走出去"的过程中遭受巨额经济损失，更有甚者，一些重要的项目处理不当还可能危及我国对外贸易和投资安全，进而威胁国家经济安全。随着经济全球化深入发展和"一带一路"建设的加快推进，实际上对我国国际商事仲裁制度的现代化提出了更高的要求。除加强对国内企业引导、改进国内仲裁机构机制、提升法律人才素质、加大对我国法律人才的宣传培养等苦练内功的工作外，着眼于长远，我国还应当积极着手筹建以中方为本位的国际争端解决组织，并以此为契机，全面克服中国籍仲裁员在国际仲裁中普遍参与度不高以及中方企业在国际仲裁中高败诉率的现状。

第四节　对中国国际仲裁法治发展的展望

一、中国仲裁立法将追求国际化与本土化的平衡

如前文所言，中国现行有效的仲裁法律制度与国际仲裁还

---

〔1〕 以国际投资仲裁为例，来自欧洲、美国、加拿大的少数仲裁员垄断了绝大多数的投资仲裁案件裁判权，部分仲裁员屡次接受 ICSID 行政理事会主席委任，少量英美国家律所垄断了投资仲裁案件的代理。据统计，法国籍仲裁员布里吉特·斯特恩（Brigitte Stern）曾在 88 起案件中担任仲裁员，英国富尔德、美国伟凯、美国金与斯伯汀三大顶尖律所单在 2011 年就代理了 130 多起投资仲裁案件。Malcolm Langford, Daniel Behn and Runar Lie, "The Revolving Door in International Investment Arbitration", *Journal of International Economic Law*, 2017, p. 310; Eberhardt Olivet, *Profiting from Injustice: How Law Firms, Arbitrators and Financiers are Fuelling an Investment Arbitration Boom*, The Transnational Institute, 2012, p. 8.

存在不小的差距，但《仲裁法》自颁布生效以来只修正过两次，且所修改之处并没有触及仲裁的基本理念与制度内核层面。为了解除法律制度给中国仲裁国际化带来的牵绊，促使最高人民法院所颁布的开放性的司法解释、自贸区出台的一系列支持多元化纠纷解决的"组合拳"、仲裁机构为了争取国际竞争所引入的规则创新能够真正落地，未来发展的一项关键任务仍然是继续呼求仲裁法的适时修订。[1]具体的法律修订方向可以重点考虑以下方面：

首先，充分引入全面的当事人意思自治原则。除个别领域的仲裁庭是基于法律的授权而行使强制管辖权外，国际商事仲裁中应皆以当事人的合意作为确立及行使管辖权的基石，当事人可以基于其自愿订立的仲裁协议而将国际商事争议约定提交至仲裁庭进行私人裁判从而排除法院的管辖权。[2]同时，依据国际通例，仲裁的当事人亦可对仲裁地、仲裁机构、仲裁语言、仲裁程序、法律适用进行约定。然而，当前中国的仲裁法在当事人意思自治方面却显得限制有余而肯定不足，这需要引起关注。尤其是对于国际仲裁中一些新兴的制度所带来的挑战，如紧急仲裁员程序、快速程序、第三方资助的披露程序等，更适宜通过当事人合意的实现来具体把握。

其次，推动仲裁庭独立且公正地行使仲裁权。如前文所言，受制于立法背景与历史条件，我国在仲裁程序方面（尤其是仲裁证据规则）的制度设计存在"诉讼化""司法化"之嫌，总体上显得僵化有余而灵活性不足，这一点饱受质疑。[3]同时，我

---

〔1〕 杨玲："中国仲裁规则的创新需要中国法的支持"，载《人民法院报》2016年12月14日，第7版。

〔2〕 George A. Bermann, *International Arbitration and Private International Law*, Brill Nijhoff Publisher, 2017, p. 25.

〔3〕 于湛旻：《国际商事仲裁司法化问题研究》，法律出版社2017年版，第254页。

国的仲裁体制主要遵循机构中心主义模式，历来重视仲裁委员会的职权而忽视仲裁庭的角色，既没有概括性地说明仲裁庭的主导地位，也没有在具体规定中赋予仲裁庭以广泛的权限。[1]试举一例，现行《仲裁法》第 39 条在原则上规定"仲裁应当开庭进行"的同时，允许当事人在例外的情况下协议约定书面审理，但第 45 条却几乎强制性地要求"证据应当在开庭时出示"，而没有澄清庭前证据交换等情形，似有否定书面审理之嫌，这种法律条款之间的内在冲突，在很大程度上归因于立法没有认可仲裁庭在处理程序事项方面的自由裁量权。[2]近年来，仲裁权的概念受到越来越广泛的关注，仲裁程序中出现的各项问题（如当事人的变更、仲裁第三人、自裁管辖权、合并仲裁、证据的收集、审查与认定等）几乎均可归结为仲裁权的行使问题。[3]鉴于此，在修订法律时，除肯定仲裁庭拥有管辖权、审理权、裁决权等权力之外，还有必要引入仲裁庭在财产保全和证据保全方面的决定权、推进仲裁程序进行所必要的决定权、特定条件下收集证据的权力、决定在依法仲裁之外开展友好仲裁的权

---

　　[1]　我国仲裁立法非但没有凸显仲裁庭的权限，还对其权力的行使施加种种限制，在决定开庭审理抑或书面审理时，完全听凭当事人的意愿，这很可能导致虚假仲裁或程序拖延。在临时措施问题上，权力则完全转移给法院行使，仲裁庭几乎毫无话语权。立法者对仲裁庭的不信任，导致仲裁权支离破碎。胡荻：《国际商事仲裁权研究》，法律出版社 2015 年版，第 252 页。

　　[2]　事实上，仲裁立法无须为仲裁程序设置过多的细节安排，如此反倒限制了仲裁庭自由、灵活地进行程序，具体的细节问题更适宜在仲裁规则中规定，或者由仲裁庭与当事人在协商的前提下予以确定。仲裁立法中，只需就最低限度的正当程序标准作出规定即已足，从而为法院撤销或不予执行裁决时判定程序正当性提供参照。此外，立法中应认可当事人的意思自治权与仲裁庭适当进行仲裁程序的自由裁量权，这是商事仲裁自治性、民间性的内在要求。宋连斌："理念走向规则：仲裁法修订应注意的几个问题"，载《北京仲裁》2004 年第 2 期。

　　[3]　参见乔欣：《仲裁权研究：仲裁程序公正与权利保障》，法律出版社 2001 年版，第 242—262 页。

力等。[1]

最后，进一步完善商事仲裁的监督与制约机制，也是我国今后仲裁法治改革的着力点之一。在 2012 年《民事诉讼法》修正之前，我国法院对仲裁的司法监督实行双重"双轨制"的监督模式：一方面，对无涉外因素的国内仲裁与涉外仲裁及外国仲裁采取内外有别的司法审查标准，国内裁决采取全面监督，而涉外裁决主要侧重程序性审查；另一方面，对国内裁决既可采取撤销审查，也可采取不予执行的审查，两类审查虽均涵盖实体与程序方面，但条件不尽一致，前者的审查事由涵盖了证据隐瞒、证据伪造等情形，后者则涵盖证据不足、法律适用错误等情形。[2]

值得一提的是，在打造现代化的中国仲裁制度时，既要参考国际通行标准明确法律修订的方向，还要发扬本土制度的传统优势，这也是为中国律师与中国籍仲裁员在国际上争取话语权的重要基础。例如，提炼中国仲裁的特色制度与优良传统，如仲裁与调解相结合[3]、裁决书核阅制度、重新仲裁制度[4]、涉外仲裁司法审查的内部报核等。

---

[1] 参见乔欣：《仲裁权论》，法律出版社 2009 年版，第 399—401 页。

[2] 史飚：《商事仲裁监督与制约机制研究》，知识产权出版社 2011 年版，第 161 页。

[3] 张立平："中国特色仲裁调解制度：内涵、依据与优势"，载 https://www.fabao 365. com/news/588226. html，最后访问日期：2011 年 3 月 9 日。

[4] 此处的"重新仲裁"特指我国《仲裁法》第 61 条，该条规定，仲裁裁决撤销程序进行中法院可通知仲裁庭重新仲裁并裁定中止撤销程序，这种纠错机制旨在维护仲裁的效率价值，它通过弥补裁决中的瑕疵来避免因裁决撤销所可能导致的更大损失，从而满足当事人以仲裁方式解决纠纷的愿望。杨玲：《仲裁法专题研究》，上海三联书店 2013 年版，第 108 页。

二、中国仲裁行业的进一步市场化

如前文所言，在改革开放初期，我国的仲裁界具有较为浓重的行政色彩，仲裁机构多隶属行政机关或各级政府的工商行政管理部门。《仲裁法》颁行后，对仲裁委员会开始重新定位为民间组织，去行政化的要求此起彼伏。2001年12月，中国正式加入世界贸易组织（WTO），从而成为多边国际贸易秩序的受益者与维护者。与此同时，进出口贸易的自由化使中国的国际经贸总额大幅提升，涉外商事纠纷的总量也有所提升，鉴于国际商事仲裁相比涉外民事诉讼更具中立性、民间性、灵活性、自治性等天然优势，选择在中国仲裁的涉外纠纷也明显增多，这在很大程度上盘活了中国的仲裁市场，为中国仲裁界克服诉讼化、行政化的倾向并实现有序的行业竞争提供了绝佳的契机。

当下，随着市场化水平的不断提升，商事仲裁作为一类专门以争议解决为目标的法律服务行业，愈发受到当事人的重视与青睐。与此同时，由于国内的仲裁机构数量较多且发展水平参差不齐，竞争也日渐激烈。2017年12月，华南国际经济贸易仲裁委员会与深圳仲裁委员会合并为深圳国际仲裁院，首开中国仲裁机构合并的"先河"，备受仲裁界的关注。对此，曾有观点指出，此次机构的合并，是为了全面贯彻党的十九大报告精神、推动形成全面开放新格局、服务"一带一路"与粤港澳大湾区建设的举措。[1]这种强强联合的机构合并模式，有助于增强中国仲裁机构的影响力，通过整合资源、互补优势、发挥"集聚效应"，从而改善营商环境、加强国际合作、建设国际仲裁高地。

---

〔1〕 万学忠："深圳两家仲裁机构合并的台前幕后"，载《法制日报》2018年1月15日，第6版。

此外，随着法律服务业市场的对外开放和国际仲裁界竞争的深入化，外国仲裁机构在中国设置分支机构或办事处并进而进行仲裁活动的问题开始受到社会各界（尤其是法律人士）的高度重视。2011年《深圳经济特区前海深港现代服务业合作区条例》第53条明确鼓励前海合作区引入国际商事仲裁的先进制度，这是我国立法首次明确允许引入国外仲裁机构。2015年，国务院对上海自贸区发出指示称："支持国际知名商事争议解决机构入驻"，在更大地理范围内允许国外仲裁机构入驻我国。随后，2016年2月和3月，国际商会仲裁院和新加坡国际仲裁中心也相继在上海设立了代表处，目前，上海自贸区内部还有大韩商事仲裁院、国际体育仲裁院等多家国外机构的代表处，这为我国引进国外仲裁机构拉开了帷幕。

2017年6月25日，国务院作出的《关于深化改革推进北京市服务业扩大开放综合试点工作方案的批复》（国函〔2017〕86号）同意并肯定了试点工作方案中关于加快构建与国际规则相衔接的服务业扩大开放的基本框架。特别是，《深化改革推进北京市服务业扩大开放综合试点工作方案》第22条明确：为完善多元化商事争议解决体系，支持国际知名商事争议解决机构在符合京津冀协同发展战略总体要求的前提下，在北京设立代表机构。这意味着，国际商事仲裁机构可入驻北京，并为中国商事交易从业者提供纠纷解决的新选项。该批复发布后，引发了仲裁界的激烈讨论，有观点对外国机构入驻北京与中国机构相互竞争仲裁案源的可能现象表达出"狼来了"的担忧。也有观点认为，中国仲裁机构至少对中国本土企业而言仍然具有独特的受案优势，外国机构入驻后如果不能较好地适应中国的法治状况与争议解决的文化背景，并不会对中国仲裁产业构成冲击。值得肯定的是，中国政府层面始终致力于推进共建原则下的

"一带一路"倡议，向外国机构打开中国的仲裁服务市场只是手段，提高中国商事仲裁界自身的核心竞争力才是目的。

三、在小心求证的基础上实现制度创新

除将《仲裁法》修订及提升仲裁业的市场化作为未来中国仲裁的发展方向外，借力于"一带一路"建设与自贸区战略的契机，以仲裁机构制定仲裁规则及自贸区"先行先试"的制度红利作为机遇，从微观层面创新中国仲裁制度，也是未来可以预见的中国仲裁制度完善的一个重要趋势。

第一，在自贸区内有限地试行临时仲裁。

在临时仲裁与机构仲裁的立法选择上，中国仅肯定机构仲裁的合法性，立法对临时仲裁的合法性既没有肯定也没有明确地否定。不过，考虑到《仲裁法》第 16 条第 2 款要求"仲裁协议应当具有下列内容……（三）选定的仲裁委员会。"因此，多数观点认为在中国立法未作明确肯定的情形下，约定国内纠纷采取临时仲裁将导致仲裁协议无效。[1]但一概排斥临时仲裁的立场无疑太过僵硬，难以满足国际商事交易当事人的需求。最高人民法院于 1995 年 10 月 20 日发布了《关于福建省生产资料总公司与金鸽航运有限公司国际海运纠纷一案中提单仲裁条款效力问题的复函》（法函〔1995〕135 号），该复函中对海事领域绝对否认临时仲裁的立场进行了"软化"，其中明确：涉外案件的当事人选择在国外进行临时仲裁或非常设仲裁机构仲裁的，原则上应当承认该仲裁条款的效力。[2]不过，这一复函的拘束

---

〔1〕　刘晓红、周祺："我国建立临时仲裁利弊分析和时机选择"，载《南京社会科学》2012 年第 9 期。

〔2〕　宋连斌："中国仲裁二十年之制度回顾——以 1994 年《仲裁法》为起点"，载中国国际经济贸易仲裁委员会、中国海事仲裁委员会、中国国际商会仲裁研究所主办：《仲裁与法律》（第 134 辑），法律出版社 2017 年版，第 21 页。

力仅限定在海事仲裁领域，且特别针对涉外案件的当事人约定在国外进行临时仲裁，而没有对在中国开展临时仲裁的合法性问题做出回应。

对在中国开展临时仲裁的问题，直至 2017 年才真正出现转机。具言之，最高人民法院于 2016 年 12 月发布《关于为自由贸易试验区建设提供司法保障的意见》（法发〔2016〕34 号，以下简称《自贸区建设意见》），其中第 9 条第 3 款为自贸区注册的企业之间纠纷解决创设了独具特色的"三特定"仲裁制度。[1]2017 年 3 月，珠海仲裁委员会正式发布《横琴自由贸易试验区临时仲裁规则》，称制定该规则的背景恰恰在于，最高人民法院虽然对临时仲裁"松绑"，但《自贸区建设意见》中要求有效的临时仲裁协议应包括选定了特定仲裁规则，而由于当时中国各仲裁机构均没有可运用于临时仲裁的专门仲裁规则，当事人只能约定其他国家的仲裁规则方能开展临时仲裁，这使得在当时的法律框架下，临时仲裁难以有效"落地"，为了解决这一现实问题，珠海仲裁委员会先行先试，通过制定临时仲裁规则的方式"试水"临时仲裁。[2]以此为参照，平潭自贸区、上海自贸区也相继在试行临时仲裁制度方面展开了大刀阔斧的改革。

---

〔1〕《自贸区建设意见》第 9 条第 3 款规定："在自贸试验区内注册的企业相互之间约定在内地特定地点、按照特定仲裁规则、由特定人员对有关争议进行仲裁的，可以认定该仲裁协议有效。人民法院认为该仲裁协议无效的，应报请上一级法院进行审查。上级法院同意下级法院意见的，应将其审查意见层报最高人民法院，待最高人民法院答复后作出裁定。"

〔2〕珠海仲裁委员会："中国首部临时仲裁规则在横琴自贸片区发布实施"，载珠海仲裁委员会官网，http://www.zhac.org.cn/news/html/? 520.html，最后访问日期：2018 年 3 月 24 日。

第二，践行网络仲裁创新在线争议解决的新模式。

早在 2015 年，广州仲裁委员会就颁行了专门的网络仲裁规则，规范了以在线方式完成立案、缴费、送达、审理等各个环节，在当事人均同意的前提下通过网络仲裁平台提交申请书、答辩书、证据材料等，借助视频、电话会议等手段实现网上开庭。特别是，由于电子商务交易中生成的证据主要体现为电子数据，通过网络仲裁可大大缩短庭审期限，相较于传统模式节省了不必要的程序拖延，在满足灵活性与自治性的基础上，整体提升了仲裁效率。[1] 2017 年 9 月，中国互联网仲裁联盟通过了《临时仲裁与机构仲裁对接规则》，融合互联网技术以及仲裁制度的发展，并在现有仲裁法框架下，激活仲裁程序和审理的灵活性，推进仲裁法律服务的市场化，从而应对网络仲裁带来的挑战。

第三，拓展管辖外国投资者与东道国政府间争端。

限于《仲裁法》第 2 条将可仲裁事项的范围定位为平等主体之间的合同纠纷和其他财产权益纠纷，我国虽然设有 200 多家仲裁机构，但迄今尚无一家机构受理过投资者与国家间的争端。[2] 随着近年来涉及中国投资者和中国政府的国际投资仲裁案件日渐增多并陆续进入公众视野，国内仲裁机构关于争夺国际投资规则解释权和投资仲裁案件受理权的讨论开始涌现。2016 年版

---

[1] 李昕："浅析网络仲裁的程序规则——以中国广州仲裁委员会网络仲裁规则为分析对象"，载《才智》2017 年第 16 期。

[2] 有观点称，尽管《仲裁法》第 2 条界定可仲裁事项时采用的措辞是"平等主体的公民、法人和其他组织"间的纠纷，但"其他组织"并不涵盖国家或国际组织，这一方面考虑到我国不会在仲裁法立法中放弃国家豁免权，另一方面也与我国加入《纽约公约》做出的"商事保留"排除投资争端的立场相一致。参见欧明生：《民商事纠纷可仲裁性问题研究》，浙江大学出版社 2013 年版，第 122 页。

《深圳国际仲裁院仲裁规则》修订亮点之一即体现为第 2 条第 2 款对受案范围做了扩张，允许"仲裁院受理一国政府与他国投资者之间的投资争议仲裁案件。"这实际上是国内机构的仲裁规则首开管辖投资仲裁案件的"先河"。2017 年，中国国际经济贸易仲裁委员会对此更进一步，制定了专门的《国际投资争端仲裁规则（试行）》，这堪称中国机构制定的首部投资仲裁规则，其为中方当事人与外方解决投资争端问题提供了一个重要的新选项。2018 年，中央全面深化改革领导小组会议通过了《关于建立"一带一路"国际商事争端解决机制和机构的意见》。2020 年 10 月 15 日，国际商事争端预防与解决组织在北京正式成立。可以预料的是，中国仲裁机构及中国参与筹建的国际组织受理投资者与国家间争端将成为可能。[1]不过，限于当前《仲裁法》等法律规范尚未作进一步的修订，将来此类机构所作出的仲裁裁决将如何接受司法监督？此类裁决能否在其他国家得到顺利的承认和执行？机构在运行中如何保障公平性与中立性，并最大程度地争取争端当事方的信任和选用？这些都是需要再作思考的，且需要立法、外交、商务、司法等各部门的配合。

此外，对于近年来常见的政府与社会资本合作协议（Public-Private Partnership，以下简称"PPP 协议"）引发的纠纷能否通过仲裁方式加以解决，也存在颇多争论。有观点称，2014 年修正的《中华人民共和国行政诉讼法》（以下简称《行政诉讼法》）第 12 条第 1 款第 11 项及其司法解释将 PPP 协议列入行政诉讼的受案范围，即已暗示此类协议不属于普通的民商事合同，而更近似于行政主体与行政相对人之间的管理型合同，尽

---

〔1〕漆彤、鲍怡婕："'一带一路'投资争议处理体系的构建"，载《人民法治》2018 年第 3 期。

管《仲裁法》没有将此类协议明确列入禁止仲裁的事项范围，但主体上的隶属性已经构成了将其提交仲裁的直接障碍。[1]但是，也有截然相反的观点指出，法院有权受理特许经营协议的行政诉讼并不当然排除 PPP 协议的可仲裁性，即便某类合同定性为行政协议，也并不排除该类协议纠纷的可仲裁性，《仲裁法》第 3 条排除的争议范围只是"行政争议"而不是"行政协议"。[2]事实上，我国的仲裁机构（如中国国际经济贸易仲裁委员会）已经在实践中仲裁过许多特许经营协议纠纷，且中国在加入《华盛顿公约》时即明确允许将征收补偿争端提交 ICSID 仲裁，并无意将此类争端排除在仲裁解决的争议范围之外。

本章小结

国际商事仲裁在我国属于"朝阳产业"，其蕴含了无限的潜在生命力，除争议解决的基本功能外，其还被时代赋予了新的含义：可作为争夺国际贸易与投资规则界定和解释权的重要平台，被视为衡量一国法治环境的必要指标，并得以在法律服务行业中带动良好的经济和社会效益。当前，我国的仲裁业受到科技进步与互联网环境的深刻影响，同时，"一带一路"、自贸区建设等也为中国仲裁的改良提供了契机。2015 年 6 月，最高人民法院发布了《关于人民法院为"一带一路"建设提供司法服务和保障的若干意见》（法发〔2015〕9 号），其中第 8

---

〔1〕李学斌："论 PPP 项目合同纠纷仲裁中传统私法视角的改进"，载《黑龙江省政法管理干部学院学报》2016 年第 6 期。

〔2〕卢松："PPP 合同的可仲裁性"，载 http://baijiahao.baidu.com/s? id = 15982710262 72774064&wfr=spider&for=pc，最后访问日期：2018 年 4 月 24 日。

条〔1〕与第 11 条〔2〕分别从法院妥当行使仲裁司法审查职能与尊重当事人意愿推广多元化纠纷解决机制两个角度对仲裁与司法的关系进行了合理的安排。党的十八届四中全会指出："完善仲裁制度，提高仲裁公信力"。《最高人民法院关于人民法院进一步深化多元化纠纷解决机制改革的意见》提出："加强与仲裁机构的对接。积极支持仲裁制度改革"。2017 年 10 月，习近平总书记在党的十九大报告中作出中国特色社会主义已进入新时代的重大政治判断，并指出我国社会主要矛盾已经转化为人民日益增长的美好生活需要和不平衡不充分的发展之间的矛盾。这一新时代，是全国人民决胜全面建成小康社会，进而全面建设社会主义现代化强国的时代。值得肯定的是，党的十九大报告也为中国的国际仲裁事业指明了方向。我国虽然幅员辽阔，全国各仲裁机构年度受案总量与争议标的额不断提升，但是不同省份之间、沿海与内地之间、东西部之间的仲裁机构却存在不小的差距，这表明我国仲裁业的地域发展并不平衡。与此同时，如前文所言，当前我国的仲裁法律制度、仲裁市场化与国际化

---

〔1〕 第 8 条规定：依法加强涉沿线国家当事人的仲裁裁决司法审查工作，促进国际商事海事仲裁在"一带一路"建设中发挥重要作用。要正确理解和适用《纽约公约》，依法及时承认和执行与"一带一路"建设相关的外国商事海事仲裁裁决，推动与尚未参加《纽约公约》的沿线国家之间相互承认和执行仲裁裁决。要探索完善撤销、不予执行我国涉外、涉港澳台仲裁裁决以及拒绝承认和执行外国仲裁裁决的司法审查程序制度，统一司法尺度，支持仲裁发展。实行商事海事仲裁司法审查案件统一归口的工作机制，确保商事海事仲裁司法审查标准统一。要探索司法支持贸易、投资等国际争端解决机制充分发挥作用的方法与途径，保障沿线各国双边投资保护协定、自由贸易区协定等协定义务的履行，支持"一带一路"建设相关纠纷的仲裁解决。

〔2〕 第 11 条规定：支持发展多元化纠纷解决机制，依法及时化解涉"一带一路"建设的相关争议争端。要充分尊重当事人根据"一带一路"沿线各国政治、法律、文化、宗教等因素作出的自愿选择，支持中外当事人通过调解、仲裁等非诉讼方式解决纠纷……

水平、仲裁专业人才队伍建设等各方面还存在"短板",有针对性地予以改进、完善实属必要。可以说,时代既为中国国际商事仲裁事业的发展开启了新的纪元,也赋予了当代仲裁人新的使命。在改革开放四十余年的当下,以追求国际化与本土化相平衡的中国商事仲裁法治已经形成并将不断进步,作为独具仲裁文化传统特色的仲裁大国,我国仲裁事业将大有所为。

第二章 ▶ Chapter 02
我国《仲裁法》修改的基本理念与制度设计

　　仲裁法律制度建设的好坏，关系到国际社会对我国法治营商环境的整体评价，也关系到我国商事从业者的财产权益保护。我国《仲裁法》自 1995 年实施以来，已历经近三十载的历史征程，见证了中国仲裁事业从无章到有序、从小规模到不断向现代化和国际化迈进的历程。伴随着我国仲裁事业的蓬勃发展，仲裁机构数量已达 260 家，仲裁机构在处理案件的数量、质量以及机构管理等方面都有很大提高。二十多年来，尽管学界一直不乏修法的呼声，但立法者并未全面修订《仲裁法》，只做了两次修正。立法修订的推动虽然较为迟缓，但最高人民法院坚持支持仲裁的司法理念，通过总结我国仲裁司法审查实践中的经验，参考国外先进立法，相继出台了一系列司法解释和司法文件。2018 年 9 月 7 日，第十三届全国人大常委会公布 116 件立法规划，将《仲裁法》的修订正式列入二类立法规划，这标志着我国《仲裁法》修订工作开始正式提上日程。[1]为贯彻落

----

　　〔1〕 所谓一类立法项目，是指当年必须提请常委会审议的项目，属于指令性计划。相比之下，二类项目是指已经启动法规调研起草工作，条件成熟也可以提请本年度审议的项目，属于指导性计划。在第十三届全国人大常委会立法规划中，区

实中共中央办公厅、国务院办公厅印发的《关于完善仲裁制度提高仲裁公信力的若干意见》任务要求，增强立法的公开性和透明度，司法部研究起草了《中华人民共和国仲裁法（修订）（征求意见稿）》及其说明为仲裁法修改提供了具体方案（参见本书附录）。

《仲裁法》颁布实施以来，通过审理大量国内、国际仲裁案件，我国的仲裁机构积累了较为丰富的经验，取得了较大的成就。在此基础上，党的十八届四中全会提出了"完善仲裁制度，提高仲裁公信力"。党的十八届五中全会进一步提出：坚持开放发展，必须顺应我国经济深度融入世界经济的趋势，积极参与全球经济治理和公共产品供给，提高我国在全球经济治理中的制度性话语权；形成对外开放新体制，完善法治化、国际化、便利化的营商环境；健全服务贸易促进体系，有序扩大服务业对外开放。鉴于此，作为仲裁法的学习与研究人士，理应积极地响应中央的要求，顺应对外开放的持续发展，主动发挥自身的优势，尽快形成关于全面深化仲裁制度改革的若干意见，促使《仲裁法》修订早日提上议程。修订《仲裁法》，完善我国民商事纠纷解决机制，对维护我国社会稳定、促进经济发展具有重要意义，涉外商事仲裁制度的健全更有利于从根本上实现我国仲裁的独立性与公正性，进而增强中国涉外仲裁的公信力、国际影响力，从而发挥我国商事仲裁在解决国际经贸争议方面的作用，改善中国投资环境、促进对外经贸合作发展。

（接上页）分了三类项目：第一类是条件比较成熟、任期内拟提请审议的法律草案；第二类是需要抓紧工作、条件成熟时拟提请审议的法律草案；第三类是立法条件尚不完全具备，需要继续研究论证的立法项目。

第一节　我国《仲裁法》修订的指导思想与重点难点

一、《仲裁法》修订的指导思想

（一）革新仲裁理念

仲裁在纠纷解决中的优势不断显现，无论是对于当事人还是对于国家司法机关来说，无论是在涉外仲裁还是非涉外仲裁中，仲裁都展现出强劲的生命力和优越性。支持仲裁如同鼓励国际贸易和吸引外资，已经成为国际共识。仲裁的优势的实现在很大程度上取决于"鼓励与支持仲裁"这一基本理念的坚守和推进。该理念既是仲裁法律体系得以完善的基石，也是仲裁法修改应遵循的首要原则，偏离该理念的仲裁法律修改都禁受不住考验。构建有中国特色的仲裁制度，也不应背离该基本理念。首先，依法确立并保障仲裁的独立性和公正性是仲裁的本质要求，应尊重当事人的意思自治，凸显仲裁本色。仲裁应有的独立和公正价值是仲裁的本质之所在，欠缺该价值的仲裁无法称为真正意义上的仲裁。其次，强化当事人的主角地位并限定权力机构的配角地位是仲裁发展的基本道路。仲裁源于当事人并最终回到当事人，偏离该逻辑路径的方式有悖于仲裁应有的发展之路。当然，权力机构的参与亦是仲裁有序、良性发展的重要保障，但其在仲裁中应扮演的配角角色不容被突破。当事人和权力机构在仲裁中角色的严格定位是仲裁推进的根本保障。我国仲裁法律体系的革新须定位好两者各自分饰的角色。最后，在国际贸易和国际商事仲裁蓬勃发展的大环境下，我国《仲裁法》的修改还需要遵循国际化为主，兼顾本土化的原则，即与国际规则相一致，又不脱离中国实际。

（二）促进仲裁法律体系的现代化

仲裁法律的现代化是实现我国仲裁发展的基本依托。针对我国仲裁法的先天不足以及后天发展中所衍生出的一系列问题，我国仲裁法律体系的现代化应当围绕以下三个方面的基本内容展开：其一，尊重并强化当事人的意思自治，确立契约性在仲裁中的主导地位。我国现有的仲裁法律已将意思自治置于仲裁展开的原则性地位，然而该原则的实现在诸多方面仍受到较大的拘囿，仲裁的契约性本质未能贯穿整个仲裁立法的始终，即仲裁机制的自主性、灵活性及注重效率性等未得到有效的保障。在涉外仲裁或国际商事仲裁的语境下，仲裁的契约性更应受到更大的尊重和凸显。其二，限制国家权力的干涉，严格界定司法权介入涉外仲裁领域的范围，司法介入应以支持仲裁为限。其三，支持仲裁的理念应转化为支持仲裁的具体规范。

（三）推动仲裁体制改革

《仲裁法》初次制定时中国正处于从计划经济向市场经济转型的大环境中，故一部分法律内容不可避免地带有计划经济体制的色彩。《仲裁法》作出了仲裁机构独立于行政机关的原则性规定，但保障仲裁机构独立性的组织性质与模式的阙如，造成了在实践中仲裁机构基本依照行政事业单位体制来设立。2011年《中共中央、国务院关于分类推进事业单位改革的指导意见》在事业单位类别上，根据职责任务、服务对象和资源配置方式等情况将从事公益服务的单位划分为两类，即承担义务教育、基础性科研、公共文化、公共卫生及基层的基本医疗服务等基本公益服务，不能或不宜由市场配置资源的"公益一类"以及承担高等教育、非营利医疗等公益服务，可部分由市场配置资源的"公益二类"。但是，这两种分类对于已经实行"事业单位企业化管理"的仲裁机构而言不啻为一种倒退。这是因为，一方面，事业单位在监督管理上需要对相关主管部门负责，其机构的独立性难免受到削弱与质疑。另一方面，事业单位行政化的运行模式，导致其在人、财、物等事项上缺乏自主权，这不仅影响仲裁业务的正常进行，亦无法吸引人才甚至造成人才流失，遏制了仲裁机构的活力与市场竞争力。作为我国全面深化改革的总纲领和总规划，十八届三中全会审议通过的《中共中央关于全面深化改革若干重大问题的决定》提出了加快事业单位分类改革，加大政府购买公共服务力度，推动公办事业单位与主管部门理顺关系和去行政化，创造条件，逐步取消学校、科研院所、医院等单位的行政级别，建立事业单位法人治理结构，推进有条件的事业单位转为企业或社会组织。在这一大背景下，涉外仲裁体制改革是大势所趋，而让仲裁机构回归彰显其独立性的本真则是大方向所在。

（四）缔造仲裁法治环境、借鉴国际成功经验

仲裁法治环境主要体现在国内法治环境和国际法治环境两个方面，这两个方面构成了仲裁制度发展的土壤。在国际仲裁法治环境尚未充分发展的情况下，国内法治环境的缔造和维护成为具有决定性意义的环节。就国内仲裁法治环境而言，最为根本的方面在于恰当确立仲裁和司法之间的和谐关系。就国际仲裁法治环境来说，重要国际组织引领下的仲裁公约的达成以及示范性文件的表率作用至关重要，我国《仲裁法》的修改应充分地考虑并借鉴该方面的公约或文件，这是我国的涉外仲裁与国际社会的接轨的重要途径。《联合国国际贸易法委员会国际商事仲裁示范法》为各国仲裁法的修改提供了绝佳的蓝本，其意在协助各国在充分考量到当前国际商事仲裁的特征及需要的情况下更新有关仲裁程序的法律。尽管《联合国国际贸易法委员会国际商事仲裁示范法》的基础原则和精神已被我国的仲裁

法律制度大量吸收，我国目前却没有将其纳入国内法的计划。我国仲裁法律制度的修改可有效地借鉴《联合国国际贸易法委员会国际商事仲裁示范法》的规定。

二、《仲裁法》修订中的重点难点问题

自中国于 2001 年加入 WTO 以来，《仲裁法》只进行了小幅度的修改，并未进行系统的完善和修订，由此导致我国的仲裁法律制度已经与快速发展的仲裁实践严重脱节，这实际上已形成了我国仲裁实现法治化、国际化并获取国际公信力的障碍，亟待予以重视并尽快提上修订议程。具体来看，现行立法在以下几个角度相对滞后：

第一，对可仲裁事项的限定比较狭窄，仅限于平等主体之间的合同纠纷或其他财产权益纠纷，排除了我国仲裁机构对外国投资者与东道国政府之间的投资争端，从而将投资仲裁的管辖权拱手让与国外仲裁机构，丧失了争端解决的主导权。

第二，因历史原因，现行立法区分了国内仲裁机构与涉外仲裁机构，但在实践中我国各仲裁机构均已可同时受理国内案件与涉外案件，前述区分已经不符合现实状况，对我国仲裁机构的管辖权形成了掣肘。

第三，对国际仲裁中通行的、符合仲裁程序自身规律的法律制度与原则，现行立法不但未予以借鉴，反倒予以排斥，如仲裁庭自裁管辖权原则、临时仲裁、友好仲裁、紧急仲裁员等。

第四，现行立法对仲裁程序的具体规定较为严格，存在诉讼化倾向，这不利于保持仲裁程序的灵活性、当事人意思自治等优势。例如，现行法规定仲裁应当开庭进行、当事人应当对自己的主张提供证据、鉴定部门应当派鉴定人参加开庭、证据应当在开庭时出示、辩论终结时仲裁庭应当征询当事人的最后

意见等。

第五，现行立法中没有赋予仲裁庭在程序事项上充分的自由裁量权。例如，在当事人申请保全、财产保全时，只能向仲裁委员会提出，并由仲裁委员会转交法院决定是否保全，这不仅忽视了仲裁庭的权力，而且降低了仲裁程序的效率，且现行立法中只规定了仲裁程序中的保全，没有规定仲裁前的保全，这与《民事诉讼法》的规定相冲突。

第六，现行立法规定了应成立中国仲裁协会，但《仲裁法》实施二十多年来却从未成立该协会，应及时反思该协会的成立是否仍有必要性及可行性，如无法成立是否可由其他机构代行其职能。

第七，现行立法没有明确中国仲裁机构的性质，对仲裁协议的有效性要件规定得过于严格，对仲裁裁决申请撤销及主张不予执行的法定事由审查过于苛刻，这些与国际上通行的《联合国国际贸易法委员会国际商事仲裁示范法》等不相符合。

此外，自2017年以来，以中国国际贸易促进委员会为代表的中国民间机构开始积极呼吁并试图筹建国际商事争端预防与解决中心，该国际组织或将为中国当事人提供跨国争议解决的重要平台，但现行《仲裁法》的滞后已成为该组织将来运行的最大障碍。为了使该中心将来能够充分保持公信力、吸引全球尤其是"一带一路"沿线国家的当事人在中国解决争端，必须尽快将《仲裁法》的修订提上日程，使法律制度与规则保持与时俱进，推动法治进步与仲裁事业的长远与可持续发展。

第二节　国际仲裁管辖权竞合中的禁诉令制度及其立法构建

一、问题的提出：国际民商事诉讼竞合及其规制路径

在国际民商事争议解决过程中，因案涉争议通常与多个国家具有法律上的联系，而各国法院主要根据本国的诉讼程序法对案件行使管辖权，故常会引发管辖权冲突的问题，此即所谓的平行诉讼现象，亦称为诉讼竞合。[1]平行诉讼现象的存在，其实质是不同国家基于各自的司法主权对相同当事人之间的相同争议或关联争议分别行使管辖权，具体涵盖同一方当事人作为原告在不同国家先后提起诉讼，此即重复诉讼，还包括不同当事人分别作为原告在不同国家对另一方提起诉讼，此即对抗诉讼。[2]因各国的冲突法、实体法、证据法存在差异，平行诉讼的存在，难以避免对立裁决的作出，故极易引发"同案不同判"的现实矛盾，既不利于国家间判决的相互承认及执行，也不利于对当事人实体权利的保护。[3]从长远来看，平行诉讼的存在，还会诱发当事人"挑选法院"、竞相向有利于己方的法院先行提起诉讼，从而加速矛盾激化，形成无序状态，无益于国际民商事秩序的良性构建。[4]

故此，各国采取多种途径规制平行诉讼现象，具体包括：

---

〔1〕　刘仁山、陈杰："我国面临的国际平行诉讼问题与协调对策"，载《东岳论丛》2019年第12期。

〔2〕　李旺：《国际诉讼竞合》，中国政法大学出版社2002年版，第12页。

〔3〕　刘乃忠、顾崧：《国际民商事诉讼竞合问题研究》，社会科学文献出版社2016年版，第24页。

〔4〕　刘懿彤：《国际民事诉讼管辖权与和谐国际社会构建》，中国人民公安大学出版社、群众出版社2017年版，第154页。

其一，签订国际条约协调缔约国之间的管辖权，避免就同一争议重复行使管辖权。例如，欧盟在 2001 年制定的《民商事案件管辖权及判决承认和执行条例》（即《布鲁塞尔条例 I》）确立了先系属优先原则（principle of lis alibi pendens），强化管辖权的确定性与稳固性，此后又于 2012 年《布鲁塞尔条例 I 修订案》中突出了当事人排他性管辖协议优先于先系属优先原则的适用，防范"鱼雷诉讼"（torpedo actions）对国际司法秩序的冲突。[1] 其二，完善国内关于涉外民事诉讼案件管辖的立法，或对司法管辖涉外民事案件提供指引，合理确定本国管辖权的行使范围。例如，扩大协议管辖以允许当事人通过合意达成法院选择的安排，限缩专属管辖以弱化各国竞相行使管辖权所引发的对立裁决风险，在司法上贯彻谦抑、礼让的理念，运用一事不再理原则、未决诉讼原则、不方便法院原则等制度对管辖权予以合理的自我约束。[2] 同时，减少禁诉令（anti-suit injunction）等具有对抗色彩的制度工具，采取对话的模式增进与其他国家的司法互信及合作等。[3]

从学理、规范和实践来看，各国集思广益，从多个角度探讨平行诉讼问题的解决方案，这对于增进跨国司法合作、协调国际民商事秩序无疑具有积极意义。然而，现有的讨论在很大程度上仅着眼于各国法院之间的司法管辖权冲突以及由此引发的诉讼竞合，却忽视了国际民商事争议解决实践中大量存在的诉讼与仲裁平行问题。具言之，在争议所涉双方当事人已经订有仲裁协议的基础上，一方当事人擅自违反该仲裁协议，向另

---

〔1〕 黄志慧："欧盟协议管辖制度实施之保障研究"，载《现代法学》2017 年第 6 期。

〔2〕 Kermit Roosevelt, *Conflict of Laws*, Foundation Press, 2010, p. 185.

〔3〕 刘敬东："大国司法：中国国际民事诉讼制度之重构"，载《法学》2016 年第 7 期。

一国家的国内法院提起诉讼，试图通过司法方式解决纠纷时，遵守仲裁协议的一方能否向仲裁地法院或向仲裁庭申请签发禁诉令，以制止对方向他国法院提起诉讼？此即国际商事仲裁中的禁诉令问题。具体而言，一国法院是否有权力基于对仲裁协议的维护而签发禁诉令？如果答案是肯定的，那么法院签发此类禁诉令应受到哪些条件的约束？法院为维护仲裁协议所签发的禁诉令，在条件和执行方面与一般意义上的禁诉令有无区别？除法院外，仲裁庭是否有权力基于对自身管辖权的维护而签发禁诉令？仲裁庭签发的禁诉令是否会遭到另一国法院的反制？当仲裁庭基于"管辖权/管辖权原则"（competence-competence principle）对自身的管辖权作出确认后，如果另一国法院坚持确认其本国的司法管辖权，此时便极易产生国际商事仲裁管辖权与国际民事诉讼管辖权的冲突。此时，法院能否签发禁止仲裁令（anti-arbitration injunction）？对此种禁止仲裁令的法律效力应作何种评价？这些问题，是国际民商事争议解决过程中所难以回避的现实问题，但从目前的学术研究和国际立法来看，还远远不能满足实践需要。基于此，本书将结合有关实践，对国际商事仲裁中的禁诉令这一问题展开分析，以期为我国当事人利用和应对这一制度提供借鉴。值得一提的是，由于一国法院为支持仲裁管辖权所签发的禁诉令与仲裁庭为维护自身管辖权所签发的禁诉令在实践中面临的阻力有所差异，本书将对这两类国际商事仲裁中的禁诉令进行分别探讨。

二、一国法院为支持仲裁管辖权所签发的禁诉令

（一）法院签发禁诉令的正当性及其例外

相比于大陆法系国家，英美等普通法系国家的禁诉令制度更为成熟，相关实践也更为丰富。通常情况下，根据英国法，

当与案件有关的多个国家均具备管辖权时，如果英国法院认为自身对案涉争议事项具有明显的利益，而外国的诉讼程序将会对禁令申请人造成实质损害，且禁令的签发并不会不合理地剥夺在外国起诉的原告一方的正当期望，则英国法院会签发禁诉令，以制止当事人在外国提起诉讼或继续参加外国的诉讼程序。[1]除通常情况下的禁诉令外，在另一种涉及仲裁的情况下，英国法院对签发禁诉令亦有强烈的利益。具言之，在当事人双方订有仲裁协议时，如果一方违背仲裁约定，试图将涵盖在仲裁协议中的争议向某一国内法院提起诉讼，此时英国法院亦将对违背一方签发禁诉令，阻止其在国外的诉讼行为。事实上，除英国以外，其他的英美法系国家也具有同样的传统。特别值得一提的是，在审查并决定是否签发与仲裁相关的禁诉令时，法院并不把自己的权力仅限于维护那些仲裁地位于本国的仲裁协议。例如，在"CT Mobile 诉 IPOC"案中，百慕大法院就签发了禁诉令，禁止原告继续在俄罗斯参加诉讼程序，而其旨在维护的是当事人之间关于在瑞士进行仲裁的约定。[2]相比之下，尽管美国法院也乐于为支持仲裁而签发禁诉令，但美国不同法院在签发禁诉令的实践方面具有较强的不一致性。具言之，部分美国法院在决定是否签发禁诉令时，条件相对宽松，只要在外国进行的诉讼程序将给美国境内的当事人造成严重不便和对立裁决风险时，法院就会签发禁诉令。另一些美国法院在签发禁诉令方面则相对谨慎和保守，只有满足更为严格的条件，即禁令申请人充分证明在外国继续开展诉讼程序将给申请人造成难以

---

〔1〕 Gary B. Born, *International Commercial Arbitration*, Second Edition, Wolters Kluwer Law & Business, 2014, p. 70.

〔2〕 O. L. Mosimann, *Anti-suit Injunctions in International Commercial Arbitration*, Eleven International Publishing, 2010, p. 25.

弥补的损害且外国的诉讼违反美国的公共政策时，法院才会签发禁诉令。[1]

究其原因，法院之所以乐于为支持仲裁而签发禁诉令，主要是禁诉令本身的签发没有严格的约束条件，从判例法来看，大多数禁诉令的签发建立在一些相对模糊的考量因素基础上，如方便、公平、烦扰或公共政策等。相应地，一方当事人违反仲裁协议所预先设定的义务而在外国提起诉讼，这本身就足以证明法院签发禁诉令是具备合法性基础的。然而，实践却并不似逻辑推论这么简单。现实中，即便当事人之间订有仲裁协议，但很可能基于形形色色的原因，使一方当事人可以拥有正当理由不去仲裁而是前往另一国法院提起诉讼。譬如，仲裁协议的范围相对较窄，并不能涵盖当事人提起诉讼所涉及的争议；当事人在外国提起诉讼所涉及的争议事项依据法律具有不可仲裁性，故即便当事人约定了以仲裁方式解决，此种约定亦属无效，无法产生妨诉抗辩效力；起诉方有充分的证据证实对方当事人已经通过明示或默示方式放弃了仲裁协议，故有关争议只能采取诉讼手段解决；出于其他合理的事由，仲裁协议是不可执行的。凡此种种均表明，法院在出于维护仲裁管辖的目的而签发禁诉令时，必须有确凿的证据使其相信仲裁协议本身是有效的，且不存在足以否定仲裁协议效力的情况。

（二）法院签发禁诉令所面临的法律障碍

如前文所述，相比于英美法系国家，大陆法系国家总体上对禁诉令持相对排斥的立场，这主要是考虑到禁诉令的签发虽然是针对在外国起诉的私人，但是客观上却涉嫌对另一国司法主权和管辖权的干预和触犯。即便是存在仲裁协议的语境下，

---

[1] George A. Bermann, *International Arbitration and Private International Law*, Brill Nijhoff, 2017, p. 285.

大陆法系国家对禁诉令的敌意也并没有消解。例如，在欧洲法院所审理的 West Tankers 案中，就涉及英国法院为了维护仲裁协议而发布禁诉令，阻止原告在塞浦路斯继续诉讼。[1]该案中，欧洲法院明确指出，基于《布鲁塞尔条例 I》，欧盟成员国之间不能彼此相互签发禁诉令，即使其旨在维护和执行仲裁协议，此类禁诉令也不能获得合法性。[2]由此可见，没有证据表明大陆法系国家对于禁诉令的敌意因对仲裁协议的尊重而有所缓解。不过，欧盟国家对于其他欧盟成员国禁诉令的排斥并不意味着也对于世界其他地方的禁诉令同等排斥。例如，美国法院曾经为了维护当事人的法院选择条款而发布禁诉令，禁止对方当事人在法国法院诉讼，后美国法院在该禁诉令基础上作出的判决得到了法国最高法院的承认和执行。学者们评论称，法国最高法院支持美国法院基于法院选择条款所签发的禁诉令，而美国法院基于仲裁协议所签发的禁诉令也将得到同等乃至更高的尊重。从趋势上来看，随着时间的推移，大陆法系国家传统上对于禁诉令的排斥逐渐开始减少，而与国际商事仲裁有关的禁诉令恰恰是最佳突破口。[3]然而，就一般意义而言，法院是否应当为支持仲裁而签发禁诉令，既有支持者，亦不乏反对者。

---

〔1〕 杨彩霞："论欧盟法对仲裁协议效力保障之弱化——兼评欧盟法院 West Tankers 案"，载《政治与法律》2010 年第 11 期。

〔2〕 Allianz S. p. A., Generali Assicurazioni Generali S. p. A. v. West Tankers Inc., case C-185/07, 2009 ECR I-663.

〔3〕 已有案例显示，在英国脱欧后，德国、法国等大陆法系国家的法院先后"师夷长技以制夷"，在可能遭遇外国禁诉令时选择主动出击，先行向当事人发布反禁诉令（Anti-anti-suit injunction），禁止当事人向另一国家法院申请禁诉令。Greta Niehaus, "First Anti-Anti-Suit Injunction in Germany: The Costs for International Arbitration", available at http://arbitrationblog. kluwerarbitration. com/2021/02/28/first-anti-anti-suit-injunction-in-germany-the-costs-for-international-arbitration/, last visited on 2021-3-31.

（三）支持和反对法院为仲裁签发禁诉令的理由

支持法院为维护仲裁而签发禁诉令者认为，法院有权力基于仲裁协议而签发禁诉令，这本身是一个不证自明的论题。原因是，仲裁协议本身的妨诉抗辩效力和法院对仲裁的支持与协助已经为禁诉令的签发奠定了坚实的合法性基础。具体来看，《纽约公约》第 2 条就已明确，在双方当事人订有仲裁协议的前提下，只要该类仲裁协议是有效的并且是可执行的，当事人应当遵照仲裁协议的约定以仲裁方式解决纠纷，而不应当前往法院提起诉讼。[1]与此同时，缔约国的国内法院也应当尊重当事人之间的仲裁合意，拒绝管辖和受理已被仲裁协议涵盖的纠纷和诉求。[2]由此引申的实践效果是，如果法院地所属国是《纽约公约》的缔约国，受诉法院一旦了解到当事人之间存在仲裁协议，除非该仲裁协议是无效的或者是不可执行的，原则上法院应当命令当事人依约将争议提交仲裁解决，而这一义务如果未得到受诉法院的主动遵守，其他公约缔约国的法院有权通过签发禁诉令的方式间接使受诉法院无法继续管辖和审判涉诉纠纷。[3]

相比之下，反对法院在仲裁中签发禁诉令的理由有多个方面。有观点认为，即使是为了促进当事人遵守仲裁协议而签发禁诉令，也会对仲裁程序造成破坏。[4]具言之，仲裁究其本质而言是一种私人的安排，而法院的干预应当尽可能避免或者降

---

〔1〕　齐飞："《纽约公约》主要内容及发展趋势述评"，载张卫平主编：《民事程序法研究》（第六辑），厦门大学出版社 2011 年版，第 301 页。

〔2〕　龙威狄："国际商事仲裁协议的妨诉效力——以我国立法司法实践为中心"，载《政治与法律》2010 年第 11 期。

〔3〕　Talia Einhorn, *Private International Law in Israel*, Wolters Kluwer Law & Business, 2012, p. 454.

〔4〕　Axel Baum, "Anti-suit Injunctions Issued by National Courts to Permit Arbitration Proceedings", in Emmanuel Gaillard ed., *Anti-suit Injunctions in International Arbitration*, Staempfli, 2005, p. 20.

至最低。不过，这一理由显然缺乏说服力，原因是，在很多情况下，国际商事仲裁的有效运转根本无法脱离法院的必要介入和支持，譬如，法院在仲裁庭组成过程陷入僵局时指定仲裁员、法院为保障仲裁裁决未来的执行而发布临时性保全措施等。事实上，禁诉令的签发也是为了保障仲裁的有效展开，而不至于因某一方当事人的单方毁约行动而阻滞仲裁的启动。

另一种反对的观点认为，《纽约公约》作为一项国际商事仲裁领域被各国广泛接受的多边公约，其旨在促进各缔约方之间的合作互信、国际礼让，而禁诉令则体现的是一种当仁不让的理念和竞相争取管辖权的特征，其在很大程度上与国际商事仲裁所依赖的国际礼让观念是背离的，故而禁诉令与以《纽约公约》为代表的国际商事仲裁制度是格格不入的。[1]此外，各国国内法及司法实践中对于仲裁协议的有效性和可执行性存在较大的差异，这突出体现在争议事项的可仲裁性和公共政策的解释方面，而禁诉令无益于缓和此种法律冲突，反而可能会激发矛盾。具体来看，当一国法院为了支持仲裁管辖权而签发禁诉令，从而对另一国的司法管辖权造成不合理的限制时，如果该另一国处于对本国司法管辖权的维护签发禁止仲裁令，此时便产生了两个国家之间司法命令的碰撞。[2]不过，与此种反对意见针锋相对的是，有观点认为在国际商事仲裁中签发禁诉令时，应当淡化国际礼让观念的色彩，原因是，此种禁诉令旨在维护私人之间基于仲裁协议所作的合意，这显然不同于各国法院相

---

〔1〕 Trevor C. Hartley, "Comity and the Use of Antisuit Injunctions in International Litigation", *The American Journal of Comparative Law*, Vol. 35, No. 3, 1987, p. 487.

〔2〕 黄旭：“国际商事争议解决中的禁止仲裁令制度研究”，载《北京仲裁》2020年第2期。

互之间为固守管辖权而签发的一般禁诉令。[1]换言之,前者并不必然会损及国家之间的司法合作,而是各国司法共同尊重和让位于当事人的意思自治原则。恰恰相反,法院为支持国际商事仲裁所签发的禁诉令相比于法院为维护自身司法管辖权所签发的禁诉令可接受度更高。其原因在于,从合同法视角来看,前一种禁诉令可以理解为是对因违约而遭受损失的一方提供的救济机制。从性质上分析,仲裁协议属于双方当事人在彼此交换意见的基础上所达成的一种契约性安排,相应地,一方当事人违背仲裁协议向法院提起诉讼的行为则构成违约。[2]在特定情况下,即使是大陆法系国家的法院也会就违约行为中的受害方赋予临时性救济或者要求违约方承担相应的损害赔偿。因此,很难说法院以禁诉令方式要求违背仲裁协议直接向外国起诉的当事人停止其违约行为,会对国际礼让造成根本性破坏。故而,以禁诉令对国际礼让的冲击为由否认禁诉令实践的正当性,难以令人信服。

三、仲裁庭为维护自身管辖权所签发的禁诉令

(一) 仲裁庭签发禁诉令的适法性分析

相比于法院为支持仲裁而签发的禁诉令而言,仲裁庭为捍卫自身的管辖权而签发的禁诉令在理论和实务中具有更强的争议性。从学理上审视,仲裁员及其所组建的仲裁庭系私人裁判者,因此其无权直接就某一国家国内法院的司法管辖权进行干涉或限制。甚至有观点认为,仲裁员如果签发禁诉令限制当事

---

〔1〕 George A. Bermann, *International Arbitration and Private International Law*, Brill Nijhoff, 2017, p. 291.

〔2〕 Emmanuel Onyema, *International Commercial Arbitration and the Arbitrator's Contract*, Routledge, 2010, p. 9.

人向另一国家起诉，这实际上相当于仲裁员为了谋求管辖权而充当了自身的法官，有损于仲裁员的独立性和公正性，有可能导致裁决陷入被法院撤销或不予执行的风险。[1]事实上，这种认识不无偏见。仲裁员如果是在充分尊重当事人仲裁合意及相关法律规范的基础上签发禁诉令，则这一制度为实现"管辖权/管辖权原则"提供了保障，而并不构成对其独立性和公正性的消极影响。相反的是，从实务层面来看，由于仲裁员是在当事人合意的基础上选任的争议裁断者，其所签发的禁诉令比法院签发的禁诉令更为和缓，不会直接导致国家之间司法权力的相互竞争，而更多的是立足于司法与仲裁之间关系的评判。也正因如此，欧洲法院在 West Tankers 案中作出的判决仅仅禁止了欧盟成员国法院对当事人发布禁诉令，而并没有禁止仲裁庭发布禁诉令。

在"立陶宛能源部诉 Gazprom"案中，欧洲法院对于仲裁庭签发禁诉令的问题进行了深入的探讨。该案中，立陶宛能源部在立陶宛国内法院对世界上最大的能源企业之——俄罗斯天然气工业股份公司 Gazprom 提起了诉讼，Gazprom 则针锋相对地在俄罗斯对立陶宛能源部提起了仲裁，并向仲裁庭申请签发禁诉令，命令立陶宛能源部撤回其在立陶宛国内诉讼中的部分诉求。Gazprom 获得仲裁庭的禁诉令后，向立陶宛最高法院申请执行，立陶宛最高法院则将这一案件移交至欧洲法院。案件的争议焦点在于：立陶宛国内法院是否应当以仲裁庭签发的禁诉令限制了法院依据《布鲁塞尔条例 I》对自身管辖权加以认定的权力为由拒绝承认并执行俄罗斯的仲裁裁决？对此，欧洲法院的总法律顾问于 2014 年 12 月 4 日出具的一份法律意见称，仲裁庭

---

〔1〕 Laurent Lévy, "Anti-suit Injunction Issued by Arbitrators", in Emmanuel Gaillard ed., *Anti-suit Injunctions in International Arbitration*, Staempfli, 2005, p. 115.

的禁诉令既没有违反《布鲁塞尔条例I》，也没有违反欧盟的公共政策。具言之，《布鲁塞尔条例I》根本不适用于仲裁程序，作为例外，该条例仅可适用于那些附属于法院诉讼程序的仲裁程序。对于欧洲法院而言，采纳这一法律意见将意味着推翻欧洲法院在West Tankers案中所作判决的效力。故而，欧洲法院最终未采纳总法律顾问的意见，其在2015年作出的本案判决中指出，仲裁庭据以发布禁诉令的仲裁裁决以及承认该裁决的任何判决，不属于《布鲁塞尔条例I》的调整范围。换言之，该案的判决表明，《布鲁塞尔条例I》并没有阻止欧盟成员国的法院承认和执行仲裁庭签发的禁诉令，也没有阻止成员国法院拒绝承认和执行此类仲裁庭禁诉令，而是仲裁庭所签发的禁诉令以及与此有关的仲裁裁决根本就不在《布鲁塞尔条例I》的适用范围之内，由此便回避了《布鲁塞尔条例I》与仲裁庭所签发的禁诉令的关系问题。[1]

（二）支持仲裁庭签发禁诉令的实践理由

实践中，国际商事仲裁庭已经在很多场合下签发了禁诉令，在禁止一方当事人前往外国诉讼的同时，捍卫了仲裁庭自身的管辖权。相应地，也有越来越多的观点肯定仲裁庭发布禁诉令的合理性。首先，发布禁诉令的权力属于仲裁庭之仲裁权的范围之内，事实上，几乎所有国家的仲裁立法和仲裁规则均允许仲裁庭在必要时发布临时性救济措施。[2]其次，仲裁协议乃国际商事仲裁的基石，在当事人意思自治原则的统领下，仲裁员有权力就落入仲裁范围内的所有争议进行裁断，其中也包括了

---

[1]　Gazprom OAO v. Lietuvos Respublika, Case C-536/13, ECJ Judgment of 13 May 2015.

[2]　任明艳：《国际商事仲裁中临时性保全措施研究》，上海交通大学出版社2010年版，第10页。

对仲裁庭自身管辖权的认定和对一方违反仲裁协议所引发的争议进行裁断。[1]最后，仲裁庭所签发的禁诉令，可以视为对一方当事人违反仲裁协议所提供的救济和修复。甚至有观点认为，仲裁庭的首要义务是作出具有可执行力的仲裁裁决，而为了保障仲裁庭能够落实这一基本义务，必须确认仲裁庭有权力签发禁诉令。[2]当然，这种观点未免夸大其词，为支持仲裁而允许仲裁庭发布禁诉令，固然可以强化仲裁庭的管辖权，但并不必然保证仲裁裁决是可执行的。原因是，裁决的可执行性还受到仲裁管辖权因素之外的其他因素影响，如仲裁程序、仲裁员等。[3]但毋庸置疑的是，如果仲裁庭连自身的管辖权都无法捍卫，更妄图作出一份经得起推敲的仲裁裁决。从这个角度来看，赋予仲裁庭发布禁诉令的权力，实属必要。

（三）仲裁庭签发禁诉令的条件

在明确有必要赋予仲裁庭禁诉令发布权的基础上，接下来需要探讨的问题是，在满足何种条件时仲裁庭有权决定发布禁诉令？事实上，鉴于国际商事仲裁的保密性，要确定仲裁庭发布禁诉令的条件远比确定法院在诉讼中发布禁诉令的条件更加困难。鉴于各国仲裁法关于仲裁庭发布禁诉令的条件存在不同规定，要解决法律冲突，仲裁庭需要首先考察涉案仲裁的法律适用，而这本身就是一个难以解决的命题。[4]理论上讲，当事

---

[1] 张玉卿："试论商事仲裁自裁管辖权的现状与中国的改进"，载《国际经济法学刊》2018年第1期。

[2] O. L. Mosimann, *Anti-suit Injunctions in International Commercial Arbitration*, Eleven International Publishing, 2010, p. 102.

[3] 孙子良、刘翠翠："检视与完善：案外人申请不予执行仲裁裁决制度实施效果评测"，载《商事仲裁与调解》2021年第1期。

[4] 宋连斌："比照适用抑或特别规定：从国际商事仲裁的法律适用谈起——兼及中国国际私法立法及研究的'诉讼中心主义'"，载《时代法学》2004年第5期。

人可以在合同中明确选择仲裁协议适用的法律。但实践中，罕有当事人专门针对仲裁协议选择准据法的，故各国或是将当事人所选择的主合同准据法推广适用于仲裁事项，或是通过仲裁地法、法院地法、最密切联系原则等其他标准确定仲裁的准据法。[1]至于仲裁庭能否签发禁诉令以及在何种条件下签发禁诉令，首先需要考虑适用哪个国家的法律予以规范，而这又进一步取决于仲裁庭签发禁诉令究竟是一个实体问题，还是一个程序问题。一方面，仲裁庭签发禁诉令属于对一方当事人违反合同的救济，故而其本质上是个实体问题，原则上应适用争议实体问题适用的法律加以判定；另一方面，与解除合同、损害赔偿、继续履行、支付违约金等违约救济方式不同，禁诉令仅仅是程序性的违约救济，其在形式上体现为仲裁庭发布的临时措施或中间裁决，故而应当以仲裁程序的准据法来解决禁诉令的有关问题。对禁诉令究竟属于实体问题还是程序问题的不同认识，实属国际私法中的识别现象，而这通常取决于法院地法视野下的归类。[2]现实情况是，无论是合同法等实体法还是仲裁法等程序法，其通常不会直接对仲裁庭是否可签发禁诉令及相关条件作出规范，而主要是把这一权力交由仲裁庭自由裁量。[3]换言之，单纯从国际私法中的法律选择视角对禁诉令进行探讨，并不能得出具有可参考的标准，更好的方式是从实证视角出发对国际商事仲裁庭签发禁诉令的实践进行观察、分析和评判。

---

[1] 陈卫佐："国际性仲裁协议的准据法确定——以仲裁协议的有效性为中心"，载《比较法研究》2016年第2期。

[2] 霍政欣："识别对象的再认识"，载黄进、肖永平、刘仁山主编：《中国国际私法与比较法年刊》（2006第九卷），北京大学出版社2007年版，第212页。

[3] 阎冰、任伟哲："破解域外禁诉令困境的一次尝试及思考"，载《上海法学研究》2019年第2期。

通过对有关案例的实证观察，可以将国际商事仲裁庭签发禁诉令的条件概括如下：首先，必须存在初步证据显示仲裁庭对案涉争议具有仲裁管辖权，否则仲裁庭不会无端发布禁诉令来限制当事人向其他法院提请诉讼；其次，仲裁庭在确认自身有管辖权的基础上，有迹象显示，一方当事人已经有违反仲裁协议或者有违反仲裁协议的严重嫌疑，此时才有签发禁诉令的必要，而后者显然比前者更能佐证；最后，对于违反仲裁协议向某国法院提起诉讼的一方当事人而言，其不存在正当理由，亦即不存在仲裁协议无效、失效、不可执行或另一方当事人弃权等情况，如果存在这些情况，则仲裁庭亦无权发布禁诉令制止当事人的诉讼行动。此外，假设前述要件均已满足，且有关情形表明发布禁诉令是适当的，则仲裁庭有权在裁量后作出决定。当然，从法律条文层面来看，似乎并不存在一套固定的裁量标准，实践中，仲裁庭主要是适用那些针对临时性救济措施的条件来加以裁断的。[1]譬如，仲裁庭会审视，在外国法院启动的诉讼程序将会在多大程度上对国际商事仲裁造成妨碍？双方当事人在禁诉令方面存在何种利益？在仲裁庭已经认定自身拥有管辖权的情况下，被禁止起诉的当事人对于维持其诉讼程序是否仍然具有较强的正当期望？申请人在申请禁诉令时是否谨慎行事？被禁止的一方当事人在向外国法院提起诉讼时是否以及在多大程度上怀有恶意？例如，其是否有意通过在外国提起诉讼而对禁诉令申请人施加经济压力？等等。最后，仲裁庭在决定发布禁诉令之前，还会反复斟酌并预测其发布禁诉令所可能引发的潜在后果。例如，在禁诉令发布后，受到影响的外国法院

---

〔1〕 George A. Bermann, *International Arbitration and Private International Law*, Brill Nijhoff, 2017, p. 300.

是否会针对仲裁庭发出禁止仲裁令或采取其他报复性行动？[1]

四、国内法院为否定仲裁所发布的禁止仲裁令

（一）对于禁止仲裁令的批判

以禁诉令对国际商事仲裁所起到的正反作用为标准，有学者区分了支持仲裁的禁诉令与反对仲裁的禁诉令，前者对仲裁起促进作用，后者对仲裁起阻碍作用。[2]前文已经述及，在双方当事人之间订有仲裁协议的情况下，基于对仲裁协议所承载的仲裁合意的尊重和支持，法院可能会签发禁诉令来禁止当事人违反仲裁协议而提起诉讼。但是，在已经有确凿的证据和理由佐证双方当事人之间不存在仲裁协议或仲裁协议无效、不可执行时，法院除可以裁定仲裁协议无效外，是否还可签发禁止仲裁令（又称"反仲裁令"），从而禁止当事人提起仲裁以防对诉讼形成消极影响或拖延？对于这一点，各国的实践存在明显的不同。但无法否认的是，禁止仲裁令迄今已有一百余年的历史。[3]与签发支持仲裁的禁诉令要求存在有效的、可执行的仲裁协议不同，禁止仲裁令的签发需要申请人证明涉案仲裁协议无效、不可执行或者无法涵盖诉讼所涉纠纷。从理论上看，禁止仲裁令与禁诉令在合法性方面似乎并无本质的不同，只不过前者是为了保护当事人诉诸司法的权利，后者是为了保护当事人诉诸仲裁的权利。但从实践来看，禁止仲裁令比禁诉令面临更为强烈的合法性质疑，且实践当中运用禁止仲裁令的案例

---

〔1〕 Jennifer L. Gorskie, "US Courts and the Anti-Arbitration Injunction", *Arbitration International*, Vol. 28. No. 2, 2012, p. 295.

〔2〕 S. I. Strong, "Anti-Suit Injunctions in Judicial and Arbitral Procedures in the United States", *The American Journal of Comparative Law*, Vol. 66, No. 1, 2018, p. 153.

〔3〕 黄旭："国际商事争议解决中的禁止仲裁令制度研究"，载《北京仲裁》2020年第2期。

要少得多，这不仅是由于禁止仲裁令的出现晚于禁诉令，从而存在一定的"后发劣势"，更是出于禁止仲裁令这一制度的出现对国际商事仲裁形成了严重的冲击和破坏。具体而言，禁止仲裁令的发布，剥夺了仲裁庭对仲裁协议的有效性和可执行性作出认定的机会，从而使仲裁庭自裁管辖权原则被"架空"，给企图规避仲裁协议的当事人提供了制度空间。[1]换言之，禁止仲裁令使法院垄断了对仲裁管辖权异议作出裁断的权力，从而令当事人的仲裁合意无所适从，同时也剥夺了其他国家的法院（如仲裁地的法院、潜在的裁决执行地的法院）认定仲裁协议效力的权力。前文已经述及，各国的仲裁法在可仲裁事项的范围、公共政策等方面存在差异，在一国仲裁法下无效的仲裁协议，很可能在另一国仲裁法下为有效。[2]在理论和实务中，由谁来认定仲裁协议的效力，原本是需要慎重思忖、小心求证的问题。[3]通常来讲，法院应当尊重仲裁庭对其自身管辖权所作的认定，而相较于其他法院，当事人所约定的仲裁地的法院和裁决承认及执行地的法院在仲裁司法审查方面具有更强的话语权。而禁止仲裁令的颁布，则不仅有先发制人、预先争夺司法管辖权的嫌疑，而且很可能会对拒绝遵守仲裁协议的一方当事人行使拖延策略提供客观上的支持。除此之外，相较于一般的禁诉令而言，禁止仲裁令不仅可以针对仲裁协议的当事人，而且可能针对仲裁庭、个别仲裁员乃至仲裁机构。由此，也就不难理解，为何国际仲裁共同体对禁止仲裁令这一制度深恶痛绝。从实践运用情况来看，法国、瑞士等国家的法院已经明确在裁判文书

---

〔1〕 李庆明："美国仲裁背景下的禁诉令制度"，载《商事仲裁》2008年第2期。

〔2〕 杜新丽："论争议事项可仲裁性的认定"，载《人民司法》2008年第15期。

〔3〕 寇丽："国际商事仲裁协议法律适用若干问题探析——从仲裁条款的独立性角度出发"，载《仲裁研究》2004年第1期。

中拒绝承认禁止仲裁令；英国与美国较早使用禁止仲裁令，但是他们在发布此种命令时相对谨慎。相较之下，印度、巴基斯坦等国家发布禁止仲裁令的实践最为频繁，但他们仍然声称此种命令的发布以仲裁协议显然无效、仲裁程序中存在滥用或恶意为前提。此外，一些大陆法系国家，如巴西、埃塞俄比亚、印度尼西亚也存在签发禁止仲裁令的实践。[1]

（二）禁止仲裁令的法律效力

尽管个别国家越来越频繁地针对当事人、仲裁庭或仲裁机构发布禁止仲裁令，但是此种命令并未得到广泛的遵守。作为法律后果，如当事人拒绝遵守法院的禁诉令，其可能构成藐视法庭罪，从而受到相应的法律制裁，严重者将被冻结财产或者在入境时予以拘留。尽管如此，对于法院发布的禁止仲裁令，仲裁庭拒绝遵守者不乏其例。例如，在 Pertamina 案中，仲裁地位于雅加达的仲裁庭无视印度尼西亚法院发布的禁止仲裁令，继续推进仲裁程序并在荷兰开庭审理。仲裁员解释称，其接受了仲裁当事人的指定，并对当事人负有职业责任，一旦屈服于印尼法院的禁止仲裁令而失信于当事人的信赖怠于履职，将会面临声誉上的重大损失。[2]尤其是，如果发布禁止仲裁令的法院与涉案国际商事仲裁程序并不存在实质联系时，仲裁员无视此种禁令的理由似乎就更为充分了。据此，相较于旨在支持仲裁的禁诉令而言，法院在签发禁止仲裁令时有必要秉持更加慎重的态度，以对仲裁提供支持和协助的态度处理有关问题，防止对国际商事仲裁的自治性造成不合理的冲击。

---

〔1〕 George A. Bermann, *International Arbitration and Private International Law*, Brill Nijhoff, 2017, p. 304.

〔2〕 Himpurna California Energy Ltd. v. Republic of Indonesia, Interim Award and Final Award, 26 September 1999 and 16 October 1999.

五、我国关于禁诉令制度的实践与完善路径

(一) 我国法院在国际民事诉讼中发布禁诉令的实践

截至目前,我国法院已在数起案例中主动出击,或是直接签发禁诉令制止被申请人向国外起诉或参加诉讼,或者针对国外法院签发的禁诉令出具强制令责令被申请人向国外法院申请撤回禁诉令,这在一定程度上彰显了我国的司法主权和管辖权,避免国外滥诉的同时保障了本国的司法权威。[1]

在 2020 年的康文森公司与华为技术公司、华为终端公司、华为软件公司确认不侵害专利权及标准必要专利许可纠纷案中,当事人各方同时在中国和其他国家进行着多起专利诉讼。在中国终审判决作出之前,德国杜塞尔多夫地区法院已经作出一审禁令判决。华为技术公司于二审期间向最高人民法院申请行为保全,请求康文森公司暂缓申请临时执行上述一审禁令判决,理由是一旦康文森公司申请执行德国的禁令判决,华为技术公司及其关联公司将面临要么退出海外市场、要么被迫接受高达本案原审判决确定的标准必要专利许可费数十倍的要价,进而造成不可弥补的损失。我国最高人民法院在要求华为技术公司提供相应担保的情况下,综合考量了必要性、损益平衡、国际礼让等因素,作出了行为保全裁定,本案系中国法院首次在知识产权领域作出具有"禁诉令"性质的行为保全裁定,为中国的禁诉令制度探索和积累了实践经验。[2]

在 2020 年的小米通讯技术有限公司与美国交互数字公司、交互数字控股有限公司 (以下统称"交互数字公司") 标准必

---

[1] 刘燕:"司法视角内完善中国海事强制令制度的建议",载《中国海商法研究》2020 年第 3 期。

[2] 最高人民法院 (2019) 最高法知民终 732、733、734 号民事裁定书。

要专利许可费率争议裁决纠纷案中，武汉市中级人民法院作出"全球首个跨国禁诉令"，禁止交互数字公司在全球范围内的任何国家提起与本案相关的诉讼，以司法手段为小米等中国企业公平参与跨国知识产权竞争提供支持。[1]有报道显示，这一"跨国禁诉令"先后在印度德里法院和德国慕尼黑地区法院遭遇"滑铁卢"。印度德里法院认定，武汉市中级人民法院的禁诉令剥夺了交互数字公司的法定救济权利并侵犯了德里法院根据印度法律行使管辖权的权力，批准了一项反禁诉令，反过来责令美国交互数字公司在印度德里法院结案前不得执行武汉市中级人民法院发布的禁诉令。[2]无独有偶，交互数字公司在德国慕尼黑地区法院也提起了针对小米通讯技术有限公司的诉讼，慕尼黑地区法院同样以该禁诉令不当限制了德国法院的司法管辖权为由拒绝遵守武汉市中级人民法院的禁诉令。

（二）我国确立仲裁禁诉令制度的必要性分析

上述禁诉令实践显然都是针对法院诉讼程序，从公开的报道来看，尚没有关于中国法院或仲裁庭以支持或反对仲裁的名义主动签发禁诉令的资讯，但中国当事人遭受外国法院或仲裁庭发布禁诉令的实践并不罕见，典型案例如深圳市粮食集团有限公司提单运输损害赔偿纠纷案。[3]在该案中，我国公司作为收货人，其在向被告（船方）递交提单并提取货物后发现相关货物受损，于是向青岛海事法院申请扣押涉案货轮并提起索赔诉讼，而被告在以提单中含有"并入租船合同"的条款为由主张案涉争议应在英国伦敦仲裁解决。与此同时，依据被告的申

---

〔1〕　武汉市中级人民法院（2020）鄂 01 知民初 169 号之一民事裁定书。

〔2〕　Interdigital Technology Corporation & Ors. v. Xiaomi Corporation & Ors., I. A. 87 72/2020 IN CS（COMM）295/2020, October 9, 2020, p.44.

〔3〕　青岛海事法院（2004）青海法海商初字第 245 号民事裁定书。

请，英国法院签发了禁诉令，责令中国原告在规定限期内撤诉，否则将被视为藐视法庭并处以罚款和监禁。后仲裁庭在伦敦作出本案裁决，认定当事人之间存在有效仲裁协议，涉案纠纷应在英国伦敦仲裁解决。[1]船方后向我国广州海事法院申请承认并执行该裁决，后我国法院以双方未达成仲裁协议为由拒绝承认及执行该裁决。[2]

上述案件在一定程度上体现了我国法院对外国禁诉令仍采取相对审慎的立场，同时也体现出我国在关于仲裁禁诉令方面的制度和实践还相对欠缺。从学理上来看，关于中国是否应当构建禁诉令制度以及构建怎样的禁诉令制度，存在不同的主张。有观点认为，禁诉令对于解决涉外平行诉讼具有重要价值，且德国、法国等大陆法系国家的判例中均存在类似制度，我国应当尽快在立法层面引入禁诉令制度。[3]有观点则认为，我国现行《民事诉讼法》中的行为保全制度，在实质上已经具备了禁诉令的功能，只需要以司法解释的方式将禁诉令的签发条件、管辖法院、审查流程等细节明确下来即可。[4]有的观点认为，禁诉令制度必须与不方便法院原则同时存在才有意义，中国不存在构建该制度的法律基础，禁诉令既违背中国的法律传统，也与国际趋势不符，引入该制度弊大于利。[5]另有观点认为，

---

〔1〕 欧福永：《国际民事诉讼中的禁诉令》，北京大学出版社 2007 年版，第 234 页。

〔2〕 颜杰雄："国际商事仲裁中禁诉令的运用——从欧洲法院 West Tankers Inc. 案谈起"，载《北京仲裁》2009 年第 2 期。

〔3〕 王娟："关于我国引入禁诉令制度的思考"，载《法学评论》2009 年第 6 期。

〔4〕 李晓枫："论以我国行为保全制度实现禁诉令功能"，载《法学杂志》2015 年第 7 期。

〔5〕 徐昶："我国不宜在涉外民商事审判中引入禁诉令制度——以禁诉令的目标与效果为视角"，载《南京工业大学学报（社会科学版）》2009 年第 3 期。

禁诉令对他国的司法主权构成根本限制，签发禁诉令有损大国司法形象，解决诉讼竞合的手段不只限于禁诉令，因此不宜贸然在中国立法层面确立这项制度。

暂且不论是否应当在国际民事诉讼程序中构建禁诉令制度，以及现有的行为保全是否已经实质上达到了禁诉令的目的，笔者认为，至少在以中国为仲裁地的国际商事仲裁程序中有必要构建禁诉令制度。这主要出于以下三个方面的考虑：首先，自党的十九届四中全会以来，"完善涉外经贸法律和规则体系""加强涉外法治工作"[1]已成为推进国家治理体系和治理能力现代化的重要任务，对于国际商事仲裁案件所涉纠纷，在中国和外国均有管辖权的情况下，如果外国法院可以签发禁诉令，而我国没有相关制度，必然会使得我国法院在管辖权的争夺中处于不利地位。建立禁诉令制度，有助于丰富我国的涉外经贸法治"工具箱"，使我国法院在维护国家主权、争夺国际案件司法管辖权方面处于更有利的地位。其次，在中共中央办公厅、国务院办公厅发布的文件中，明确要求"完善仲裁制度、提高仲裁公信力"[2]，将禁诉令引入我国国际商事仲裁法律制度体系内，有利于充分尊重当事人意思自治，保障我国仲裁事业的健康发展，确保和维护仲裁案件的管辖权不受外国法院的褫夺。最后，以《纽约公约》为代表的国际仲裁法律制度已经确立了有效的仲裁协议具有妨诉抗辩效力，作为仲裁地的法院有义务为此类仲裁协议的执行提供有力的司法保障，而此种保障具体体现为制止当事人背弃仲裁协议而在境外法院提起的诉讼。换言之，禁诉令具有充分的法理基础，其既能够起到对遵守仲裁协议一

---

〔1〕 参见《中共中央关于坚持和完善中国特色社会主义制度 推进国家治理体系和治理能力现代化若干重大问题的决定》第6条第5项、第13条第1项。

〔2〕 参见《关于完善仲裁制度提高仲裁公信力的若干意见》。

方当事人之仲裁权的保护，又能对违反仲裁协议一方当事人的规避行为进行威慑和制裁，对维护仲裁地的公共政策亦具有积极意义。仲裁中的禁诉令从根本上旨在对仲裁提供司法支持和协助，并不直接构成对国际礼让的破坏。因此，在中国引入支持仲裁的禁诉令制度，具备必要性和可行性。

在禁诉令的具体设计方面，需要认真构思管辖法院、签发条件、审查流程、禁诉令的救济等多重细节问题，这又具体涵盖两个方面：其一，我国法院在满足何种条件的前提下方可签发禁诉令？如何优化禁诉令的申请与审查程序？其二，在我国当事人遭遇外国法院发布的禁诉令或者禁止仲裁令时，如何优化现有的海事强制令和行为保全制度，从而实现有效地应对和救济？对此，尤其应当强调的是，禁诉令的发布绝非常态，其仅在出于对仲裁管辖权的维护且外国的诉讼程序对本国的仲裁当事人构成不合理的压制时才具有必要性。与此同时，对禁诉令的审查应突出法院的自由裁量权和仲裁庭的自裁管辖权，避免对法律规范作机械化解读。

综合以上分析，笔者在我国《仲裁法》修订时建议专门增加一条，就仲裁禁诉令的立法建议稿如下：[1]

第××条【禁诉令】涉外民事案件同时符合下列情形的，经一方当事人申请，人民法院可以签发禁诉令，禁止对方当事人在外国法院起诉或继续进行诉讼：（一）违反双方当事人达成的以中华人民共和国为仲裁地的仲裁协议，在外国法院起诉的；（二）情况紧急，不立即签发禁诉令将会使申请人的合法权益受到难以弥补的损害的；（三）外国诉讼属于恶意诉讼；（四）签

─────────

〔1〕 部分表述参考了2018年发布的《最高人民法院关于审查知识产权纠纷行为保全案件适用法律若干问题的规定》（法释〔2018〕21号）。

发禁诉令不会损害社会公共利益。法院在审查前述要件时，应当遵守国际礼让原则、利益平衡原则和比例原则。

人民法院签发禁诉令，可以责令申请人提供担保，申请人不提供担保的，裁定驳回申请。在人民法院作出裁定前，当事人撤回禁诉令申请的，人民法院可以裁定准许。申请有错误的，申请人应当赔偿被申请人因禁诉令所遭受的损失。

当事人对法院发布的禁诉令裁定不服的，可以上诉。

针对外国法院或仲裁庭签发的禁诉令，人民法院可以签发反禁诉令，命令当事人申请撤回外国禁诉令或者不得执行外国禁诉令。

被申请人拒绝履行人民法院发布的禁诉令的，依照《中华人民共和国民事诉讼法》第一百一十一条的规定处理。人民法院可判决禁诉令的被申请人赔偿申请人因参加外国诉讼而产生的诉讼费用和遭受的损失。对于被申请人违反人民法院签发的禁诉令而获得的外国仲裁裁决，人民法院不予承认和执行。

第三节 仲裁司法审查中认定邮寄送达合法性的立法完善

一、探讨仲裁司法审查中送达程序合法性的必要性

正当程序（due process），又称自然正义（natural justice），是一项根植于西方法律理念中的基本原则，其内在含义包括：一是保证当事人有公平的机会陈述意见，二是不能审裁与自己有利害关系的案件。[1]对仲裁当事人而言，正当程序抗辩是维

---

[1] 李虎：《国际商事仲裁裁决的强制执行：特别述及仲裁裁决在中国的强制执行》，法律出版社 2000 年版，第 86 页。

护自身合法权益、防范仲裁庭裁判不公的重要制度工具。作为国际通行规则,《纽约公约》第5条第1款第2项明确将仲裁违反正当程序归为两类:未给予适当通知和当事人未能申辩。这意味着,反对承认和执行仲裁裁决的一方当事人如果未接获关于指定仲裁员或进行仲裁程序的适当通知,或因其他不可归咎于该方当事人自身的原因导致其未能陈述或申辩意见的,法院可拒绝承认及执行涉案仲裁裁决。[1]

所谓仲裁通知,即仲裁程序中的送达,特指仲裁机构或仲裁庭按照法定程序和方式,将仲裁文件送交当事人或其他仲裁参与人的行为。作为仲裁程序中的一项关键环节,送达犹如一串项链,将商事仲裁各个环节串联成整体。不过,实践中的送达难问题日渐突出,已严重制约着仲裁程序的顺利进行。仲裁文件是否有效送达,当事人是否获得了关于指派仲裁员或进行仲裁程序的适当通知,既直接关系到仲裁程序能否顺利推进,也影响着仲裁当事人的程序权利和实体权利能否实现。当然,如果仲裁庭已将选定仲裁员和开庭的相关事项适当通知了当事人,但因当事人自己的原因放弃了权利,或者没有在规定的时间和地点出庭参加仲裁活动,则弃权一方当事人不得以未得到适当通知为由请求法院撤销或不予执行仲裁裁决。[2]

在实践中,仲裁文件常会因各种原因而无法送达受送达人,致使当事人因未能实际收悉仲裁通知而缺席仲裁程序。此时,未收到仲裁通知的当事人,往往会对基于缺席仲裁而作出的裁决持有异议,以仲裁程序违法申请撤销仲裁裁决或主张不

---

〔1〕 赵健:《国际商事仲裁的司法监督》,法律出版社2000年版,第161页。
〔2〕 刘晓红、袁发强主编:《国际商事仲裁法案例教程》,北京大学出版社2018年版,第246页。

予执行仲裁裁决。此时，判定仲裁程序合法与否的核心问题在于送达是否有效。我国的仲裁送达借鉴了民事诉讼送达规则所遵循的一些原则（比如"最低正当程序"），亦借鉴了民事诉讼送达的具体方式，但基于仲裁和民事诉讼在性质、功能，进行审理裁判依据的权力来源等方面有所不同，仲裁送达有其独立的研究价值。相比于直接送达，邮寄送达的合法性认定是实践中最容易引发争议的议题之一。本书将结合我国各级人民法院审理的典型案例，对判断仲裁送达是否违反法定程序的依据、仲裁规则对邮寄送达的相关规定、邮寄送达与推定送达的关系等问题进行探讨，并对邮寄送达合法性的认定标准提出建议。

二、判断仲裁送达是否违反法定程序的依据

考虑到当事人常在仲裁协议中明确约定适用某一仲裁规则，对具体案件中仲裁送达是否合法有效的判定，既要结合仲裁立法进行审视，又要立足于仲裁规则进行考察。相比于仲裁法，仲裁规则往往更为具体、可操作性较强，仲裁规则使当事人关于仲裁程序的协议具体化，并且赋予仲裁庭在仲裁程序事项方面广泛的自由裁量权。[1]就仲裁程序违法的认定标准而言，我国《仲裁法》在第 25 条、第 33 条针对仲裁送达作出了原则性规定，但这两个立法条款仅明确了送达的文件范围，包括仲裁规则、仲裁员名册、仲裁申请书副本、仲裁答辩书副本、仲裁庭组庭通知、开庭通知等，并没有对送达的方式作出具体明确的规定。为此，最高人民法院所颁布的关于仲裁的一系列司法

---

〔1〕 韩健：《现代国际商事仲裁法的理论与实践》，法律出版社 2000 年版，第425 页。

解释则对仲裁违反法定程序进行了非常清晰的界定。[1]此外，应予注意的是，对仲裁送达合法与否的司法审查标准，不仅要围绕《仲裁法》及其司法解释进行深入探讨，也要兼顾具体仲裁规则对送达的规定、当事人对仲裁程序的特别约定。事实上，因为我国《仲裁法》中并未对送达的方式作出统一明确的规定，仲裁送达的具体途径不够灵活，送达的程序不够透明，客观上导致了送而不达的问题。[2]鉴于法律规定明确性不强，仲裁送达的主要认定依据规定在各个仲裁机构的仲裁规则中。

在仲裁司法审查实践中，仲裁规则的有关条款是认定仲裁送达合法与否的主要依据。如果仲裁机构或仲裁庭的送达方式及送达程序符合仲裁规则的规定，则当事人不得以仲裁违反法定程序为由对裁决提出异议。例如，在北京市高级人民法院审理的（2018）京民终499号案中，法院认为：北京仲裁委员会在本案中先通过EMS快递方式向中联公司工商注册地址北京市平谷区熊儿寨乡东路××号、北京市朝阳区东三环中路1号环球金融中心东塔××层10××送达相关文书，均因原址查无此单位而未妥投。后根据2014年修订的《北京仲裁委员会仲裁规则》（以下简称《北仲仲裁规则》）通过公证送达方式，向中联公司工商注册地址邮寄了组庭通知、开庭通知、重新组庭通知、仲裁员声明书、仲裁庭函、应某彬补充证据材料、代理词及仲

---

〔1〕 根据《仲裁法司法解释》第20条规定："仲裁法第五十八条规定的'违反法定程序'，是指违反仲裁法规定的仲裁程序和当事人选择的仲裁规则可能影响案件正确裁决的情形。"此外，2018年《最高人民法院关于人民法院办理仲裁裁决执行案件若干问题的规定》第14条第1款将仲裁"违反法定程序"规定为："违反仲裁法规定的仲裁程序、当事人选择的仲裁规则或者当事人对仲裁程序的特别约定，可能影响案件公正裁决，经人民法院审查属实的，应当认定为民事诉讼法第二百三十七条第二款第三项规定的'仲裁庭的组成或者仲裁的程序违反法定程序的'情形"。

〔2〕 王建平："邮寄送达制度研究"，载《政治与法律》2010年第1期。

裁裁决等文书。北京仲裁委员会的送达程序符合仲裁规则的规定，并无不当。仲裁规则是有关仲裁机构及各有关仲裁当事人在进行仲裁活动时所必须遵循的行为准则。据此，中联公司以北京仲裁委员会的送达程序违反法定程序导致其未收到仲裁裁决为由，提出撤销仲裁裁决的申请，于法无据，予以驳回。

再如，在四川省成都市中级人民法院审理的（2018）川01执异1695号案中，法院认为：根据2014年修订的《北仲仲裁规则》第71条的规定，北京仲裁委员会通过邮寄方式将庭前文书分别送至成都市温江区万春镇鱼凫村××组和成都市温江区公平镇森宇音乐花园××栋4单元5层5号地址，并在中保公司提交《被申请人送达地址及联系方式确认函》后，将庭前文书再次公证送达温江区万春镇鱼凫村××组，该地址即为陈某军身份证地址信息。北京仲裁委员会的送达程序符合仲裁规则的规定，送达程序合法。陈某军关于送达程序违法的主张，理据不足，不予支持。

三、仲裁机构采取邮寄送达的规则依据及认定标准

（一）仲裁规则中对邮寄送达的相关规定

对邮寄送达而言，首先需要明确的是邮寄的收件地址如何确定，仲裁规则中通常会对这一点予以明确。《贸法会仲裁规则》是国际商事仲裁中普遍采用的通行规则。[1]据此，如果送达地址属于受送达人的惯常居所、营业所、通信处或最后所知的居所或营业所，则无论邮件是否被签收，则均应视为已经有

---

〔1〕《贸法会仲裁规则》第2条第1款规定：为了实施本规则，一切通知（包括通知书、通告或建议），如经确实送达收件人或已送达其惯常居所、营业所或通信处，则被视为已经送交，或如经适当调查未能发现上述各处所，则可送交最后所知的收件人居所或营业所。按本条规定送达的通知应认为送交日即已收到。

效送达。如果邮寄的收件地址不属于受送达人的惯常居所、营业所、通信处或最后所知的居所或营业所，邮件又并未经签收而是实际被退回，则仲裁程序将因违反《贸法会仲裁规则》而被视为违反法定程序，将导致裁决被撤销或拒绝执行。[1]

在我国仲裁机构的仲裁规则中，通常规定多种送达途径，其中，邮寄送达与推定送达之间的关系常常成为实践中的难点问题。所谓推定送达，亦称视为送达、拟制送达，是指在无法实际送达的情况下，向受送达人最后一个为人所知的地址进行投递，借助可以提供投递记录的送达方式来对这一"投递企图"进行证明，达到法律拟制的有效送达的效果。在民事诉讼中，公告送达是最主要的邮寄送达方式，即由法院将需要送达的文书内容以张贴公告的方式或登报公告的方式告知有关当事人或其他诉讼参与人，至公告之日起一定期间届满后即视为已经送达。[2]不过，由于仲裁具有较强的保密性，不宜仿照诉讼采用公告的方式来拟制送达，只能采用其他"投递企图"的送达方式，如公证送达、留置送达，这些送达方式也是国际仲裁界广泛认可的一种实际做法。

例如，现行《北仲仲裁规则》第71条第3款即明确了邮寄送达与推定送达的关系。[3]依据该条款，当仲裁机构及对方当事人经合理查询不能找到受送达人的相关地址时，可以通过邮

---

〔1〕 宋建立：《涉外仲裁裁决司法审查：原理与实践》，法律出版社2016年版，第140页。

〔2〕 李双元、欧福永主编：《国际民商事诉讼程序研究》（第二版），武汉大学出版社2016年版，第165页。

〔3〕《北仲仲裁规则》第71条第3款规定："经合理查询不能找到受送达人的营业地点、注册地、居住地、身份证载明地址、户籍地址、当事人约定的送达地址或者其他通讯地址而以邮寄、专递的方式或者能提供投递记录的其他任何方式投递给受送达人最后一个为人所知的营业地点、注册地、居住地、身份证载明地址、户籍地址、当事人约定的送达地址或者其他通讯地址，即视为已经送达。"

寄送达的手段进行送达，邮寄活动在满足特定前提的基础上，可符合推定送达的要件。具言之，在当事人没有另行约定的情况下，当满足"经合理查询不能找到""能提供投递记录""最后一个为人所知"三个条件时，推定送达即成立，应在法律上视为有效送达。

《中国国际经济贸易仲裁委员会仲裁规则》（以下简称《贸仲仲裁规则》）第8条第3款也是一条典型的推定送达条款。[1]就送达的途径及先后顺序来看，该条款实际上确立了三类送达方式：其一，直接送达，即经仲裁机构或仲裁庭当面递交收件人；其二，邮寄送达，即经仲裁机构或仲裁庭发送至收件人的相应地址，此处"发送至"应具体解释为收件人实际收到有关通知；其三，推定送达，即经对方当事人合理查询不能找到任一明确规定的送达地点时，仲裁机构可以根据仲裁规则选择通过挂号信、特快专递或能够提供投递记录的其他任何手段，采用公证送达、委托送达或留置送达的方式，投递给受送达人最后一个为人所知的地址。对于《贸仲仲裁规则》确立的这三类送达方式之间的关系，应当以相关仲裁文件能够有效送达当事人作为首要考量，当且仅当实际送达确实存在困难时，方可采用其他的推定送达方式作为补充。按照文义解释，推定送达本身具有最后性，堪称涉外仲裁送达中的"安全阀"条款，非到迫不得已之时，不能轻信采取推定送达的方式。依据《贸仲仲裁规则》第8条第3款规定，只有在经对方当事人合理查询不

---

〔1〕《贸仲仲裁规则》第8条第3款规定："向一方当事人或其仲裁代理人发送的仲裁文件，如经当面递交收件人或发送至收件人的营业地、注册地、住所地、惯常居住地或通讯地址，或经对方当事人合理查询不能找到上述任一地点，仲裁委员会仲裁院以挂号信或特快专递或能提供投递记录的包括公证送达、委托送达和留置送达在内的其他任何手段投递给收件人最后一个为人所知的营业地、注册地、住所地、惯常居住地或通讯地址，即视为有效送达。"

能找到任一规定地点时，仲裁委员会才可以采用推定送达方式向当事人进行送达。具体到个案当中，仲裁委员会应当首先对当事人的地址进行合理的查询，尽可能地穷尽直接送达的各类手段，在能够运用直接送达或邮寄送达的前提下，不宜直接断定相关地址"无法送达"进而对后续仲裁文件采取公证送达等推定方式，如果仲裁委员会未尽到合理查询的义务或错用推定送达方式，则不符合仲裁规则的上述规定。

实践中，作为仲裁中实际送达之外的替代和补充手段，推定送达的适用可以有效地缓解因被申请人故意拒收、逃匿等原因给送达程序造成的迟延和中断，但同时也存在损害被申请人权利的隐患。因此，推定送达的适用应当尽可能严谨和审慎，只有在直接送达和邮寄送达均无法送达仲裁文件的情况下才能适用推定送达。与此同时，如果在一个仲裁程序中多次运用推定送达，应当遵守仲裁规则中关于时限的要求，以尽可能使被送达人收到送达文件的最大的善意，给予被送达人充分的程序期限。

（二）邮寄送达有效性的认定标准

邮寄送达以其专业、快捷、经济、中立等优点，受到法院和仲裁机构的青睐，但邮寄送达在实践中常常存在"送而不达"的现象，有效送达率不高，制约了程序正义的实现，有关问题值得重点关注和防范。[1]

就仲裁实践中对邮寄送达的运用而言，最易引发争论的焦点问题在于如何确定送达的地址。具体而言，受送达人可能会存在多个地址，包括受送达人在合同当中明确载明的通信联系地址、受送达人在工商登记部门注册的住所地、受送达人的实

---

〔1〕 徐小飞："让邮寄送达'有始有终'"，载《人民法院报》2016年10月16日，第2版。

际营业地、惯常居住地等。为了保证仲裁文件能够有效送达给仲裁当事人，仲裁机构需要从这些地址当中选择其中最能保证当事人实际收悉的地址进行送达。当然，根据多数仲裁规则的规定，仲裁机构并不需要穷尽性地向所有受送达人可能的地址进行送达，这样既不经济也不高效。如果仲裁规则中明确规定以合同中记载的地址送达，且当事人在合同中已经留有联系地址，则仲裁机构向当事人的合同地址邮寄送达，无论实际收悉与否，均不影响送达程序的合法性（如表1）。

表1　仲裁委员会向合同约定的联系地址邮寄视为已经送达的典型案例

案件名称	案号	管辖法院	裁判要旨
张某燊与兴业银行股份有限公司深圳分行申请撤销仲裁裁决案	（2013）深中法涉外仲字第44号	广东省深圳市中级人民法院	仲裁委按照合同约定的通信地址投递案件材料、通知、裁决书，没有违反仲裁规则；虽然邮件均被退回，但按上述规定应视为送达，因此，仲裁委员会缺席裁决没有违法。
徐某忠与刘某军申请撤销仲裁裁决案	（2014）穗中法仲审字第23号	广东省广州市中级人民法院	合同载明了徐某忠的联系地址，同时约定"本合同首页记载的通讯地址为所有通知、文件、资料等送达地址。上述地址如有变更，应在变更后三日内书面通知有关当事人，否则一经发至上述地址即视为送达"，仲裁庭将仲裁文件向当事人在合同中约定的地址邮寄送达，后因"收件人拒收"被退回，根据《广州仲裁委员会仲裁规则》的规定，上述材料均视为已经送达，不存在仲裁程序违法。

续表

案件名称	案号	管辖法院	裁判要旨
盛某惠、宋某颖等申请撤销仲裁裁决案	（2015）石民四裁字第00009号	河北省石家庄市中级人民法院	仲裁庭在审理本案的过程中，经合理查询向盛某惠住所地以特快专递方式两次邮寄送达相关仲裁文书，但因原址拆迁等原因没有送达给盛某惠，后仲裁庭根据宋某颖公告送达仲裁文书的申请，为尽可能地保障盛某惠参加仲裁审理的权利，再次向盛某惠公告送达相关文书，仲裁送达未违反《仲裁法》及仲裁规则。

就送达的效果而言，无论是通过何种送达途径，如果受送达人能够实际收悉仲裁文件并参与仲裁程序，当事人陈述意见及申辩的权利已得到保障，通常不会引发争论。但如果受送达人未能实际收悉，则要进一步追问未能实际收悉的原因，是因受送达人自身的原因，还是因仲裁机构或对方当事人的原因？此时，就需要对送达行为本身的合法性进行评判。

对于邮寄送达有效性的判定标准，理论上存在不同的认识，以送达行为完成的时间点作为区分标准，可以归类为：投邮生效原则、到达生效原则、了解生效原则。其中，投邮生效原则，亦可称为发送主义、发信主义，指的是仲裁机构只要向仲裁规则规定的地址寄出了送达文件，即可视为送达已经完成，而受送达人是否实际收悉、因何种原因未能实际收悉，不影响送达本身的合法性。[1]相比之下，到达生效原则，也称到达主义，

---

〔1〕 蒋平："民事诉讼中邮寄送达之再认识"，载《四川警察学院学报》2016年第4期。

更关注送达这一程序的效果，从保护受送达人合法权益的角度考虑，即只有送达的文件实际抵达收件人有效的联系地址，落入收件人的知悉范围内，方可视为有效且合法的送达。了解生效原则较前两者更进一步，所送达的文件不仅要实际抵达收件人的地址，落入可知悉范围内，而且要求收件人事实上打开该邮件、阅读送达的内容、了解通知的事项作为送达合法的认定标准。

这三类判断标准在仲裁机构的送达义务和当事人的程序权益之间试图进行平衡和取舍。其中，发送主义关注送达行为本身是否做出，仅要求仲裁机构送出即可，不考察送达效果；到达主义要求送达的文件不仅业已发出，且实际抵达，关注点截至仲裁通知到达受送达人可接触的范围；了解生效原则对仲裁机构而言较为苛刻，因仲裁通知完成送达后，收件人是否实际阅读和了解仍然存在不确定性，故实践当中很少被认可。

在送达效力方面，我国民事诉讼当中采用的是到达主义，即以当事人的签收来确定邮寄送达的效力，在送达回执的硬性要求下，当事人签收的有效性直接影响送达效力。有些法院在审查仲裁送达合法性时也参照民事诉讼采取了到达主义，以受送达人是否实际签收作为认定仲裁送达程序是否合法的标准。例如，在河北省承德市中级人民法院审理的王某龙与王某飞不予执行仲裁裁决案中，法院指出：鉴于承德仲裁委员会以特快专递的方式向王某飞送达了受理通知及开庭通知，且送达回执上均有王某飞本人及其单位工作人员的签字，仲裁程序符合法律规定，仲裁裁决应予执行。[1]

不过，仲裁中的送达与民事诉讼中的送达毕竟存在区别，

---

〔1〕　河北省承德市中级人民法院（2014）承中执不字第00002号案。

如前文所述，仲裁中的送达通常是依据仲裁规则进行的，符合仲裁规则规定的程序性要件，即可认定送达行为合法。实践中，由于到达主义给邮寄送达带来诸多不便，如签收不合规范、当事人拒签等，部分仲裁机构在仲裁规则中对到达主义进行完善，或者参考国外一些国家的经验（以交邮为送达完成，如德、日、英、美等国家），采取发送主义模式。在部分仲裁司法审查案件中，法院采取发送主义认定仲裁送达行为的合法性。[1]不过，无论是采取发送主义抑或到达主义，并不能否认仲裁机构及对方当事人在确定送达地址时负有合理查询的义务，对于当事人存在多种地址的情况下，仲裁机构应选择最能保证送达效果的地址。尤其是，对于当事人最后一个为人所知的地址，仲裁申请人需要提供证据加以证明，且仲裁机构需要予以判定该地址是否属于其最后一个为人所知的地址。此外，除对地址的一再确认外，仲裁机构还要对受送达人是否具备接受送达的授权进行判断。除非当事人已明确指定个人雇员作为仲裁相关通信的授权接收人，否则发件人将面临因缺乏权限而导致送达无效的风险。即便某一主体在此前曾多次代表当事人与仲裁机构联络，但如果未经专门授权，其并不当然具有代表当事人接受仲裁送达的权限，这在电子邮件送达当中殊为重要。

四、仲裁司法审查实务中关于邮寄送达合法性认定的典型实践

在仲裁实践中，常有当事人因为没有实际收到仲裁机构送达的各类通知而导致未能参与仲裁程序，为此，他们可以送达无效、仲裁程序不合法为由申请撤销仲裁裁决或请求不予执

---

〔1〕 如最高人民法院（2009）民四他字第42号案、（2011）民四他字第21号案。

行仲裁裁决。此时，法院在对仲裁进行司法审查时，将不可避免地对仲裁送达的合法与否进行判断。在我国法院审理的申请撤销仲裁裁决案件及不予执行仲裁裁决案件中，因仲裁邮寄送达不合法而撤销裁决或不予执行裁决的案件并不罕见（如表2）。

表2　因仲裁送达违反法定程序致使裁决被撤销或不予执行的典型案例

案件名称	案号	管辖法院	关键信息	法院观点	裁判要旨
Fairdeal Supplies Ltd. 申请承认和执行国际商会仲裁院仲裁裁决案	（2018）晋01民初921号	山西省太原市中级人民法院	仲裁裁决明确载明当事人的通信地址，且仲裁程序中一直使用该址通信，但裁决书寄至其他地址。	法院认为，无法认定涉案仲裁裁决已经送达被申请人，无法认定该仲裁裁决书在境外确已发生法律效力。	仲裁庭未向被申请人送达仲裁裁决书，将导致外国仲裁裁决被拒绝承认和执行。
北京鼎隆房地产开发有限公司申请撤销仲裁裁决案	（2009）二中民特字第05485号	北京市第二中级人民法院	受送达人工商登记地址发生变更后，仲裁申请人及仲裁委员会均知情，仍然向旧址公证送达	仲裁委员会已知晓当事人变更了工商注册登记地址，该地址具有合法性和公示性，但仍然向变更前的地址送达，不符合该公司最后一个为人所知的地址的要求。	仲裁委员会采取公证方式送达的仲裁文书所留置的地址不是受送达人最后一个为人所知的营业地点、经常居住地或者其他通信地址，违反了法定程序。

续表

案件名称	案号	管辖法院	关键信息	法院观点	裁判要旨
徐某申请撤销仲裁裁决案	（2018）鄂05民特46号	湖北省宜昌市中级人民法院	仲裁申请书中写明的被申请人地址有笔误，使仲裁委员会无法联络被申请人，仲裁委员会径行公告送达。	无证据或记录表明仲裁委员会在向徐某送达相关材料时采用了直接送达、留置送达、电子送达或邮寄送达等送达方式，仲裁委员会对本案公告送达过程无准确记载，送达程序不合法。	仲裁委员会径行公告送达，致申请人无法参与仲裁，民事诉讼法中关于送达的有关规定应适用于仲裁程序，本案仲裁委员会采用公告送达不符合《民事诉讼法》（2017年修正）第92条的规定，未穷尽其他送达方式。
王某福与广州原点建设工程有限公司申请不予执行仲裁裁决案	（2015）穗中法执仲字第13号	广东省广州市中级人民法院	仲裁委员会邮寄送达地址填写错误致邮件被退回。	仲裁委员会向王某福送达开庭通知等仲裁文书的地址填写有误导致邮件被退回，故不应当视为已经送达，王某福认为仲裁程序违法的申请理由成立，予以采纳。	仲裁委员会邮寄送达仲裁文书的地址填写错误导致邮件被退回不应视为已经送达，送达无效，仲裁程序违法，不予执行仲裁裁决的申请应予支持。

案件名称	案号	管辖法院	关键信息	法院观点	裁判要旨
潘某志与佛山市宝海贸易有限公司、梁某海、邓某红申请撤销仲裁裁决案	（2014）佛中法民一仲字第5号	广东省佛山市中级人民法院	受送达人失踪是否能被认定为"下落不明"而采用公告送达。	因潘某志申请所称的梁某海失踪一节未经法定宣告失踪程序，故潘某志主张梁某海因失踪下落不明而应对其公告送达于法无据，不予采信。	受送达人失踪已向公安局报案的，未经法定程序宣告失踪，不足以证明受送达人"下落不明"的状态，采用公告送达不合法，采用邮寄送达并不违反法定程序。
田某某、张某伟等申请撤销仲裁裁决案	（2013）临商初字第114号	山东省临沂市中级人民法院	委托代理人未经特别授权签收仲裁文件。	仲裁委员会在未得到当事人授权的情况下向委托代理人送达，事实上剥夺了前田公司选择仲裁员的权利，严重地损害到前田公司答辩权的充分行使，故仲裁送达违反法定程序。	受送达人的代理律师签收仲裁文件要注意代理权限问题，在未得到受送达人授权的情况下，其无权代表受送达人签收仲裁文书，签收行为产生的法律后果不能由受送达人负担，送达程序违法。

案件名称	案号	管辖法院	关键信息	法院观点	裁判要旨
北京东方佳创国际展览有限公司申请不予执行仲裁裁决案	（2012）高执复字第10号	北京市高级人民法院	申请人已合法查询到被申请人的住址，仲裁委员会向该地址送达因逾期退回后，转而向已明确查无此公司的地址送达。	在第一个地址查无此公司、第二个地址逾期退回的情况下，仲裁委员会仍向查无此公司的地址送达，显然未尽到合理、审慎选择有效送达地址的义务，违反仲裁规则关于邮寄送达的规定。	仲裁委员会应当合理、审慎地从所查询的受送达人地址当中选择能够有效送达的地址。
海企纺织（坦桑尼亚）有限公司申请撤销仲裁裁决案	（2017）京04民特30号	北京市第四中级人民法院	仲裁委员会经邮寄公司提示可通过邮政航空信进行送达的情况下，未穷尽邮寄送达手段直接采用公证送达。	《国际特快专递查询单》告知仲裁委员会海企纺织（坦桑尼亚）有限公司的地址"无法经特快专递送达，邮政信箱地址仅限于邮政航空信寄出的邮件"，仲裁委员会直接断定该地址无法送达并采用公	仲裁委员会在确定送达方式时，应当按照仲裁规则的要求优先采用直接送达、邮寄送达，劣后选用视为送达、推定送达等方式。在适用推定送达时，应以最大可能送达收件人之善良方式进行，预留

案件名称	案号	管辖法院	关键信息	法院观点	裁判要旨
				证送达,与仲裁规则不符。	合理的送达在途时间。
孙某峰申请撤销仲裁裁决案	(2019)浙10民特1号	浙江省台州市中级人民法院	仲裁申请人及仲裁委员会将被申请人的名字写错,致使EMS寄送的仲裁材料未能送达。	非因受送达人的过错,导致其未能实际收悉仲裁文件的,仲裁委员会径行缺席仲裁,应认定仲裁违反法定程序。	虽然孙某峰在涉案合同中确认了送达地址,但因仲裁申请书及仲裁委员会寄送文件的邮件中写错名字,致使相关邮件因"原址"查无此人被退回,应认定未有效送达。

如上表所示,我国法院审理的撤销及不予执行仲裁裁决案件中,常会因仲裁送达程序不合法而认定仲裁程序违反法定程序,并对仲裁裁决作出否定性的评价。不过,这并不意味着我国法院一概采取到达主义判定邮寄送达的合法性。事实上,对仲裁中邮寄送达的合法性认定,需要逐层判定。首先,仲裁当事人是否实际收悉,如果实际收悉,则认定送达已满足合法性要件。其次,如果当事人未实际收悉,再来判定邮件是否被签收,如果已有证据显示邮件已被签收,则受送达人以其未实际收悉为由主张送达程序违法,不予支持。再其次,如果当事人未实际收悉,且没有证据显示受送达人曾经签收,此时则要考察仲裁机构的邮递单号是否已经妥投以及寄往的地址是否准确,

事实上，特快专递部门通常能够提供相关邮件是否妥投的记录，挂号信则难以提供妥投记录。最后，即使某些案件有材料能够体现出妥投的记录，仍然要继续审视该记录是以实际妥投为据做出的记载，还是由邮政工作人员自行填报的记录，当邮件仅被送至收发室、大厦前台等部门，且受送达人并不在此居住、营业或者实际已经搬离时，或者邮件已经丢失但邮政工作人员仍然自行填报妥投记录时，不宜认定送达合法有效。[1]当然，苛求仲裁机构在每一起案件中都追求实际送达的效果，并不符合程序高效进行的理念，在现实中亦不可能实现，故仲裁机构如果业已依据仲裁规则中关于送达的规定完成了送达流程，其对特快专递关于妥投的记录抱有合理的期待和信赖，在此基础上继续推进仲裁程序，似乎无可厚非。然而，此时因为邮政工作人员的失误导致的实际送达不能后果，究竟应由受送达人承担，抑或由仲裁机构承担，需要进行衡量。

对此，笔者联想到边沁功利主义哲学观中"最大多数人的最大幸福"以及"最少数人的最小损害"这一悖论。[2]在选择由受送达人承受邮寄失误的程序后果抑或由仲裁机构承受邮寄失误的程序后果时，要比较二者之间谁可能导致对方遭遇更大的损害，选择损害最小的一种方案进行处理，比较符合理性人的制度选择。具言之，如果选择由仲裁机构承担邮寄失误和送达违法的后果，则具体方案是对送达作不合法认定，从而撤销或不予执行涉案仲裁裁决，此时损害的是仲裁程序的高效性和裁决的终局性。如果选择由受送达人承受邮寄失误的损害，则在上述情况下将认定送达合法，仲裁裁决有效且予以执行，如

---

[1] 王建平："邮寄送达至收发室是否有效"，载《政治与法律》2001年第5期。
[2] ［美］迈克尔·桑德尔：《公正：该如何做是好?》，朱慧玲译，中信出版社2011年版，第38页。

此损害的是受送达人的程序权益和实体权益，至于邮政部门的责任，则由受送达人另案追索。事实上，后一种方案的损害是比较大的，且不论在另案追索邮政部门的责任时是否能够成功且符合金额方面的预期，单是从诉讼经济和程序效益的角度考虑，就不及认定送达违法、撤销仲裁裁决这一方案更能够实现纠纷的一次性解决。实际上，认定送达程序违法、撤销仲裁裁决，并不损害仲裁胜诉方另行采取其他途径或重新达成仲裁协议的方式解决纠纷。鉴于此，笔者更倾向于将邮政部门的失误导致的程序上客观送达不能的风险分给仲裁机构承担，寻求对受送达人的最大程序性保护。

仲裁文书和材料是否顺利送达当事人，决定了当事人能否及时知晓相关的程序性要求并及时提出自己的意见，故送达是决定仲裁程序是否符合正当程序原则的重要一环。究其核心，就是送达是否有效。在实践中，仲裁文书常因各种原因无法有效送达受送达人，送达无效可能会导致送达程序违法，进而受送达人可能会以此为由，申请撤销仲裁裁决或者不予执行仲裁裁决。相比于其他送达方式，邮寄送达最容易引发争议。在通过邮寄送达方式寄送仲裁通知时，不可避免地存在因一方当事人退件、拒收、拖延签收以及他人代签的情况，在这些情况下往往无法证明受送达的当事人是否实际收到相关材料，也无法证明到底哪一方对无法妥投有过错，如果一味追求送达的实际效果，则很可能导致仲裁程序的拖延，影响效率。据此，送达的实际效果和仲裁效率之间存在一定的紧张关系，要想保障受送达人能够切实有效地收到仲裁通知，仲裁机构不得不耗费一定的时间和精力尽到合理查询的义务，而要想提升仲裁程序解决争议的效率，又难以苛求仲裁机构在每一起案件中都能达到实际送达的效果。出于对仲裁高效性的追求，部分仲裁机构在仲裁规则中确立推定送达制度。不过，无论是邮寄送达抑或推定送达，都不能忽视对受送达人程序权利的保障，不可使其参与仲裁程序进行抗辩的权利被"架空"。对此，在仲裁司法审查环节，需要对仲裁送达行为确立合法性的审查标准，督促仲裁机构尽最大努力提升有效送达的比率，使仲裁能够更好地服务于经贸纠纷的妥当解决与营商环境的法治化建设。

第四节　律师担任仲裁员所涉利益冲突的司法审查及立法完善

一、问题的提出：由一则典型案例引入

仲裁以其特有的便捷灵活性，在民商事纠纷解决中发挥着愈来愈重要的作用。仲裁员是仲裁活动的裁判者，因其权威性而被各自当事人寄予充分的信任，一定程度而言，其所发挥的作用与仲裁本身同样重要[1]。我国现行《仲裁法》第13条[2]规定了仲裁员选任条件。根据此规定，仲裁员队伍不仅仅是兼职队伍，而是由一批精通法律的律师、法官、教授等组成的兼职队伍。而所谓仲裁员的身份冲突，或称角色冲突，是指作为仲裁员的身份与其他身份之间存在重合或接替，因而影响了仲裁程序以

---

〔1〕　江伟、肖建国主编：《仲裁法》（第三版），中国人民大学出版社2016年版，第95页。

〔2〕《仲裁法》第13条规定："仲裁委员会应当从公道正派的人员中聘任仲裁员。仲裁员应当符合下列条件之一：（一）通过国家统一法律职业资格考试取得法律职业资格，从事仲裁工作满八年的；（二）从事律师工作满八年的；（三）曾任法官满八年的；（四）从事法律研究、教学工作并具有高级职称的；（五）具有法律知识、从事经济贸易等专业工作并具有高级职称或者具有同等专业水平的。仲裁委员会按照不同专业设仲裁员名册。"

及争议的解决。[1]根据仲裁法的规定，我国仲裁员存在身份冲突的现象十分普遍。从冲突产生的时间分类，可以大致分为两种：一种是同时存在的冲突，如法官和仲裁员身份、律师和仲裁员身份、仲裁员和公务员身份同时具备，即身份重合引起的冲突；另一种是先后存在的，如先做调解员再做仲裁员、先做仲裁员再做代理人等，即身份接替引发的冲突。本书旨在对第一种同时存在的身份冲突中，律师与仲裁员身份的冲突进行探讨。笔者将通过列举案例并对案例进行分析比较的方式阐明实践中仲裁员与代理人身份冲突可能引发的问题并分析其产生的原因，以此为基础寻求解决之道，促进我国仲裁和回避制度的健康发展，从而节约司法成本。

在张某某与顾某某申请不予执行仲裁裁决案[2]中，无锡仲裁委员会依据双方当事人合同中订立的仲裁协议，作出（2015）锡仲裁字第 760 号裁决。因申请人张某某拒不履行，被申请人顾某某向无锡市中级人民法院（以下简称"无锡中院"）申请强制执行该裁决，张某某则主张涉案裁决应当不予执行。

申请人张某某主张裁决不应予以执行的理由是：仲裁庭组成人员与被申请人顾某某的代理律师之间存在应当回避而未予回避的情况，导致仲裁程序违反法定程序。具体而言，张某某声称，该案三名仲裁员与被申请人的代理人华某燕均系无锡仲裁委员会仲裁员，且均系律师，违反了司法部 2010 年颁行的《律师和律师事务所违法行为处罚办法》（司法部第 122 号令）第 7 条规定的曾经担任仲裁员或者仍在担任仲裁员的律师，以代理人身份承办本人原任职或者现任职的仲裁机构办理的案件的，属于《中华人民共和国律师法》第 47 条第 3 项规定的律师

---

[1] 林一飞："略论仲裁中的身份冲突"，载《法学评论》2006 年第 1 期。
[2] 江苏省苏州市中级人民法院（2017）苏 02 执异 93 号民事裁定书。

"在同一案件中为双方当事人担任代理人，或者代理与本人及其近亲属有利益冲突的法律事务的"违法行为。根据该项规定，只要一名律师曾在一仲裁机构担任过仲裁员或正在担任仲裁员，该律师就与该仲裁机构的所有其他仲裁员具备同事关系，因此，为了有效防范任何潜在的利益冲突、维护仲裁公信力，应禁止该律师以代理人的身份在该仲裁机构办理任何案件。由此，如果某律师曾在某仲裁机构担任仲裁员，事实上将使该律师被列入该仲裁机构案件代理人的永久性黑名单。在本案中，华某燕正是无锡仲裁委员会的仲裁员，故而其本不应当担任代理人，应当退出仲裁程序，却仍然继续代理，其与三位仲裁员之间存在明显的利益冲突，仲裁程序缺乏正当性，裁决应当不予执行。

针对该点申请理由，被申请人顾某某坦言，华某燕确实是无锡仲裁委员会的仲裁员，但这并不属于法律规定的应予回避的情形。根据司法部 2016 年颁行的《律师执业管理办法》（司法部第 134 号令）第 28 条第 3 款的规定，律师不得担任所在律师事务所其他律师担任仲裁员的案件的代理人，曾经或仍在担任仲裁员的律师不得承办与本人担任仲裁员办理过的案件有利益冲突的法律事务。换言之，该办法只禁止两类情形：其一，同一律所的律师在同一案件中分别担任仲裁员与代理人；其二，同一律师为其曾经担任仲裁员的案件代理法律事务。具体落实到本案当中，华某燕不存在司法部第 134 号令禁止的两种情况，故而本案仲裁裁决不存在程序违法，裁决应予执行。

经审查，无锡中院认为，司法部第 134 号令颁布于 2016 年，司法部第 122 号令颁布于 2010 年，前者第 62 条中明确规定"此前司法部制定的有关律师执业管理的规章、规范性文件与本办法相抵触的，以本办法为准。"据此，涉案仲裁庭组成人员及诉讼代理人均不存在依法及依据仲裁规则应当回避的情形，不存在违反法定程序的情形。

二、律师担任仲裁员的身份冲突类型

在具体实践中可能会出现以下几种律师与仲裁员身份冲突的情形：

第一，同一律师先后以不同身份出现。例如，曾经是或者正在担任一方当事人的律师，又被选定或指定为自己当事人参与的仲裁案件仲裁员。

第二，两个律师在不同的争议解决过程中分别扮演不同角色。例如，在一个仲裁案件中，甲与乙分别代理申请人与被申请人，而在另一个甲代理的仲裁案件中，乙被选定或指定为仲裁员。他们在充当律师角色时，与当事人（更主要的应是当事人的代理律师）之间形成过对抗性关系，已有的对抗关系是否会对仲裁案件的公正审理造成不正当影响？

第三，同一仲裁案件的律师仲裁员与律师代理人在同一律师事务所供职或在省、市律师协会等场所有工作上的密切关系与往来。

第四，某仲裁机构的律师仲裁员出任本仲裁机构受理案件的律师代理人。

第五，同为仲裁员的律师之间相互选定情形。如有甲与乙两人，在仲裁机构中，他们的角色经常转换，时而台上担任仲裁员，时而台下做代理人。而在甲做代理人代理案件时，经常选定乙为仲裁员，反之亦如此。当他们互为代理人和仲裁员时，有经济利益上的交叉，出于彼此交情与长远合作等方面的考虑，很有可能影响他们裁决仲裁案时的独立性与公正性。

对于以上五种身份冲突的情形，是否必然会导致仲裁不公的现象发生？是否因此仲裁员就产生信息披露的义务？以及是否导致仲裁员回避？我国《仲裁法》第 34 条[1]规定的有关仲裁员回避的情形中，第 1 项和第 4 项规定的内容较为明确，第 2 项以及第 3 项规定得并不明确，对于实践中产生的具体问题的解决存在不足之处。这些问题的回答需要立足于实践的观察。

三、解决问题的两种方案

仲裁员是否可以代理人的身份在其任职的仲裁机构代理案件？对此，现有的立法和实践不无分歧。

（一）立法层面的冲突

在法律规范层面上，我国《律师法》第 47 条第 3 项明确了律师的不法行为之一包括在同一案件中为双方当事人担任代理人，或者代理与本人及其近亲属有利益冲突的法律事务的。为此，司法部 2010 年颁布的第 122 号令第 7 条第 5 款规定：曾经担任仲裁员或者仍在担任仲裁员的律师，以代理人身份承办本人原任职或者现任职的仲裁机构办理的案件的情形属于我国《律师法》第 47 条第 3 项所列律师不法行为。简言之，该部门规则严格禁止仲裁员以代理人身份在其原任职或现任职的仲裁机构代理案件。

相比之下，司法部 2016 年修订的第 134 号令第 28 条第 3 款规定："律师不得担任所在律师事务所其他律师担任仲裁员的案件的代理人。曾经或者仍在担任仲裁员的律师，不得承办与本人担任仲裁员办理过的案件有利益冲突的法律事务。"该条款明显放宽了律师担任仲裁员的执业限制，禁止从业的范围有所缩

---

[1] 《仲裁法》第 34 条规定："仲裁员有下列情形之一的，必须回避，当事人也有权提出回避申请：（一）是本案当事人或者当事人、代理人的近亲属；（二）与本案有利害关系；（三）与本案当事人、代理人有其他关系，可能影响公正仲裁的；（四）私自会见当事人、代理人，或者接受当事人、代理人的请客送礼的。"

小，可以从业的范围有所扩张，仅禁止律师承办与其本人担任仲裁员亲自办理的案件有利益冲突的法律事务，而与其本人担任仲裁员亲自办理过的案件无利益冲突的法律事务被排除在禁止之外。

鉴于两个部门规章均为司法部颁布，且内在条款之间互有冲突，实践中究竟应依据哪一条文作为审裁依据呢？在张某某与顾某某的案件中，着重将这一问题的解决落脚于对颁布时间先后的探讨上。鉴于司法部第 134 号令颁布在后，且明确自身的适用效力优先于颁布在先的其他规章，司法部第 134 号令优先于第 122 号令，这一处理方案总体上契合我国《立法法》第 92 条确立的"新法优于旧法"原则。

（二）司法层面的分歧

问题并没有因为个案的呈现而尘埃落定。在仲裁司法审查实践中，某仲裁机构的仲裁员究竟能否以律师身份代理该机构的其他案件，仍然存在两种不同做法。对这一问题的探讨和法律依据的选用，实际上体现了对律师担任仲裁员时所面临职业伦理风险的不同认识。

如前所述，方案一即依据"新法优于旧法"的原则，司法部第 134 号令第 28 条第 3 款优先于第 122 号令第 7 条第 5 项，除非存在利益冲突，否则仲裁员原则上可以在其任职的仲裁机构但并非本人担任仲裁员的案件中以代理人身份执业。例如，在上海梦之队国际贸易有限公司与 NBA 体育文化发展（北京）有限责任公司申请撤销仲裁裁决案[1]中，NBA 体育文化发展（北京）有限责任公司的委托代理人刘某武现任中国国际经济贸易仲裁委员会仲裁员，且曾担任中国国际经济贸易仲裁委员会秘书局国内业务部处长和专家咨询委员会委员。申请人主张这

---

[1] 北京市第二中级人民法院（2016）京 02 民特 214 号民事裁定书。

已经违反了司法部第 122 号令，仲裁程序违法且仲裁裁决应予撤销，法院经审查注意到，《贸仲仲裁规则》（2005 年版）第 16 条第 2 款对仲裁代理人规定：中国公民和外国公民均可以接受委托，担任仲裁代理人。尽管 NBA 体育文化发展（北京）有限责任公司的仲裁代理人刘某武律师现任中国国际经济贸易仲裁委员会仲裁员，但其并未违反仲裁规则的上述规定，且上海梦之队国际贸易有限公司并未提供证据证明刘某武律师的代理行为对仲裁程序及实体造成影响，故法院驳回了撤裁申请。

在香港喜万年科技有限公司与大象 S.T 株式会社申请撤销仲裁裁决案[1]中，申请人主张裁决应予撤销的理由是：其一，被申请人大象 S.T 株式会社的代理人寇某耘律师曾在中国国际经济贸易仲裁委员会秘书局任职，且为中国国际经济贸易仲裁委员会现任仲裁员，但仲裁庭未向香港喜万年科技有限公司全面披露这些可能对仲裁员独立性及公正性产生合理怀疑的情况，违反《贸仲仲裁规则》；其二，寇某耘律师作为中国国际经济贸易仲裁委员会现任仲裁员同时担任本案被申请人代理人，不符合司法部 2010 年第 122 号令之规定，属于违法行为。法院经审查后认为，《中华人民共和国律师法》和司法部第 122 号令是对律师执业行为进行规范的法律和部门规章，违反司法部第 122 号令，并不构成撤销仲裁裁决的理由。寇某耘的确曾在中国国际经济贸易仲裁委员会的秘书局工作，且现在仍是中国国际经济贸易仲裁委员会所聘任的在册仲裁员，但其现在并不在中国国际经济贸易仲裁委员会从事专职工作，故不存在必须进行披露或需要回避的情形。对仲裁庭成员而言，即便他们曾经由于工作关系认识寇某耘律师，在其认定该种相识不会影响公正裁

---

[1] 北京市第二中级人民法院（2014）二中民特字第 09403 号民事裁定书。

决的前提下，有权选择不披露或不回避相关事项，这种情况不属于必须披露或回避的事项，故法院驳回了当事人的撤裁申请。

在淮北长源煤矸石综合利用有限公司、连云港东海建筑安装工程有限公司濉溪分公司申请撤销仲裁裁决案〔1〕中，申请人声称，被申请人的委托代理人江某兵与仲裁庭的三位仲裁员同为淮北仲裁委员会仲裁员，故违反司法部第122号令，构成仲裁程序违法，裁决应予撤销。但法院认为，仲裁法并没有明文要求仲裁代理人是该仲裁机构仲裁员时，仲裁员应当自行回避，假如申请人的主张成立，则淮北仲裁委员会的全部仲裁员均应当回避，仲裁程序将无法进行。基于可行性考虑，法院驳回了当事人的撤裁请求。

此外，在中国东方民生投资有限公司和完某某、孟某某申请撤销仲裁裁决案〔2〕中，申请人均以被申请人的仲裁代理人系涉案仲裁机构的仲裁员、与其他仲裁员之间存在利益冲突却未予回避、仲裁程序违法为由申请撤销裁决，但并未得到法院认可。

方案二，即仍以2010年司法部第122号令第7条第5项为依据，判定如果仲裁当事人的代理律师系涉案仲裁机构的在册仲裁员（无论是现任职抑或曾任职），则该律师将必然与其他的所有仲裁员以及该仲裁机构之间存在不可剥离的利益冲突，只要律师在仲裁程序中没有披露有关情形且未予回避，即已构成程序违法，涉案仲裁裁决应予撤销且不予执行。采取这一观点的司法审查案例，亦不在少数。例如，在六盘水市红果经济开发区龙祥房地产开发有限公司与舒某燕申请撤销仲裁裁决案〔3〕

---

〔1〕　安徽省淮北市中级人民法院（2017）皖06民特29号民事裁定书。

〔2〕　甘肃省兰州市中级人民法院（2017）甘01民特31号民事裁定书。

〔3〕　贵州省六盘水市中级人民法院（2015）黔六中申仲字第00025号民事裁定书。

中，法院注意到，本案申请人在仲裁程序中委托的代理律师敖某作为时任六盘水仲裁委员会的兼职仲裁员，其不得作为代理人代理由该仲裁机构受理的案件，六盘水仲裁委员会在敖某不得作为代理人的情况下，仍然准许敖某以律师身份代理该案，属于仲裁违反法定程序，故裁决应予撤销。

类似地，在山西建筑工程（集团）总公司、蒙城万佛商砼有限公司申请撤销仲裁裁决案[1]中，申请人声称，被申请人的代理人系亳州仲裁委员会的在册仲裁员，与该案三位仲裁员系同一仲裁机构的同事，此种关系很可能影响仲裁案件的公正审理，仲裁员应当回避而未回避，构成仲裁程序违法。法院经审理认为，本案中，仲裁申请人蒙城万佛商砼有限公司的代理律师与三位仲裁员同为该机构的仲裁员，律师既是仲裁代理人，同时又是该仲裁机构的仲裁员，此种矛盾的双重身份可能影响案件的公正裁决，致使当事人对仲裁裁决的公正性、权威性产生合理怀疑。由于本案仲裁员应当回避而未回避，构成仲裁程序违法，涉案裁决应予撤销。

此外，持此种立场的还包括南昌华宇大厦实业有限公司、江西省鼎昌建筑工程有限公司申请撤销仲裁裁决案[2]，黄某某、郭某与李某某借款合同纠纷案[3]等。

四、合法性与合理性的检视与思考

从合法性的角度来看，结合司法部第 134 号令第 62 条对相互冲突的部门规章间的适用顺位的规定和《中华人民共和国立法法》第 92 条确立的"新法优于旧法"原则，在司法部第 122

---

〔1〕 安徽省亳州市中级人民法院（2017）皖 16 民特 59 号民事裁定书。
〔2〕 江西省南昌市中级人民法院（2016）赣 01 民特 62 号民事裁定书。
〔3〕 海南省海口市中级人民法院（2017）琼 01 民特 7 号民事裁定书。

号令与第 134 号令互有冲突的情况下，应适用新法即司法部第 134 号令第 28 条第 3 款，对律师担任仲裁员的利益冲突问题作实质认定而非形式认定。

从合理性的角度来看，司法部第 134 号令的宽容式规定显然更为合理。首先，在同一仲裁机构审理的多起彼此互无关联的案件中，某律师在一起案件中担任代理人，在另一起案件中担任仲裁员，并不必然损害仲裁员的职业操守。与法官、检察官、公证员等其他法律职业不同，仲裁员作为一种法律职业，兼职比例远高于专职比例，部分仲裁机构严格限制驻会仲裁员的比例，故而多数仲裁员来自其他职业，具备身兼数职的特点。高校教师、执业律师、退休法官、高级经济师等，符合《仲裁法》规定的任职资格且经过仲裁机构的聘任，均有可能担任仲裁员，仲裁机构的仲裁员名册上往往存在数百名仲裁员，他们彼此之间往往互无关联，即使两名仲裁员同在一起案件中共同从事仲裁工作，也难以据此认定他们存在利益冲突，或有仲裁员职业伦理危机。因此，过于严格的禁止或限制性规定不符合仲裁员职业群体的内在特点。其次，根据我国《仲裁法》第 13 条第 2 款，律师群体是仲裁员职业的重要来源，而司法部第 122 号令第 7 条第 5 项规定的严格禁止式立法无益于鼓励律师担任仲裁员。事实上，无论从国内仲裁还是国际仲裁实务层面上看，律师在担任仲裁员裁决案件上均发挥着重要的作用。

五、实证样本的分析与归类

为了对我国仲裁司法审查实践就律师担任仲裁员的合规性认定加以探讨，笔者以中国裁判文书网为依托，对截至 2021 年 6 月 1 日的案例进行了整合。具体的案例检索方式为：首先通过案由将收集范围限定于"申请撤销仲裁裁决"这类案件，继而以"代理人""仲裁员""回避""处罚办法"这四个词语为关键词进行了筛查。经过一一查阅，笔者剔除了那些不具有直接相关性的文书，如劳动争议仲裁等，最后收集了81个案例（如表3）。

表3　我国法院关于律师担任仲裁员的司法审查案件概况

管辖法院	案件名称	案号	结案日期	审理结果	备注
江苏省扬州市中级人民法院	郭某申请高邮市金圣房地产开发有限公司撤销仲裁裁决案	（2021）苏10民特35号	2021年4月26日	驳回撤裁申请	高邮市金圣房地产开发有限公司的代理律师张某是扬州仲裁委员会的仲裁员，但司法部第122号令仅涉及行政机关对代理律师的处罚，并非《仲裁法》第58条规定的撤裁情形。
湖北省武汉市中级人民法院	罗某超、员某娟申请撤销仲裁裁决案	（2021）鄂01民特138号	2021年4月25日	驳回撤裁申请	郑某的代理人李某亭是武汉仲裁委员会的仲裁员，司法部第134号令第28条第3款构成对司法部第122号令第7条第1项的修改，法律没有禁止兼职仲裁员以律师身份代理所任职仲裁机构的案件。
北京市第四中级人民法院	王某等与北京云杉信息技术有限公司	（2021）京04民特113号	2021年3月17日	驳回撤裁申请	北京云杉信息技术有限公司的代理人郑某丽是中国国际经济贸易仲裁委员

管辖法院	案件名称	案号	结案日期	审理结果	备注
	申请撤销仲裁裁决案				会的仲裁员，且其与本案首席仲裁员姚某系同事、与仲裁员刘某湘系师生，但申请人提供的证据不足以表明存在足以影响公正裁决的情况。
辽宁省阜新市中级人民法院	辽宁大唐国际阜新煤制天然气有限责任公司、华煤集团有限公司申请撤销仲裁裁决案	（2021）辽09民特3号	2021年2月1日	驳回撤裁申请	吉林东煤建筑基础工程公司的代理律师程某滨为阜新仲裁委员会的仲裁员，但司法部第122号令系部门规章，约束对象为律师和律师事务所，仲裁机构现任仲裁员担任代理人并未违反我国《仲裁法》《律师法》的强制性规定及仲裁规则，且依据新法优于旧法原则，不应适用司法部第122号令。
山东省潍坊市中级人民法院	青州潍工大花卉科技有限公司、潍坊永泰置业有限公司	（2020）鲁07民特131号	2021年1月15日	撤销仲裁裁决	潍坊永泰置业有限公司的代理律师李某彬系潍坊仲裁委员会的仲裁员，其以代理人的身份在其现任职的仲裁机构办理案件，违反

续表

管辖法院	案件名称	案号	结案日期	审理结果	备注
	申请撤销仲裁裁决案				司法部第 122 号令第 7 条，仲裁程序违法，仲裁裁决应予撤销。
山东省潍坊市中级人民法院	陈某、刘某明申请撤销仲裁裁决案	（2020）鲁 07 民特 83 号	2020 年 12 月 31 日	撤销仲裁裁决	刘某明的代理律师王某新与仲裁庭的三位成员同为潍坊仲裁委员会仲裁员，可能影响仲裁案件的公正审理，仲裁庭未要求刘某明更换代理人，也未予以回避，仲裁庭的组成违法。
广东省清远市中级人民法院	广东安富制药有限公司申请撤销仲裁裁决案	（2020）粤 18 民特 79 号	2020 年 12 月 2 日	驳回撤裁申请	王某恒的代理人是清远仲裁委员会的仲裁员，但司法部第 122 号令涉及的是行政机关应否对代理律师的行为给予行政处罚的问题，不属于《仲裁法》第 58 条规定的撤裁情形，且申请人在仲裁时未提出回避申请。
广东省广州市中级人民法院	邝某洋、周某申请撤销仲裁裁决案	（2020）粤 01 民特 1034 号	2020 年 10 月 26 日	驳回撤裁申请	周某的代理律师倪某中系广州仲裁委员会的仲裁员，但申请人没有提供证据证实仲裁员存在应予披露而未披露、

管辖法院	案件名称	案号	结案日期	审理结果	备注
					应予回避而未回避的情形，且司法部第 122 号令规范的是律师和律师事务所的执业行为，而非仲裁程序。
湖北省宜昌市中级人民法院	宜昌市夷陵区乐天溪镇人民政府、宜昌乐源建设开发有限公司申请撤销仲裁裁决案	（2020）鄂 05 民特 20 号	2020 年10 月 10日	驳回撤裁申请	许某俊的仲裁代理人刘某、艾某义均为宜昌仲裁委员会的仲裁员，但《仲裁法》和仲裁规则并未绝对禁止本仲裁委员会仲裁员担任仲裁案件的代理人，对于律师仲裁员代理任职仲裁机构承办案件的回避情形应当适用司法部第 134 号令，不得任意扩大解释。
江西省上饶市中级人民法院	太平财产保险有限公司上饶中心支公司、江西展宇新能源股份有限公司申请撤销仲裁裁决案	（2020）赣 11 民特 10 号	2020 年9 月 25日	驳回撤裁申请	江西展宇新能源股份有限公司的代理人李某勇是上饶仲裁委员会的仲裁员，同时也是上饶市律师协会监事长，首席仲裁员吴某君是上饶市律师协会会长，但这并不属于仲裁规则规定的可能影响公正裁决、

续表

管辖法院	案件名称	案号	结案日期	审理结果	备注
					应予回避的情形，当事人在仲裁程序中未申请回避，并未违反司法部第 134 号令。
北京市第四中级人民法院	北京地心本源装饰工程有限公司与壳牌（中国）有限公司申请撤销仲裁裁决案	（2020）京 04 民特 420 号	2020 年 9 月 18 日	驳回撤裁申请	壳牌（中国）有限公司的代理律师高某风是中国国际经济贸易仲裁委员会的仲裁员，北京市朝阳区司法局已启动对该律师及其所在律所违法行为的立案调查，但仅立案调查不足以证明仲裁庭枉法裁决，必须由已生效刑事法律文书或纪律处分决定确认。
黑龙江省七台河市中级人民法院	黑龙江国际工程技术合作公司、七台河市体育局申请撤销仲裁裁决案	（2020）黑 09 民特 3 号	2020 年 8 月 21 日	驳回撤裁申请	七台河市体育局的代理律师是七台河仲裁委员会的仲裁员，但依据《中华人民共和国立法法》确立的新法优于旧法原则，应适用司法部第 134 号令而非第 122 号令，本案仲裁员担任律师并未违反司法部第 134 号令。
广东省惠州市	廖某昂申请撤销仲	（2020）粤 13 民	2020 年	驳回撤裁申请	吴某茂的仲裁代理人姚某宁律师是惠州

管辖法院	案件名称	案号	结案日期	审理结果	备注
中级人民法院	裁裁决案	特47号	7月13日		仲裁委员会的仲裁员，但申请人没有提供证据证明涉案仲裁员存在枉法裁决行为。
安徽省安庆市中级人民法院	珠海横琴新区百骏股权投资基金管理有限公司、安徽省安庆发展投资（集团）有限公司申请撤销仲裁裁决案	（2020）皖08民特8号	2020年7月3日	驳回撤裁申请	被申请人的代理人崔某国在安庆仲裁委员会担任仲裁员，但无证据证明其与仲裁庭的组成人员有其他可能影响公正仲裁的关系，司法部第122号令是针对执业律师规定的行为规范，处罚对象是执业律师和律师事务所，不能作为认定仲裁程序违法的依据。
广东省广州市中级人民法院	廖某忠、广东中人集团建设有限公司申请撤销仲裁裁决案	（2019）粤01民特1173号	2020年6月11日	驳回撤裁申请	中人集团的代理律师赖某敏是广州仲裁委员会的在任仲裁员，但本案并未违反司法部第134号令，也未违反法律法规的禁止性规定，申请人未证明仲裁员存在法定回避情形。
安徽省淮南市	淮南市自然资源和	（2020）皖04民	2020年6月9日	驳回撤裁申请	瑞通房地产开发淮南有限公司的代理人翟某山律师是淮

续表

管辖法院	案件名称	案号	结案日期	审理结果	备注
中级人民法院	规划局、瑞通房地产开发淮南有限公司申请撤销仲裁裁决案	特 8 号			南仲裁委员会的仲裁员，申请人并未举证证明《仲裁法》或者仲裁规则中有关于禁止本机构仲裁员在本机构的仲裁案件中担任代理人的规定。
广西壮族自治区南宁市中级人民法院	南宁市天雹水库管理所、南宁市国凯实业有限责任公司申请撤销仲裁裁决案	（2020）桂01民特7号	2020 年 4 月 21 日	驳回撤裁申请	被申请人的原仲裁代理人罗某律师虽参加第一次庭审，但在被聘为南宁仲裁委员会的仲裁员之后，被申请人已撤销对罗某的授权委托，罗某参与仲裁的行为未违反仲裁规则，且申请人未举证证明罗某的行为足以影响公正裁决。
广东省广州市中级人民法院	何某军、广东安华美博商业经营管理有限公司申请撤销仲裁裁决案	（2020）粤01民特190号	2020 年 3 月 23 日	驳回撤裁申请	被申请人的仲裁代理人曾某敏律师系广州仲裁委员会的现任仲裁员，但该主张回避的对象并非审理本案的仲裁员，而是代理人，不属于仲裁规则和《仲裁法》中规定的应当回避的情形。
江西省九江市	永修县鑫辰贸易有	（2019）赣04民	2020 年	驳回撤裁申请	被申请人的仲裁代理人王某明是九江

续表

管辖法院	案件名称	案号	结案日期	审理结果	备注
中级人民法院	限公司、江西省融城置业有限公司申请撤销仲裁裁决案	特22号	3月17日		仲裁委员会的仲裁员，但现有证据无法证明存在法律规定的应予回避的情形，且根据《中华人民共和国立法法》相关规定，本案应适用司法部第134号令，而本案未违反司法部第134号令。
浙江省温州市中级人民法院	浙江林垟房地产开发有限公司、温州市东风建筑工程公司申请撤销仲裁裁决案	（2019）浙03民特137号	2020年3月16日	驳回撤裁申请	温州市东风建筑工程公司的仲裁代理人严某振律师系温州仲裁委员会的仲裁员，但现有证据无法证明仲裁庭成员与严某振律师存在可能影响案件公正裁决的利害关系或其他应当予以回避的情形。
重庆市第一中级人民法院	华电国际电力股份有限公司申请张某明、侯某凡等撤销仲裁裁决案	（2019）渝01民特40号	2020年2月3日	驳回撤裁申请	张某明等人的仲裁代理人李某德律师系重庆仲裁委员会的仲裁员，司法部第134号令与第122号令内容不一致，因二者位阶相同且前者颁布时间在后，故前者具有优先适用的效力，

管辖法院	案件名称	案号	结案日期	审理结果	备注
					本案并未违反司法部第 134 号令。
重庆市第一中级人民法院	华电国际电力股份有限公司申请唐某琴、马某霞等撤销仲裁裁决案	（2019）渝 01 民特 61 号	2020 年 2 月 3 日	驳回撤裁申请	唐某琴等人的仲裁代理人李某德律师系重庆仲裁委员会的仲裁员，司法部第 134 号令与第 122 号令内容不一致，因二者位阶相同且前者颁布时间在后，故前者具有优先适用的效力，本案并未违反司法部第 134 号令。
四川省雅安市中级人民法院	李某梅、四川省石棉县苗圃申请撤销仲裁裁决案	（2019）川 18 民特 19 号	2019 年 12 月 26 日	驳回撤裁申请	本案独任仲裁员任某与被申请人的代理人骆某猛同属于雅安仲裁委员会的仲裁员，且同属雅安市律师协会会员，司法部第 122 号令是对律师执业行为进行规范的部门规章，该规定并不必然构成《仲裁法》第 58 条规定的撤裁事由。
湖南省郴州市中级人民法院	白某、李某申请撤销仲裁裁决案	（2019）湘 10 民特 84 号	2019 年 11 月 20 日	驳回撤裁申请	郴州市振兴房地产开发有限公司的仲裁代理人童某春律师是郴州仲裁委员会的仲裁

管辖法院	案件名称	案号	结案日期	审理结果	备注
					员，但其并非本案仲裁员，该代理行为并未违反《仲裁法》及仲裁规则，申请人未举证证明存在可能影响公正仲裁等应当回避的情形。
湖南省郴州市中级人民法院	文某斌、陈某英申请撤销仲裁裁决案	（2019）湘10民特80号	2019年11月20日	驳回撤裁申请	郴州市振兴房地产开发有限公司的仲裁代理人童某春律师是郴州仲裁委员会的仲裁员，但其并非本案仲裁员，该代理行为并未违反《仲裁法》及仲裁规则，申请人未举证证明存在可能影响公正仲裁等应当回避的情形。
湖南省郴州市中级人民法院	刘某娟、郴州市振兴房地产开发有限公司申请撤销仲裁裁决案	（2019）湘10民特99号	2019年11月20日	驳回撤裁申请	郴州市振兴房地产开发有限公司的仲裁代理人童某春律师是郴州仲裁委员会的仲裁员，但其并非本案仲裁员，该代理行为并未违反《仲裁法》及仲裁规则，申请人未举证证明存在可能影响公正仲裁等应当回避的情形。

续表

管辖法院	案件名称	案号	结案日期	审理结果	备注
湖南省郴州市中级人民法院	唐某琪、郴州市振兴房地产开发有限公司申请撤销仲裁裁决案	（2019）湘10民特77号	2019年11月20日	驳回撤裁申请	郴州市振兴房地产开发有限公司的仲裁代理人童某春律师是郴州仲裁委员会的仲裁员，但其并非本案仲裁员，该代理行为并未违反《仲裁法》及仲裁规则，申请人未举证证明存在可能影响公正仲裁等应当回避的情形。
广西壮族自治区南宁市中级人民法院	谭某昊诉黎某足等申请撤销仲裁裁决案	（2019）桂01民特36号	2019年9月30日	驳回撤裁申请	黎某足的仲裁代理人彭某汉律师为南宁仲裁委员会的仲裁员，但经查明，黎某足的仲裁代理人为周某律师，并非彭某汉，就算彭某汉曾经参与过仲裁案件，但只要其已经退出仲裁，并不构成仲裁程序违法，且申请人并未证明彭某汉影响仲裁庭公正裁决。
广东省广州市中级人民法院	曾某福、叶某林申请撤销仲裁裁决案	（2019）粤01民特994号	2019年9月27日	驳回撤裁申请	叶某林的仲裁代理人邝某轩律师是广州仲裁委员会东莞分会的仲裁员，但他与本案的三名仲

管辖法院	案件名称	案号	结案日期	审理结果	备注
					裁员并没有在同时期审理的其他仲裁案件中同为仲裁庭的组成人员，也不是同一律师事务所律师，未违反司法部第134号令。
河南省安阳市中级人民法院	付某增、王某云申请撤销仲裁裁决案	（2019）豫05民特25号	2019年9月17日	驳回撤裁申请	林州市国信中小企业担保有限公司的仲裁代理人张某律师是安阳仲裁委员会的仲裁员，但是一方的代理律师在其任职仲裁员的仲裁机构代理案件未违反仲裁法及仲裁规则，程序合法。
北京市第四中级人民法院	上海美特幕墙有限公司与中国建筑第八工程局有限公司等申请撤销仲裁裁决案	（2019）京04民特367号	2019年8月8日	驳回撤裁申请	朗城房地产开发（大连）有限公司的仲裁代理人刘某武律师2006年前曾在中国国际经济贸易仲裁委员会任职，此后担任中国国际经济贸易仲裁委员会的仲裁员，但现有证据不足以证明刘某武与仲裁员之间存在利害关系并影响公正仲裁。

续表

管辖法院	案件名称	案号	结案日期	审理结果	备注
内蒙古自治区呼和浩特市中级人民法院	内蒙古建设股份有限公司与内蒙古小环球房地产开发有限责任公司申请撤销仲裁裁决案	（2019）内01民特50号	2019年6月20日	驳回撤裁申请	被申请人的仲裁代理人董某军律师系呼和浩特仲裁委员会的仲裁员，司法部第134号令与第122号令内容不一致，因二者位阶相同且前者颁布时间在后，故前者具有优先适用的效力，本案并未违反司法部第134号令。
安徽省马鞍山市中级人民法院	中运建设控股有限公司、马鞍山市采石河慈湖河综合开发有限责任公司申请撤销仲裁裁决案	（2019）皖05民特25号	2019年5月5日	驳回撤裁申请	被申请人的仲裁代理人陈某勇律师是马鞍山仲裁委员会的仲裁员，这并未违反《仲裁法》及其司法解释的禁止性规定，如仲裁员违反司法部第122号令代理案件，可由相关行政机关给予行政处理，但不能以此认定仲裁违反法定程序。
辽宁省辽阳市中级人民法院	辽阳星海文化传媒有限公司与金某申请撤销仲裁裁决案	（2019）辽10民特4号	2019年4月2日	驳回撤裁申请	被申请人的代理律师系辽阳仲裁委员会的仲裁员，但《中华人民共和国律师法》与司法部第122号令是对律

管辖法院	案件名称	案号	结案日期	审理结果	备注
					师执业行为进行规范的法律和部门规章，且不属于强制性规范，代理律师虽然违反前述规定，但这属于行政机关给予处罚的问题，并不构成《仲裁法》第58条的撤裁事由。
湖南省长沙市中级人民法院	张某、五矿建设（湖南）嘉和日盛房地产开发有限公司申请撤销仲裁裁决案	（2019）湘01民特32号	2019年3月7日	驳回撤裁申请	被申请人的仲裁代理人袁某平律师系长沙仲裁委员会的仲裁员，但《仲裁法》及其司法解释并未禁止被聘任为仲裁员的律师在受聘的仲裁委员会代理仲裁案件，《长沙仲裁委员会仲裁规则》也没有禁止作为该仲裁委员会仲裁员的律师以代理人身份参加该仲裁委员会案件的仲裁活动。
浙江省宁波市中级人民法院	宁波市鄞州人民医院、鸿建裕医疗科技（上海）有限公司	（2018）浙02民特195号	2019年1月4日	驳回撤裁申请	鸿建裕医疗科技（上海）有限公司的仲裁代理人郭某年律师从事律师工作前曾长期在宁波仲裁委员会工作，但法

续表

管辖法院	案件名称	案号	结案日期	审理结果	备注
	申请撤销仲裁裁决案				院查明，郭某年仅担任过仲裁秘书而从未担任过仲裁员，本案仲裁员刘某军进入宁波仲裁委员会工作前，郭某年已经离职，双方不存在同事关系，不存在利益冲突的问题。
山东省菏泽市中级人民法院	菏泽中油石油销售有限公司、苏某申请撤销仲裁裁决案	（2018）鲁17民特18号	2018年12月3日	驳回撤裁申请	苏某的代理律师李某时任菏泽仲裁委员会的仲裁员，根据新法优于旧法原则，本案应适用司法部第134号令，并无证据表明涉案程序违反司法部第134号令。
贵州省贵阳市中级人民法院	李某堂、李某申请撤销仲裁裁决案	（2018）黔01民特144号	2018年11月18日	驳回撤裁申请	被申请人的仲裁代理人宋某律师系贵阳仲裁委员会的仲裁员，但《仲裁法》规定的回避仅适用于仲裁员而非代理人，司法部第122号令仅对律师违法行为予以行政处罚，但并非撤销裁决的事由。

续表

管辖法院	案件名称	案号	结案日期	审理结果	备注
湖南省衡阳市中级人民法院	衡阳市金坤房地产开发有限公司与深圳市茂文置业有限公司申请撤销仲裁裁决案	（2018）湘04民特21号	2018年10月22日	驳回撤裁申请	被申请人的仲裁代理人蔡某律师系衡阳仲裁委员会的仲裁员，本案其他仲裁员也是兼职仲裁员，彼此不存在利害关系，司法部第122号令不属于行政法规，仅系部门规章，是对律师执业的行为规范，不能作为法院撤销裁决的法律依据。
山东省威海市中级人民法院	荣某泰和房地产开发有限公司、山东中宏路桥建设有限公司申请撤销仲裁裁决案	（2018）鲁10民特52号	2018年9月4日	驳回撤裁申请	被申请人的仲裁代理人于某律师系威海仲裁委员会的仲裁员，其行为违反了《中华人民共和国律师法》和司法部第122号令，但这些系对律师执业行为进行规范的法律和部门规章，不能作为撤销仲裁裁决的法律依据。
北京市第四中级人民法院	上海厚丰投资有限公司与新疆方圆慧融投资合伙企业	（2018）京04民特228号	2018年8月6日	驳回撤裁申请	新疆方圆慧融投资合伙企业（有限合伙）的仲裁代理人谢某律师是中国国际经济贸易仲裁委员会的仲裁员，但

管辖法院	案件名称	案号	结案日期	审理结果	备注
	（有限合伙）申请撤销仲裁裁决案				其并未违反司法部第 134 号令，不属于应当回避而未回避的情形。
北京市第四中级人民法院	上海厚丰投资有限公司与上海同谷股权投资基金合伙企业（有限合伙）申请撤销仲裁裁决案	（2018）京 04 民特 227 号	2018 年 8 月 6 日	驳回撤裁申请	上海同谷股权投资基金合伙企业（有限合伙）的仲裁代理人谢某律师是中国国际经济贸易仲裁委员会的仲裁员，但其并未违反司法部第 134 号令，不属于应当回避而未回避的情形。
北京市第四中级人民法院	上海厚丰投资有限公司与魏某申请撤销仲裁裁决案	（2018）京 04 民特 231 号	2018 年 8 月 6 日	驳回撤裁申请	魏某的仲裁代理人谢某律师是中国国际经济贸易仲裁委员会的仲裁员，但其并未违反司法部第 134 号令，不属于应当回避而未回避的情形。
广西壮族自治区柳州市中级人民法院	曾某文、易某华申请撤销仲裁裁决案	（2018）桂 02 民特 37 号	2018 年 6 月 23 日	驳回撤裁申请	易某华的仲裁代理人王某勋律师系柳州仲裁委员会的仲裁员，曾某文未能证明王某勋作为兼职仲裁员担任代理人违反了《柳州仲裁委员会仲裁规则》或《仲裁法》的具体规定。

续表

管辖法院	案件名称	案号	结案日期	审理结果	备注
北京市第四中级人民法院	中国平安财产保险股份有限公司与中国华融资产管理股份有限公司浙江省分公司申请撤销仲裁裁决案	（2018）京04民特101号	2018年6月12日	驳回撤裁申请	中国华融资产管理股份有限公司的仲裁代理律师系中国国际经济贸易仲裁委员会的仲裁员，但申请人并未提供证据证实仲裁员存在枉法裁决的具体情形。
四川省资阳市中级人民法院	水利部长江水利委员会陆水枢纽工程局诉四川省水利水电工程局有限公司申请撤销仲裁裁决案	（2018）川20民特8号	2018年5月15日	驳回撤裁申请	被申请人的仲裁代理人唐某华律师系资阳仲裁委员会的仲裁员，但其代理行为并未违反司法部第134号令。
陕西省西安市中级人民法院	中国石油天然气集团公司管材研究所申请陕西建工第六建设集团有限公司	（2018）陕01民特98号	2018年4月25日	驳回撤裁申请	陕西建工第六建设集团有限公司的仲裁代理人杨某生律师是西安仲裁委员会的仲裁员，其在本案中担任代理人并未违反《中华人民共和国律师法》的规定，司法部第122号令属于部门

续表

管辖法院	案件名称	案号	结案日期	审理结果	备注
	撤销仲裁裁决案				规章，并非认定仲裁程序违法的依据，亦不能据此撤裁。
贵州省贵阳市中级人民法院	戚某、贵州星天电线电缆有限公司申请撤销仲裁裁决案	（2018）黔01民特24号	2018年4月16日	驳回撤裁申请	被申请人的仲裁代理人王某海律师系贵阳仲裁委员会的仲裁员，但其并未在同一起仲裁案件中兼任仲裁员和律师，也并未违反我国《仲裁法》《律师法》、司法部第122号令及仲裁规则，故不属于撤裁范围。
甘肃省兰州市中级人民法院	中国东方民生投资有限公司和完颜某、孟某纯申请撤销仲裁裁决案	（2017）甘01民特31号	2017年12月5日	驳回撤裁申请	完颜某、孟某纯的仲裁代理人赵某强律师是兰州仲裁委员会的在任仲裁员，但赵某强并非本案的仲裁员，庭审中中国东方民生投资有限公司明确表示对仲裁庭组成人员并无异议，本案中并无证据证明赵某强律师与仲裁员之间存在利害关系，或利用其仲裁员资格不当影响了本案裁决结果，故本案仲裁庭组成合法。

管辖法院	案件名称	案号	结案日期	审理结果	备注
安徽省淮北市中级人民法院	淮北长源煤矸石综合利用有限公司、连云港东海建筑安装工程有限公司濉溪分公司申请撤销仲裁裁决案	（2017）皖06民特29号	2017年12月1日	驳回撤裁申请	连云港东海建筑安装工程有限公司濉溪分公司的委托代理人江某兵与仲裁庭的三位仲裁员同为淮北仲裁委员会仲裁员，但没有法律规定该当事人的代理人应回避，且没有证据证明其与仲裁庭存在其他利害关系。
北京市第二中级人民法院	上海鑫冶铜业有限公司与空气化工产品气体生产（上海）有限公司适用特殊程序案	（2017）京02民特196号	2017年8月22日	驳回撤裁申请	空气化工产品气体生产（上海）有限公司的代理律师金某宇为中国国际经济贸易仲裁委员会仲裁员，与本案仲裁员赵某、卢某系同事，但该身份为公开信息，不属于应自行披露的情形，亦不属于被选定或被指定的仲裁员应当主动回避的情形。
安徽省亳州市中级人民法院	山西建筑工程（集团）总公司、蒙城万佛商砼	（2017）皖16民特59号	2017年8月1日	撤销仲裁裁决	仲裁申请人蒙城万佛商砼有限公司的委托诉讼代理人李某平与组成仲裁庭的三位仲裁员同为

管辖法院	案件名称	案号	结案日期	审理结果	备注
	有限公司申请撤销仲裁裁决案				亳州仲裁委员会仲裁员，律师既是仲裁代理人，又是该仲裁机构的仲裁员，应自行回避。
河南省漯河市中级人民法院	倪某红、王某方申请撤销仲裁裁决案	（2017）豫11民特9号	2017年7月25日	驳回撤裁申请	申请人王某方的代理人系河南强人律师事务所律师赵某，同时还是漯河仲裁委员会在任仲裁员，但该情况既非违反仲裁法规定的仲裁程序的情形，亦非违反当事人选择的仲裁规则可能影响案件正确裁决的情形。
湖北省宜昌市中级人民法院	金鑫联鑫建设集团有限公司、宜昌首信典当有限公司申请撤销仲裁裁决案	（2017）鄂05民特1号	2017年5月24日	撤销仲裁裁决	宜昌首信典当有限公司的代理人在案件仲裁过程中被宜昌仲裁委员会聘请为仲裁员，其即不得在仲裁案件中继续担任代理人，仲裁庭允许其继续从事相关的代理活动属程序违法。
浙江省衢州市中级人民法院	郑某珍、郑某忠申请撤销仲裁裁决案	（2017）浙08民特22号	2017年4月26日	驳回撤裁申请	被申请人浙江同建房地产开发有限公司的法定代表人毛某卫、委托代理人

管辖法院	案件名称	案号	结案日期	审理结果	备注
					许某平、仲裁员郑某建均系衢州仲裁委员会在册仲裁员，许某平是否违反司法部第122号令的规定，仅是其个人行为，与仲裁庭的组成是否合法并无关联。
广西壮族自治区贵港市中级人民法院	陈某、广西垦建房地产开发有限责任公司申请撤销仲裁裁决案	（2017）桂08民特30号	2017年3月22日	驳回撤裁申请	本案仲裁员谭某初与被申请人的代理人马某华属同一律师事务所律师、合伙人，现同属贵港市律师协会委员及贵港仲裁委员会仲裁员，对于被申请人的仲裁代理人是否违反司法部第122号令，不属于人民法院司法权处理的职权范围，不属于本案审查范围。
广西壮族自治区贵港市中级人民法院	姚某秀、广西垦建房地产开发有限责任公司申请撤销仲裁裁决案	（2017）桂08民特31号	2017年3月22日	驳回撤裁申请	本案仲裁员谭某初与被申请人的代理人马某华属同一律师事务所律师、合伙人，现同属贵港仲裁委员会仲裁员，对于被申请人的仲裁代理人是否

续表

管辖法院	案件名称	案号	结案日期	审理结果	备注
					违反司法部第 122 号令，不属于人民法院司法权处理的职权范围，不属于本案审查范围。
贵州省贵阳市中级人民法院	贵州轻工职业技术学院、贵阳广优物资商贸有限公司申请撤销仲裁裁决案	（2017）黔01民特16号	2017年3月8日	撤销仲裁裁决	代理人刘某、马某均系贵阳仲裁委员会的在册仲裁员，且代理人刘某还是涉案学生公寓项目的实际控制人及投资人，也是被申请人贵阳广优物资商贸有限公司的股东，但法院未对该项请求做出回应，而是支持了"仲裁庭对被申请人主张的门面租金预期收益损失未通知双方当事人进行鉴定，仲裁程序违法"而撤裁。
湖南省岳阳市中级人民法院	徐某妹申请胡某新撤销仲裁裁决案	（2016）湘06民特10号	2017年3月6日	撤销仲裁裁决	胡某新的代理人毛某平是岳阳仲裁委员会现任仲裁员，但司法部第122号令是司法部关于律师违法行为处罚方面的部门规章，不能作为认定该行为

管辖法院	案件名称	案号	结案日期	审理结果	备注
					是否违反法定程序的依据，该案因被申请人隐瞒证据而被撤裁。
江西省南昌市中级人民法院	南昌华宇大厦实业有限公司、江西省鼎昌建筑工程有限公司申请撤销仲裁裁决案	（2016）赣01民特62号	2017年3月6日	撤销仲裁裁决	仲裁申请人江西省鼎昌建筑工程有限公司的委托代理人曾某平与组成仲裁庭的三位仲裁员同为南昌仲裁委员会仲裁员，曾某平律师既是仲裁代理人，又是该仲裁机构的仲裁员，此种矛盾的双重身份可能影响案件的公正裁决，致使当事人对仲裁裁决的公正性、权威性产生合理怀疑。
山东省东营市中级人民法院	江苏省江建集团有限公司与东营市伟浩建材有限责任公司申请撤销仲裁裁决案	（2016）鲁05民特76号	2016年12月13日	驳回撤裁申请	张某志系东营仲裁委员会的仲裁员，其在仲裁期间担任被申请人东营市伟浩建材有限责任公司的代理人，但司法部第122号令仅涉及行政机关对代理律师的处罚，并非《仲裁法》第58条规定的撤裁情形。

续表

管辖法院	案件名称	案号	结案日期	审理结果	备注
江苏省南京市中级人民法院	南京海翔船务有限公司与江苏都霖海运有限公司、杨某、许某义申请撤销仲裁裁决案	（2016）苏01民特97号	2016年9月29日	驳回撤裁申请	杨某仲裁阶段的委托代理人周某荣系南京仲裁委员会现任仲裁员，但撤销事由不属于《仲裁法》第58条规定的法定事由。
辽宁省抚顺市中级人民法院	许某若与李某洋申请撤销仲裁裁决案	（2016）辽04民特16号	2016年9月28日	驳回撤裁申请	杨某维既是抚顺仲裁委员会的仲裁员，又担任李某洋的仲裁代理人，但既不属于违反仲裁法规定的仲裁程序的情形，亦不属于违反当事人选择的仲裁规则可能影响案件正确裁决的情形。
北京市第二中级人民法院	中国中元国际工程有限公司与谛恩水务技术（上海）有限公司申请撤销仲裁裁决案	（2016）京02民特147号	2016年7月29日	驳回撤裁申请	谛恩水务技术（上海）有限公司的代理人系中国国际经济贸易仲裁委员会的仲裁员，但是中国中元国际工程有限公司未举证证明《仲裁法》或者仲裁委员会仲裁规则中有关于禁止仲裁委员会仲裁员在仲裁委员会仲裁的案

管辖法院	案件名称	案号	结案日期	审理结果	备注
					件中担任代理人的规定。
山西省晋城市中级人民法院	山西大自然空调工程有限公司与晋城市恩泰商贸有限公司申请撤销仲裁裁决案	（2016）晋05民初31号	2016年7月12日	撤销仲裁裁决	被申请人晋城市恩泰商贸有限公司仲裁时的委托代理人李某某担任晋城仲裁委员会仲裁员的同时，又以代理人的身份承办晋城仲裁委员会办理的案件，其相互矛盾的双重身份违反了司法部第122号令第7条第5项之规定及《中华人民共和国律师法》（2012年修正）第47条第3项之规定，可能影响案件的公正裁决。
黑龙江省大庆市中级人民法院	王某峰与大庆天通建筑安装工程有限公司申请撤销仲裁裁决案	（2016）黑06民特24号	2016年6月10日	撤销仲裁裁决	申请人大庆天通建筑安装工程有限公司的委托代理人李某君身为大庆仲裁委员会的仲裁员，其他仲裁员应知晓李某君的身份，也没有向当事人释明，影响了当事人提出回避的主张，李某君作为大庆仲裁委员仲裁案件的

续表

管辖法院	案件名称	案号	结案日期	审理结果	备注
					代理人，可能影响本案的公正裁决。
河北省石家庄市中级人民法院	河北华飞房地产开发有限公司、宫某君等房屋拆迁安置补偿合同纠纷、申请撤销仲裁裁决案	（2016）冀01民特23号	2016年5月23日	撤销仲裁裁决	宫某君的代理人杨某军是河北三和时代律师事务所律师、石家庄仲裁委员会仲裁员，与本案仲裁员均在石家庄仲裁委员会工作，其作为本案被申请人的代理人，足以使申请人河北华飞房地产开发有限公司对仲裁结果产生合理怀疑。
河北省石家庄市中级人民法院	河北华飞房地产开发有限公司、陈某华等房屋拆迁安置补偿合同纠纷、申请撤销仲裁裁决案	（2016）冀01民特21号	2016年5月23日	撤销仲裁裁决	陈某华的代理人杨某军是河北三和时代律师事务所律师、石家庄仲裁委员会仲裁员，与本案仲裁员均在石家庄仲裁委员会工作，据此，足以使河北华飞房地产开发有限公司对仲裁结果产生合理怀疑。
河北省石家庄市中级人民法院	陶某栓撤销仲裁裁决案	（2016）冀01民特17号	2016年5月23日	撤销仲裁裁决	陶某栓的代理人杨某军是河北三和时代律师事务所律师、石家庄仲裁委员会仲裁员，与本

管辖法院	案件名称	案号	结案日期	审理结果	备注
					案仲裁员均在石家庄仲裁委员会工作，据此，足以使河北华飞房地产开发有限公司对仲裁结果产生合理怀疑。
河北省石家庄市中级人民法院	李某俭撤销仲裁裁决案	（2016）冀01民特20号	2016年5月23日	撤销仲裁裁决	李某俭的代理人杨某军是河北三和时代律师事务所律师、石家庄仲裁委员会仲裁员，与本案仲裁员均在石家庄仲裁委员会工作，其作为本案被申请人的代理人，足以使申请人河北华飞房地产开发有限公司对仲裁结果产生合理怀疑。
辽宁省辽阳市中级人民法院	沈阳畅顺运输有限公司与中国太平洋财产保险股份有限公司辽阳中心支公司申请撤销仲裁裁决案	（2016）辽10民特21号	2016年4月27日	驳回撤裁申请	中国太平洋财产保险股份有限公司的代理人赵某寒在辽阳仲裁委员会审理的仲裁案件中作为一方当事人的代理律师，但司法部第122号令仅涉及行政机关对代理律师的处罚，并非《仲裁法》第58条规定的撤裁情形。

管辖法院	案件名称	案号	结案日期	审理结果	备注
陕西省西安市中级人民法院	陕西重型汽车有限公司、郑州锦绣万达汽车销售服务有限公司等聘用合同争议、申请撤销仲裁裁决案	（2016）陕01民特72号	2016年4月7日	驳回撤裁申请	郑州锦绣万达汽车销售服务有限公司仲裁期间的委托代理人焦某平系西安仲裁委员会聘任的仲裁员，同时也是陕西博硕律师事务所的律师，但司法部第122号令仅涉及行政机关对代理律师的处罚，并非《仲裁法》第58条规定的撤裁情形。
山西省晋城市中级人民法院	泽州县国土资源局与晋城市广发房地产开发有限公司申请撤销仲裁裁决案	（2015）晋市法民初字第81号	2016年3月9日	撤销仲裁裁决	申请人泽州县国土资源局仲裁时的委托代理人李某某在担任晋城仲裁委员会仲裁员的同时，又以代理人身份承办晋城仲裁委员会办理的案件，其相互矛盾的双重身份，违反了司法部第122号令第7条第5项之规定及《中华人民共和国律师法》（2012年修正）第47条第3项之规定，可能影响案件的公正裁决。

续表

管辖法院	案件名称	案号	结案日期	审理结果	备注
江西省萍乡市中级人民法院	吴某、柳某萍与萍乡市上栗华泰置业有限公司申请撤销仲裁裁决案	（2015）萍民撤仲字第07号	2015年4月29日	驳回撤裁申请	被申请人萍乡市上栗华泰置业有限公司的委托代理人之一即萍乡仲裁委员会仲裁员，但仲裁法没有将担任仲裁员的律师代理所在仲裁机构审理案件的行为作为据以撤销仲裁裁决的违反仲裁法定程序的情形。
北京市第二中级人民法院	香港喜万年科技有限公司与大象S.T株式会社申请撤销仲裁裁决案	（2014）二中民特字第09403号	2014年11月18日	驳回撤裁申请	大象S.T株式会社的代理人寇某耘律师系中国国际经济贸易仲裁委员会仲裁员，但司法部第122号令仅涉及行政机关对代理律师的处罚，并非《仲裁法》第58条规定的撤裁情形。
新疆维吾尔自治区巴音郭楞蒙古自治州中级人民法院	巴州乾农农业科技发展有限公司与日杰甫申请撤销仲裁裁决案	（2014）巴民特字第5号	2014年7月22日	驳回撤裁申请	申请人巴州乾农农业科技发展有限公司的代理人李某律师系乌鲁木齐仲裁委员会的仲裁员，但依据《仲裁法司法解释》第17条，申请人的主张不属于《仲裁法》第58

续表

管辖法院	案件名称	案号	结案日期	审理结果	备注
					条规定的情形，应予驳回。
新疆维吾尔自治区巴音郭楞蒙古自治州中级人民法院	巴州乾农农业科技发展有限公司与吐尔孙申请撤销仲裁裁决案	（2014）巴民特字第4号	2014年7月22日	驳回撤裁申请	申请人巴州乾农农业科技发展有限公司的代理人李某律师系乌鲁木齐仲裁委员会的仲裁员，但依据《仲裁法司法解释》第17条，申请人的主张不属于《仲裁法》第58条规定的情形，应予驳回。
新疆维吾尔自治区巴音郭楞蒙古自治州中级人民法院	巴州乾农农业科技发展有限公司与阿曼申请撤销仲裁裁决案	（2014）巴民特字第6号	2014年7月22日	驳回撤裁申请	申请人巴州乾农农业科技发展有限公司的代理人李某律师系乌鲁木齐仲裁委员会的仲裁员，但依据《仲裁法司法解释》第17条，申请人的主张不属于《仲裁法》第58条规定的情形，应予驳回。
新疆维吾尔自治区巴音郭楞蒙古自治州中级人民	巴州乾农农业科技发展有限公司与胡某武申请撤销仲裁裁决案	（2014）巴民特字第1号	2014年7月22日	驳回撤裁申请	申请人巴州乾农农业科技发展有限公司的代理人李某律师系乌鲁木齐仲裁委员会的仲裁员，但依据《仲裁法司法解释》第17条，

管辖法院	案件名称	案号	结案日期	审理结果	备注
	法院				申请人的主张不属于《仲裁法》第58条规定的情形，应予驳回。
新疆维吾尔自治区巴音郭楞蒙古自治州中级人民法院	巴州乾农农业科技发展有限公司与徐某申请撤销仲裁裁决案	（2014）巴民特字第3号	2014年7月22日	驳回撤裁申请	申请人巴州乾农农业科技发展有限公司的代理人李某律师系乌鲁木齐仲裁委员会的仲裁员，但依据《仲裁法司法解释》第17条，申请人的主张不属于《仲裁法》第58条规定的情形，应予驳回。
新疆维吾尔自治区巴音郭楞蒙古自治州中级人民法院	巴州乾农农业科技发展有限公司与唐某然申请撤销仲裁裁决案	（2014）巴民特字第2号	2014年7月22日	驳回撤裁申请	申请人巴州乾农农业科技发展有限公司的代理人李某律师系乌鲁木齐仲裁委员会的仲裁员，但依据《仲裁法司法解释》第17条，申请人的主张不属于《仲裁法》第58条规定的情形，应予驳回。

　　笔者检索到绝大多数案例中，法院认定代理人为仲裁员的撤裁理由不成立，驳回了撤裁申请。

　　就法院在审理以仲裁员律师在所任职的仲裁机构案件中担

任代理人为由申请撤销或不予执行仲裁裁决案件时所援引的法律依据来看，下图图2反映出如下信息：其一，在部分案件中，法官正确地对司法部第134号令与第122号令之间的关系进行了阐释，并结合《中华人民共和国立法法》新法优于旧法的法律适用原则，最终适用了司法部第134号令，认定担任仲裁员的律师在其任职的仲裁机构担任仲裁代理人并不构成程序违法，从而驳回了当事人的撤裁申请或不予执行请求。其二，在少数案件中，法官没有仔细地查清司法部第122号令、第134号令之间的关系，也没有对《仲裁法》及其司法解释、《中华人民共和国律师法》及仲裁机构的仲裁规则进行区分，而是笼统地以在册仲裁员以律师身份代理仲裁案件不构成撤销裁决的理由而驳回了当事人的撤裁申请。这在一定程度上反映出了部分法官的论证说理欠缺逻辑方面的谨慎思考。其三，在撤销仲裁裁决的法律依据方面，有部分案件的法官能够意识到，作为法律依据的《仲裁法》第58条是撤销仲裁裁决事由的唯一来源，法官不应当主动地去创立其他的撤销理由，而司法部的部门规章，其职能是针对律师和律师事务所的违法行为开展行政处罚，但是这不等于可将此作为撤销仲裁裁决司法审查的依据。其四，从不同类型的法律依据在仲裁司法审查案件中的适用频率及其年度分布来看，在2016年之前，《仲裁法》及其司法解释被视为审理此类案件的主要依据；2016年度内，司法部第122号令被多次适用，并被法官用作撤销仲裁裁决的主要依据；2017年之后，司法部第134号令开始发挥越来越重要的作用，并被诸多法院用作律师仲裁员在所任职的仲裁机构担任代理人不违法的依据。此外，《中华人民共和国律师法》、相关仲裁机构的仲裁规则、最高人民法院出台的司法解释等也不时地被法院适用，主要是作为一种辅助性法律渊源。但值得一提的是，即使迄今为止司法部第 134 号令已施行五年多，仍然有部分法院错误地援用司法部第 122 号令，并错误地以此为据撤销仲裁裁决，这深刻反映出统一此类案件裁判基准的重要性和迫切性。

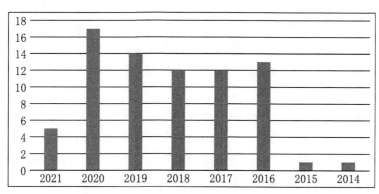

图 1　以仲裁员担任代理人为由申请撤销仲裁裁决的案件分布

（结案年度：2014 年 7 月至 2021 年 6 月）

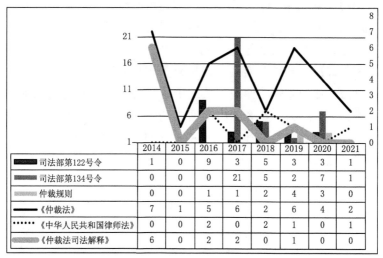

	2014	2015	2016	2017	2018	2019	2020	2021
司法部第122号令	1	0	9	3	5	3	3	1
司法部第134号令	0	0	0	21	5	2	7	1
仲裁规则	0	0	1	1	2	4	3	0
《仲裁法》	7	1	5	6	2	6	4	2
《中华人民共和国律师法》	0	0	2	0	2	1	0	1
《仲裁法司法解释》	6	0	2	2	0	1	0	0

图 2　法院审查仲裁员担任代理人合法性的法律依据（援引频率）

本章小结

　　法律制度的演进与沿革应以现实需要为依托，《仲裁法》亦不例外。应当承认，《仲裁法》颁布以来为中国仲裁事业的发展起到了重要的制度保障作用，但仲裁事业的蓬勃发展反过来也在对仲裁法律制度提出新的要求，这正是法治现代化、涉外仲裁法治国际化的必然要求。近年间，关于修改《仲裁法》的呼声从未中断，但关于这项改革的指导思想和基本理念还有待进一步论证。在理论层面上，仍然需要对仲裁的性质形成准确的认识，在尊重当事人意思自治原则与仲裁庭自由裁量权的基础上，要对仲裁程序设定基本的正当性要求，以维护自然公正的要义。同时，对于司法与仲裁的关系应予以重构，司法对仲裁应提供更充分的支持与协助，而不仅仅是监督和制约。商事仲裁的现代化发展当以公正与效率作为基本要求，汲取和借鉴《联合国国际贸易法委员会国际商事仲裁示范法》的合理内核，从原理、规则、实证等多重视角设计文本结构。尤其是，当前中国仲裁机构的仲裁实践、司法机关的仲裁司法审查经验、从事仲裁行业的律师、仲裁员及理论研究者当从不同的角度集思广益，共同致力于符合新时代要求的中国特色的仲裁法。鉴于此，作为法律人，应当对未来的中国仲裁立法改革心怀期待、贡献智慧。

中国涉外仲裁证据规则的现代化问题

商事仲裁因具有灵活、高效、保密、专业等优势，而成为当事人解决国际商事争议的首选方法。作为认定案件事实的依据所在，证据规则是商事仲裁中不可或缺的关键环节，其不仅关系到裁决结果和当事人的权益，而且影响到仲裁相比诉讼的优势能否实现、仲裁程序能否确保高效且公正的价值理念，以及商人之间对仲裁的信心维系等。但经考察，国际仲裁领域重要的国际条约、各国国内仲裁立法、国际仲裁机构的仲裁规则等，对关乎仲裁证据事项的规定并不具体。同时，跨国交易的当事人也较少在合约谈判中具体约定证据问题，因而本章首要目的即探讨相比于民事诉讼，国际商事仲裁中的证据规则是否有其适用的特殊性？这种特殊性的背后根源何在？继而讨论，国际商事仲裁证据问题的特殊性是否要求专门制定一套成文化的仲裁证据规则？如果答案是肯定的，那么制定国际商事仲裁证据规则的应然趋向如何？其适用应突出强制性抑或任意性？在具体的证据处理环节上，如证明责任分配、取证、质证、认证、证据可采性、专家证据等方面，仲裁证据规则应采取何种立场最能实现商事仲裁内在的价值与功能？当然，法律必须解释，否则无从适用，仲裁证据规则作为以语言文字为载体的准法律规范，其同样需经解释与适用，方可获得实践生命力。究其原因，一方面源自法概念本身的不确定性，另一方面也考虑到法律漏洞及立法滞后性的客观现实。在国际商事仲裁中，由于所涉及的规范整体庞杂且呈现碎片化，隐藏在规范文本背后的法律价值时有冲突，这便更需经由规则的解释来适用证据规则。总之，法律解释是不可避免的正常现象，这也是在仲裁程序中对证据的使用方面所无法回避的基础环节。基于此，本章将围绕涉外仲裁证据规则的现代化这一研究的中心议题，通过对现有国内外规范、典型例证的归纳分析，分别从规则的制定与规则的适用角度进行探讨。

国际商事仲裁作为有别于国内民事诉讼的争议解决方式，在证据规则的确定与适用方面也具有其独特性，仲裁证据规则这一主题本身涉及诸多的重要问题有待深入探讨及研究。经过简要归类，本书重点涵盖以下几方面关键问题：

第一，在国际商事仲裁领域，证据规则制定及适用的现状、特征、发展趋势如何？是否有必要制定，以及如何制定适宜于国际商事交易中争议解决的证据规则？现行存在哪些国际商事仲裁证据规则的文本，其趋势如何？

第二，在具体的商事仲裁程序中，证据规则如何适用？当事人与仲裁庭在仲裁证据规则的适用过程中发挥何种角色？各国民事证据法针对民事诉讼而制定，其在商事仲裁尤其是国际商事仲裁中的地位如何以及应然地位如何？在国际争议解决中，不同法系乃至不同国家的证据法律文化如何冲突及弥合？

第三，证据的收集与提供是各国国内仲裁实践中冲突显在的领域，对于仲裁庭在自行证据收集、要求仲裁当事人提供证据、请求法院协助调取证据、证据的可采性及证明力认定、证据特免权等方面，仲裁庭的仲裁权究竟在国际仲裁中如何实践？

第四，当持有证据的当事人或第三人不提供证据时，基于仲裁的民间性色彩，仲裁庭往往欠缺强制取证权，在国际商事仲裁中，从立法角度及实践角度法院需在满足何种条件的情形下提供取证协助？如果法院未提供协助，而仲裁庭自身又无权强制取证，其是否可以作出不利推定？该项推定的制度动因基础何在？发展趋势如何？

第五，国际商事仲裁不同于国内仲裁，基于仲裁程序中的仲裁员、当事人可能来自不同法律文化的国家，很可能存在证据问题的冲突领域。例如，普通法系广泛适用的审前程序证据开示制度（discovery）在大陆法系并没有对应的制度基础，普通法系存在完备的证据法，从诉讼中陪审制发展出来的可采性规则完备，而大陆法系更多依赖自由心证，当这些制度冲突影响仲裁庭的裁判时，究竟应当采取何种证据规则？（注意：通常认为国际商事仲裁中并不必然严格适用诉讼中的证据规则，也并不必然适用仲裁地本国的证据法，但仲裁地证据法中的强制性规定属于不可损抑的规范，这类强制性法须直接适用，其内涵及外延何在？）

如上这些问题将构成本章展开论证并尝试回应的线索，预期的结论并不旨在给出唯一的答案，而是通过梳理现行规则及仲裁实践，结合国际商事仲裁的价值取向与理念背景，寻求其中"较好的"制度安排。

第一节　制定仲裁证据规则的应然理念与价值取向

一、国际商事仲裁中应否适用专门的证据规则探析

证据是发现法律真实的桥梁，也是争议解决的基础，这在诉讼与仲裁中没有本质的差别，但国际商事仲裁的自治性、契约性等特征，使仲裁中的证据规则及其适用更多体现出灵活性，

因此有必要单独讨论。通常认为，严格意义上的证据规则，是指通过立法机关或仲裁机构以规范的形式明文确立的关于证据的种类、判断证据的标准等体系化的原则和制度。[1]证据规则因规范取证、举证、质证、认证的全部过程，而直接关系到仲裁庭对事实的查明与争议解决结果的认定。国际私法的一般规则要求，国际民事诉讼中的程序问题适用法院地法。例如，德国的法院在程序上只会适用德国的民事诉讼法（包括证据规则），即使适用于争讼标的的实体准据法是外国法。[2]但国际仲裁中是否有必要制定专门的证据规则呢？学理上对这一问题的探讨形成了不同的立场，对国际仲裁一无所知者或一知半解者，要么认定国际商事仲裁实属民事诉讼的特殊形态，应直接援用诉讼证据规则，要么认定国际商事仲裁既然是充分尊重当事人意思自治的争议解决方法，就应该拥有一套完全不受规则约束的程序设计，没有必要拟定专门的仲裁证据规则。[3]这两种认识都存在一定的误区，前一类观点涉及商事仲裁"去诉讼化"的内核，下文将专门讨论，而后一类观点则似"空中楼阁"式的空想，与实际并不相符。近些年来，随着国际仲裁程序透明度的强化与仲裁裁决结果的报道，不难发现，国际商事仲裁案件的标的额动辄超过数千万甚至数十亿[4]，如此高昂的争议金

---

〔1〕 谢菁菁："国际商事仲裁中的证据"，载李双元主编：《国际法与比较法论丛》（第十四辑），中国方正出版社 2005 年版，第 109 页。

〔2〕 ［德］莱奥·罗森贝克：《证明责任论——以德国民法典和民事诉讼法典为基础撰写》（第四版），庄敬华译，中国法制出版社 2002 年版，第 88 页。

〔3〕 Nathan D. O'Malley, *Rules of Evidence in International Arbitration：An Annotated Guide*, Informa Law from Routledge, 2012, p. 1.

〔4〕 2014 年审结的"尤科斯诉俄罗斯投资仲裁"案中，位于海牙的国际常设仲裁法院发布消息称，根据《能源宪章条约》成立的专设仲裁庭裁决俄罗斯政府向尤科斯石油公司的前股东支付约 500 亿美元的赔偿金，该案堪称目前公开报道的赔偿金额最高的一起国际仲裁案件。

额使得国际仲裁不需要证据规则的说法不攻自破。试想，高度理性的国际商事交易主体怎么会愿意轻率地将如此高额的索赔请求提交至没有证据规则的争议解决程序呢？也有机敏的观察者从实务角度出发，注意到大多数的机构仲裁规则或临时仲裁规则只会就证据调取与证据采信做出粗略的指引，或者在证据处理上赋予仲裁庭以广泛的自由裁量权，而较少设定详尽的证据规则，因此仲裁证据规则实属可有可无、可粗可细。[1] 不过，从逻辑层面分析，实然并不能作为推导应然的前提，运用"存在即合理"的思路来思考国际仲裁中是否应该存在独立证据规则的问题不具有充分的说服力。客观来看，国际商事仲裁程序不仅需要一套合乎规范的、旨在满足实务需求的证据规则，而且国际仲裁实践发展与演变的现实表明，证据规则自始即被仲裁庭适用作为确定案件事实的指引。细心的研究者注意到，早在 19 世纪末及 20 世纪初，国际混合求偿委员会及早期为解决国家间争端而设立的仲裁庭，就已经频繁适用证据与证明程序的规则及原则。[2]

因此，足以肯定的是，仲裁庭在审理国际商事仲裁案件的过程中，其对证据的采信、评价、认定不是无序的，而是在证据规则的指引下完成的。那么，接下来的问题是，仲裁庭是否必然遵循仲裁地国内法体系下关于民事诉讼的证据规则呢？如果答案是肯定的，其合理根据何在？如果答案是否定的，那么显然须制定专门的仲裁证据规则，这套规则又应该秉持何种理念？笔者主张，为了回应这一问题，仍需反思学界多有探讨的

---

〔1〕 例如 2010 年《贸法会仲裁规则》第 17 条、2012 年《国际商会仲裁院仲裁规则》第 25 条第 1 款、2015 年《贸仲仲裁规则》第 41—44 条、2016 年《新加坡国际仲裁中心投资仲裁规则》第 25—27 条等。

〔2〕 Durward V. Sandifer, *Evidence Before International Tribunals*, University Press of Virginia, 1975, p. 6.

仲裁 "去诉讼化" 的问题, 这也是厘清仲裁与诉讼二者外部关系的一个环节。

二、外部构造: 仲裁证据规则的 "诉讼化" 与 "去诉讼化"

仲裁诉讼化 (litigationalization of arbitration), 也称仲裁司法化 (judicialization of arbitration) 或仲裁的异化, 考虑到其旨在描述一种事实现象而非构造纯规范化的学理概念, 因此对其内涵与外延多从两方面加以界定: 首先, 仲裁诉讼化反映了仲裁被诉讼同化的趋势, 仲裁中过多移植诉讼制度的理念, 模仿诉讼的程序设置, 越来越多地具有民事诉讼的实质特征, 失去了仲裁的本质; 其次, 这种对诉讼的照搬与借鉴背离了仲裁的本质, 对仲裁制度的长远发展形成制约。总的来讲, 并非仲裁对诉讼的所有借鉴都属于仲裁诉讼化的 "恶果", "诉讼化" 这一表述更多偏重一种消极倾向, 即仲裁制度与诉讼的同质性被夸大, 而较少体现仲裁的独立性, 仲裁程序也愈发趋于烦琐、僵化、复杂、冗长。就其根源分析, 这种现象的成因一定上在于对商事仲裁价值取向以及仲裁性质的认识偏差, 尤其是对商事仲裁契约性、自治性、民间性、灵活性的优势理解失准。[1]

具体来讲, 仲裁诉讼化现象体现为以下形态: 仲裁程序的诉讼化、仲裁裁决诉讼化、仲裁员制度设置诉讼化、仲裁司法监督过程的诉讼化。这些问题在我国的体现比较突出, 如1995 年实施的《仲裁法》在仲裁程序问题的规定上, 不仅缺少对当事人程序选择权的规范, 也未能强调仲裁庭在程序上的可自由裁量权, 反倒大量存在刚性规定。长此以往, 仲裁的诉

---

〔1〕 乔欣主编:《和谐文化理念视角下的中国仲裁制度研究》, 厦门大学出版社 2011 年版, 第 271 页。

讼化只会减损商事仲裁应有的现代化、国际化优势。在证据规则方面，有学者指出，仲裁证据的诉讼化，是指仲裁证据越来越多地具备诉讼证据的实质性特征，逐渐失去了仲裁证据的本质特性。既成的观念多倾向于将诉讼与仲裁二者同一处理，忽视了仲裁特有的程序性价值，夸大诉讼证明与仲裁证明同为发现案件真实的共性因素，进而为仲裁庭直接援用诉讼证据规则寻求合理性基础。[1]这一方面缘于现有的专门针对商事仲裁证据事项的立法与仲裁规则条款不多，仲裁庭欠缺足够具体的规范指引，另一方面，民事诉讼中已然构建起相对成熟的证据处理模式，为谨慎处理仲裁程序，避免因证据事宜操作不当引发撤销或不予执行的风险，仲裁员往往习惯性地求诸诉讼证据规则，不论我国国内民事诉讼证据规则本身是否出了问题。[2]

不过，有越来越多的资深仲裁员凭借其丰富的实务经验意识到，国际商事仲裁庭没有义务适用严格的诉讼证据规则，作为仲裁权的行使主体，仲裁庭有权力对双方当事人提供的证据的可采性、相关性、实质性和重要性加以确定，除非仲裁地法有强制性规定，否则这种证据权限并不受诉讼证据规则的束缚。[3]此外，仲裁证据规则的"诉讼化"不独体现在仲裁程序

---

〔1〕　宋朝武："仲裁证据的非诉化及其路径选择"，载《河南社会科学》2010年第3期。

〔2〕　有观点指出，与大陆法系和英美法系相比，尽管我国民事诉讼证据立法中没有直接使用证据能力和证明力的概念，但民事诉讼相关的司法解释中却存在关于证据能力和证明力的规则，这些规则对法官采用证据的自由裁量权形成了有效制约。我国证据立法采取的是以规范证明力为核心，而非以规范证据能力为核心，这与世界的主流趋势相逆，尽管有助于增加立法的可操作性，降低司法难度，却损害了自由证明的根本精神。参见纪格非：《证据能力论——以民事诉讼为视角的研究》，中国人民公安大学出版社2005年版，陈桂明序。

〔3〕　乔欣：《仲裁权论》，法律出版社2009年版，第22页。

中，还体现在仲裁立法条款中。以 1995 年实施的《仲裁法》第 45 条的"质证"条款为例，理论家与实务界对此颇有诟病。该条规定："证据应当在开庭时出示，当事人可以质证。"这一规定的前半句措辞使用"应当"，这种表达强制性有余而灵活性不足，似有排除书面审理之嫌。而另一方面，1995 年实施的《仲裁法》第 39 条却规定当事人协议不开庭的，由仲裁庭进行书面审理，言外之意，认可了开庭审理与书面审理均为合法的审理方式。但是，仲裁庭可否主动决定对一个案件进行书面审理，未见明确规定。而且，既然 1995 年实施的《仲裁法》没有规定庭前交换证据，第 45 条的规定似乎意味着只要有新的证据，仲裁庭就必须组织开庭以便"开庭时出示"。〔1〕将该法第 39 条与第 45 条结合来分析，尽管其认可在满足特定条件下可采用书面审理的方式，但第 45 条却强制性地要求证据必须当庭出示，这就表明即使是书面审理亦必须经由开庭质证。这种立法上的矛盾使得仲裁庭依据书面材料作出的仲裁裁决的效力处于模糊的尴尬状态。有学者特意针对此条提出，既然开庭审理不是唯一的仲裁庭审方式，仲裁法就完全没必要对开庭质证作出强制的硬性规定，而有必要赋予仲裁庭决定具体的程序性事项。〔2〕

还有学者曾对 1995 年实施的《仲裁法》第 45 条在仲裁实践中的运用进行了反思，并试图厘清质证与证明二者的关系。从理论上讲，质证是为审查证据的资格，即证据属性、证据能力，而证明则是围绕待证事实，运用证据展开的对抗。庭审进行的是事实调查，所以证明才是庭审的核心，而质证的目的是确认这个证据是否有资格作为证据进入事实调查的过程。事实

---

〔1〕 宋连斌主编：《仲裁法》，武汉大学出版社 2010 年版，第 183 页。
〔2〕 马占军：《仲裁法修改新论》，法律出版社 2011 年版，第 179 页。

上，在英美进行的国际商事仲裁并不强调当庭质证程序，而是在审前程序中将不符合证据能力要求的材料进行排除。至于我国 1995 年实施的《仲裁法》第 45 条的制定，几乎是直接照搬 1991 年《民事诉讼法》第 66 条的结果，但从条款的解释来看，要求"证据应当在开庭时出示"这种措辞，并没有强求仲裁庭必须循规蹈矩地套用诉讼审判中的证明模式，只能说，由于仲裁庭的庭审技巧尚未成熟，诉讼中僵化的质证模式借助仲裁法应当出示证据的规定进入了国际仲裁程序中。[1]

从更宏观的角度审视，在如何厘清仲裁与诉讼的关系上，简单地讨论"诉讼化"或"去诉讼化"尚不足以解决根本问题。就具体的案件审理程序、取证、质证、证据评价与采信规则而言，时至今日仍然很难清楚地区分哪些是专属于仲裁的，哪些是诉讼独有的，毋宁说，仲裁吸收诉讼的技巧，诉讼也接纳仲裁的有益成分。[2]但与此同时，仲裁从业者与研究者应充分挖掘仲裁的内在优势与独特价值，克服诉讼中心主义的意识，避免一味地将诉讼与仲裁类比，应当促成仲裁证据规则的制定，乃至改良整个仲裁法治的基本取向。

三、内部路径：仲裁证据规则的"技术化"与"自然化"

尽管学理上对证据的界定多有不同，但是能够达成共识的是，证据是用以证明案件事实的根据，其蕴含着争议解决中需

---

[1] 傅郁林："证明责任与仲裁庭审技巧"，载 http://www.sccietac.org/web/doc/view_legaForum/790.html，最后访问日期：2016 年 11 月 24 日。

[2] 宋连斌："理念走向规则：仲裁法修订应注意的几个问题"，载《北京仲裁》2004 年第 2 期。

要查明的案件事实的各种信息。[1]至于某项证据材料是否具备证据能力而被作为证据，某项证据的使用需要达到何种标准才能对待证事实起到证明作用，则是仲裁庭在现有证据的基础上，经听取争议双方的主张与抗辩后，于内心所形成的对所发生事实的确认，整个证明活动与仲裁庭的认定都不可能达到完全价值无涉的纯理性判断，而是在证据规则指引下进行的主观评价。那么，究竟如何运用证据来确定案件事实？换言之，是应当赋予仲裁庭最大限度的裁量权？还是通过严格的证据规则制约仲裁庭对证据的适用？研究者在这方面形成两种不同的观点，即"技术化"与"自然化"之争。

简单地讲，持"技术化"立场者，主张证据的采纳与评价必须受详尽证据规则的指引，事无巨细的证据规则既可以确保证明结果的正确性，而且能够通过严格的排除型证据规则，预先将可能导致错误结论的证据排除在庭审之外，应就证据可采性、证明力强弱等方面设定清晰的规则，以凸显证明活动的专业化。[2]这种立场下所制定的证据规则明确、具体、详尽，规则的重心集中在"证明力"问题上，无论当事人提交的证据材料有多么繁复，都能对照证据规则明确其作用大小。而另一方面，以边沁为代表的"自然化"观点则持相反见解，其主张，法律程序中的证明活动与日常生活中的认识活动不存在本质差

---

〔1〕 有学者试图区分事实之存在与事实之判断，前者是指作为认识对象的事实的真实情况，其因处于人的认识之外，被视为一种本体论意义上的"自在"，而后者则是人对事物真实情况的陈述或认定，因介入了主体的主观评价，而被视为认识论意义上的"自为"。诉讼或仲裁程序中的事实，都是裁判主体通过当事人的证明活动对证据加以评价进而得出的主观认识，因此也被称为"法律真实"，以区别于绝对的"客观真实"。参见占善刚：《民事证据法研究》，武汉大学出版社2009年版，第2页。

〔2〕 张建："国际商事仲裁中的'真实'及其实现路径——兼及塑造独立仲裁证据规则的思考"，载《宜宾学院学报》2016年第8期。

异，法官可以不受形式化的规范束缚，获取并采信一切其认为有利于探寻事实真相的证据。[1]至于不同证据的证明力大小，应当通过法官的自由心证加以确定，而不是通过证据规则预先设定。两种不同的理论原则分别支撑了不同的证据制度体系，即法定证据制度与自由心证制度。从历史来看，大陆法系与英美法系在证据制度上的分野由来已久，而就当代而言，尽管两大法系都在一定程度上肯定了自由证明的价值功能，但在确保事实认定客观化方面却不尽一致。自由心证制度是大陆法系国家诉讼实践所确立的原则性基础，法官可以根据法庭审理中出现的一切资料和状况，基于内心的自由判断而形成关于待证事实的具体确信。与此同时，大陆法系强调经验法则的客观性，并用以指导和规范法官的自由心证。英美法系国家基于陪审裁判和对抗制诉讼模式的传统，在事实认定客观性的保障方面，主要采用证据排除规则以控制陪审团的事实认定，但学理上长期存在规制证明还是自由证明的论争。这一争辩随着陪审团的式微而有所消解，英国《1995年民事证据法》废除了传闻证据规则，表征了自由证明理论的兴起。[2]可以肯定的是，两大法系都充分融入了"技术化"与"自由化"的元素，从制度上保障裁判者心证的自由，同时对这种自由进行全面的引导和规范，以符合证明活动的基本规律。

尽管我国现行《仲裁法》并未就自由心证原则作出确切的规定，但直接用于指导仲裁庭审的机构仲裁规则大多彰显了自

---

〔1〕 纪格非：《民事诉讼中的真实——路径与限度》，中国政法大学出版社2013年版，第36页。

〔2〕 两大法系的不同国家分别立足于各自的国情，在肯定裁判者自由判断证据证明价值权力的同时，建立并逐步完善了保障裁判者心证客观化、合理化的制度体系。参见刘春梅：《自由心证制度研究：以民事诉讼为中心》，厦门大学出版社2005年版，第2页。

由心证的理念。例如，2015 年实施的《北仲仲裁规则》第 37 条规定："（一）证据由仲裁庭认定；鉴定意见，由仲裁庭决定是否采纳。（二）仲裁庭在认定证据时，除依照相关法律、行政法规，参照司法解释外，还可以结合行业惯例、交易习惯等，综合案件整体情况进行认定。"类似的条款，不仅赋予了仲裁庭理性判断证据的自由和独立裁判的权力，而且充分表明了对自由心证原则核心内涵的认可并肯定了自由心证制度在仲裁庭事实认定环节的合法地位。

当然，界定制定国际商事仲裁证据规则所理应遵循的基本价值理念与指导原则尚不足以指引仲裁庭解决具体的证据事项。为了积累更为切实的研究素材，需要从国际上现有的成文化仲裁证据规则入手进行介评并反思，总结国际商事仲裁中独特的证据制度。

第二节　国际商事仲裁成文证据规则的立场与问题

一、国际商事仲裁规则中涉及证据的条款归纳

如前文所述，各国仲裁立法与机构仲裁规则中对证据事项着墨不多，学理上多认为这种立法处理属于"故意留白"，进而为仲裁庭发挥仲裁权预留足够的权力空间，并允许当事人自由选用或特别约定证据规则。[1]但这种处理方式在我国涉外仲裁实践中却适得其反，立法的原则化在一定程度上导致了仲裁证据规则的诉讼化倾向。相比于中国的涉外仲裁程序，这一现象所潜在的"诉讼化"风险在国际仲裁中却并不存在，考虑到法

---

〔1〕 Thomas E. Carbonneau, *Cases and Materials on the Law and Practice of Arbitration*, Second Edition, Juris Publishing, Inc. , 2001, pp. 828-836.

官在民事诉讼活动中所遵循的证据规则更多体现为强制性，严格且烦琐的诉讼证据规则无益于商事仲裁高效、快捷目标的实现，所以在国际仲裁实践中，除非双方当事人一致同意将法院的证据规则适用于他们的仲裁程序，否则没有仲裁员愿意主动在仲裁程序中采用法院的，特别是普通法系国家法院的证据规则。[1]那么，国际仲裁的仲裁庭在仲裁证据立法缺位但又不愿适用诉讼证据规则的前提下，如何处理证据事项？事实上，部分具有前瞻性、代表性的国际仲裁机构已相继为国际商事仲裁专门制定了诸多颇有影响力的成文证据规则，如 2007 年英国皇家御准仲裁员协会《国际仲裁中使用当事人指定专家的准则》、2008 年美国仲裁协会国际争议解决中心《仲裁员信息交换指南》、2009 年美国争端预防与解决国际机构《商事仲裁中披露书证与提供证人的准则》、2016 年《联合国国际贸易法委员会关于安排仲裁程序的说明》等。仲裁机构、行业协会或国际组织所拟定的仲裁规则，更多着眼于切实指引仲裁程序实践，不仅对仲裁立法赋予仲裁庭的权限加以具体化，而且在具体证据类型、证明标准、证据获取、质证认证等环节上都有直接体现，实际操作性通常比较强。为了进行有效的直观对照，笔者收集了当前主流的国际商事仲裁机构仲裁规则，就其中证据规则的相关条款进行了列明（代表性国际仲裁机构仲裁规则中的证据条款详见本书附录）。

　　不过，值得注意的是，绝大多数的仲裁规则并不会就如何来管理证据披露程序确立特别清楚具体的指引，作为一项实践环节，如何有效管理证据披露程序应属于仲裁庭的权限范围，即多数规则都授权"仲裁庭应当在询问当事人意见之后，以公

---

〔1〕　卢松："国际商事仲裁中的证据"，载《北京仲裁》2014 年第 2 期。

平、高效、经济为目标，按照其认为适当的方式进行仲裁程序"。因此，仲裁庭不但有权力，而且也应当对当事人提交证据的举证时限、提出披露请求的截止期、当事人开示证据的范围等事宜加以限制，国际仲裁中最为常用的"雷德芬时刻表"（Redfern Schedule）就是在实践中形成的通用工具，后文将予以详细介绍。

二、《国际仲裁取证规则》规范及适用评述

在专门化的仲裁证据规则中，由国际律师协会组织编纂的《国际仲裁取证规则》（以下简称《IBA 证据规则》）堪称在仲裁证据规则领域最为重要的法律渊源。并分别在 1999 年与 2010年进行了修订[1]（最近一次修订是在 2020 年，笔者注）。就其适用而言，有几种不同的方式：其一，国际仲裁的实践表明，即使当事人未提及《IBA 证据规则》，仲裁庭在行使自由裁量权时仍会予以参考，尤其是在各方当事人来自不同法系而对仲裁庭应援用何种证据实践争执不下时，该规则的中立性与协调性为庭审参与各方提供了最佳方案；其二，《IBA 证据规则》可能会因为当事人的合意选择而被正式并入仲裁程序，此时，其性质将从"软法"演变为具有明确拘束力的"硬法"，但此时，对该规则的违反将被视同仲裁程序违反当事人的约定，进而提升裁决被撤销的风险，因此实践中也并不多见[2]；其三，更常见的情形是，当事人双方同意或仲裁庭将《IBA 证据规则》纳入仲裁程序，但这种并入是将《IBA 证据规则》以"指南"

---

〔1〕 Peter Ashford, *The IBA Rules on the Taking of Evidence in International Arbitration*, Cambridge University Press, 2013, p. 5.

〔2〕 崔起凡："论国际商事仲裁中证据规则的确定与适用"，载《武大国际法评论》2013 年第 1 期。

（Guideline）的方式呈现，仲裁庭对其加以适用，但如果只是对《IBA证据规则》某项要求的违反却不构成申请撤销裁决的理由。就其适用性质而言，《IBA证据规则》更多是对大多数机构仲裁规则或《贸法会仲裁规则》[1]的有益补充，而非取代。实践中，《IBA证据规则》也往往被视为对仲裁中程序命令（procedural order）的补充或标准。[2]2020年修订的《IBA证据规则》自2021年2月17日开始生效。相比于2010年版《IBA证据规则》，2020年版《IBA证据规则》重点从三个方面对仲裁证据规则进行了完善：其一，增加了仲裁庭对网络安全和数据保护的征询；其二，增加了对远程开庭的定义以及进行远程证据听证会和建立相关规章的建议；其三，增加了仲裁庭可以排除非法取得的证据的规定。

三、各国仲裁立法中涉及证据的条款梳理

就其功能而言，各国主要通过民事诉讼与仲裁立法实现对商事仲裁的外部监督与协助，相较于仲裁规则重在从具体、微观的视角调整仲裁的内部程序，仲裁立法则是对仲裁这一民间性、自治性、诉讼外争议解决方法的法律确认，立法的角色重在处理司法与仲裁的良性关系，并通过奠定仲裁中的意思自治原则为争议解决提供灵活的空间与自由化的安排。不同于无涉外因素的国内仲裁，国际商事仲裁无论在何地进行，都倾向于

---

[1]　多数仲裁规则往往对证据问题惜墨如金，绝大多数国家的证据立法对仲裁证据规则也付之阙如，通常认为在国际商事仲裁中，仲裁员可以不适用严格的证据规则。参见宋连斌主编：《仲裁法》，武汉大学出版社2010年版，第196页。

[2]　根据2010年《IBA证据规则》第1.4条，如果《IBA证据规则》与其他仲裁程序应适用的仲裁规则相冲突时，仲裁庭应当以其认为最佳的方式适用《IBA证据规则》，以便实现《IBA证据规则》与仲裁规则的目的，但当事人另有约定的除外。可见，《IBA证据规则》与仲裁规则之间是相互补充、共同适用而非排他的关系。

寻求与国际标准相接轨、与共同规则相吻合。全球化的时代催生了跨国交易的普及与新商人法的复兴,因此 20 世纪以来逐步兴起的国际商事仲裁立法趋同化的现象并不难理解。[1]就各国仲裁立法中涉及证据的条款来看,也体现出一定的共性:除对仲裁庭处理证据事项的权限以及当事人意思自治的基础进行一般化的、原则式的规定以外,仲裁立法中多设计仲裁证据保全、法院协助仲裁庭取证、专家证据、证人证言、书证的披露、仲裁中的鉴定、因仲裁庭对证据事项处理不当而违背程序正当性并导致裁决被撤销或不予执行的标准及适用条件等。国际仲裁证据制度的趋同化在一定程度上归因于各国立法机构对《联合国国际贸易法委员会国际商事仲裁示范法》的有效借鉴,同时也缘于国际商事仲裁程序灵活性的内在需求。

总体来看,国外各国仲裁立法中的证据规则具有以下共性:其一,多数国家的国际商事仲裁立法,突出强调仲裁庭之仲裁权的发挥对处理仲裁证据事项具有主体性价值。例如,1996 年《英国仲裁法》第 34 条第 1 款规定:"在不违背当事人有权商定任何事项的前提下,仲裁庭得决定所有程序和证据事项。"1999 年《瑞典仲裁法》第 21 条规定:"仲裁庭应以公正、实际、快捷的方式处理争议。处理争议时,仲裁庭应根据当事人的决定行事,只要不存在如此行事的障碍。"其二,部分国家的仲裁立法基于支持与协助仲裁庭查清事实的考虑,对法院在协助仲裁取证程序中的角色进行了明确,但同时,为了避免法院的介入对仲裁程序的自治性构成不当干预,法院在仲裁案件中的取证更多是"谦抑性"的被动地位,即在仲裁当事人或仲裁庭请求的情形下方施以援手。例如,2003 年《蒙古国仲裁法》第 33 条

---

[1] 张美榕:"国际商事仲裁的立法趋同化运动之初探",载《仲裁研究》2012 年第 1 期。

规定："仲裁庭或者经过仲裁庭同意的任何一方当事人可以向上诉法院请求调查取证。上诉法院应在《蒙古国民事诉讼法》第46条规定的职权范围内执行该请求。"《联合国国际贸易法委员会国际商事仲裁示范法》第27条规定："仲裁庭或一方当事人在仲裁庭同意之下，可以请求本国内的管辖法院协助取证。法院可以在其权限范围内并按照其关于取证的规则执行上述请求。"2002年《新加坡国际仲裁法》第27条亦有类似规范。其三，作为商事仲裁的理念基础，当事人意思自治的原则同样贯穿于仲裁程序中，各国仲裁立法大多肯定了当事人可自由就仲裁所涉的证据事项加以约定。尤其在国际仲裁中，当事人具有不同的文化与法律背景，为了避免误会，保证程序高效、稳妥地进行，仲裁庭在程序刚一启动时就会征询当事人关于证据事项的意见。[1]毕竟，任何一起国际仲裁案件，都离不开书证开示、证人证言、专家意见，因此越能在程序早期解决相关棘手问题，往往越能排除后顾之忧，而立法对意思自治的认可则是支持当事人约定合法性的前提。例如，2016年修订的《韩国仲裁法》第20条第1款即规定："当事人可以协议确定仲裁程序，除非与本法的强制性规定相抵触。"[2]

不过，基于证据法律文化与诉讼模式传统的差异，不同法系或同一法系内部不同代表性国家间，在国际商事仲裁证据规则上的差异仍然存在。例如，由各方律师主导对证人进行交叉盘问的程序被视为在英美法系庭审中所形成的质证模式，大陆法系则以迥然有别的态度处理证人证言，往往要求将证人陈述

---

〔1〕 Anne K. Hoffmann and Nish Shetty, "Evidence and Hearings", in Albert Jan van den Berg, *International Arbitration: The Coming of a New Age*, Kluwer Law International, 2013, p. 197.

〔2〕 苏晓凌："韩国新仲裁法（第一部分）"，载 http://www.wtoutiao.com/p/2447ZXG.html，最后访问日期：2016年12月9日。

转换为书面方式加以呈现，并由法院负责对证人的口头询问证据披露尤其是书证。[1]再如，根据证据持有与披露证据的义务，往往可以将仲裁程序中涉及的书证区分为三类：第一类是一方当事人所持有的，对证明己方仲裁请求有利的证据，这类证据其自然会主动向仲裁庭及对方当事人出示，作为庭审辩论和事实认定的基础，基本无碍；第二类是对一方当事人的仲裁主张具有证明作用，但被另一方或案外第三方持有的证据，这类证据能否为仲裁庭所采用，取决于相关仲裁规则或仲裁法是否确立了必要的开示或披露义务；第三类是双方当事人所持有但均不愿向仲裁庭披露，而仲裁庭根据双方诉辩认定对案件事实的查明具有关联性的重要证据，对这类证据，仲裁庭将命令持有证据的当事人予以披露。[2]英美法系所特有的"审前证据开示程序"（pre-trial evidence discovery procedure）使得一方当事人有权获取对方当事人所持有的任何与争议事实认定相关且不受特免权涵盖的文件。正如资深仲裁员杨良宜所言：英美证据法的开示程序就好比"吸尘器"，把所有的相关文件，即使是只有微弱联系的文件，全部吸进庭审程序中来，当事人有义务无条件地、主动地向仲裁庭及对方出示己方所持有的证据，即使是对己方不利的证据。[3]此外，在自动披露之后还涉及特定披露，即案件一方向对方索取某种类或某份文件。由于这种披露往往耗费大量的时间、金钱、资源成本，英国也意识到要就证据披

---

〔1〕 Emmanuel Gaillard and John Savage eds. , *Fouchard Gaillard Goldman on International Commercial Arbitration*, CITIC Publishing House, 2004, p. 689.

〔2〕 Hilmar Raeschke-Kessler, *The Production of Documents in International Arbitration-A Commentary on Article 3 of the New IBA Rules of Evidence*, Arbitration International, Vol. 18, No. 4, 2002, pp. 411-412.

〔3〕 杨良宜、莫世杰、杨大明：《仲裁：从 1996 年英国仲裁法到国际商务仲裁》，法律出版社 2006 年版，第 947—948 页。

露制度进行适时改革，且在 1999 年《英国民事诉讼规则》中已经将披露的范围缩小。尽管 1996 年《英国仲裁法》并未将"证据开示"确立为仲裁的必经程序，但仲裁地在英国的仲裁庭往往依据该法第 34 条第 1 款所授予的自由裁量权，在庭审中要求当事人进行披露。[1]大陆法系虽鲜有开示程序，但立法中却多见强制性的证据披露义务（compulsory disclosure of documents），这种强制披露通常以特定的方式加以实施。[2]再反观中国现行国内立法，虽然《仲裁法》第 58 条、《民事诉讼法》第 244 条均将对方当事人隐瞒了足以影响公正裁决的证据作为撤销裁决或不予执行的法定情形，但另一方面，立法却并没有要求当事人有披露对己方不利证据的义务。实践中，除了少数的证明责任倒置，均遵循"谁主张，谁举证"的原则。[3]不过，我国 2002 年实施的《最高人民法院关于民事诉讼证据的若干规定》（以下简称《证据规定》）第 75 条已经确立了"不利推定"规则。[4]

---

〔1〕 张建："国际商事仲裁程序的证据规则及其法理分析"，载《河南牧业经济学院学报》2016 年第 2 期。

〔2〕 张建、严黎："国际商事仲裁程序中证据规则的非诉化面向——读福盖德、盖拉德、戈德曼《国际商事仲裁》第四编第二章"，载《甘肃广播电视大学学报》2016 年第 3 期。

〔3〕 例如，在（2010）一中民特字第 8769 号裁定书中，北京市第一中级人民法院认定：申请人虽然有证据证明被申请人持有其在庭后补充提交的 20 份证据材料，但经法院查阅仲裁庭审笔录，申请人在仲裁审理期间并未向仲裁庭指出被申请人持有该 20 份证据材料，亦未要求被申请人出具该 20 份证据材料，鉴于此，被申请人拒不提供证据，不构成隐瞒证据。

〔4〕 该条规定："有证据证明一方当事人持有证据无正当理由拒不提供，如果对方当事人主张该证据的内容不利于证据持有人，可以推定该主张成立。"但是，当事人提交什么证据是基于其对案件的理解，一方当事人持有与案件相关的证据而未向仲裁庭提交的，并不一定构成隐瞒证据。

第三节　适用国际商事仲裁证据规则的关键问题

一、国际商事仲裁程序中的证据类型

国际商事仲裁中的证据形态主要区分为书面的、口头的、行为方式所获取的证据。以中国国际经济贸易仲裁委员会与中国海事仲裁委员会为例，仲裁庭审的事实认定环节主要由三个步骤构成：其一，仲裁庭对当事人提交的书面证据进行审查；其二，经过开庭，仲裁庭就当事人及其证人进行直接的盘问；其三，仲裁员主动、独立地获取证据并进行认证，主要是通过指定独立专家或进行现场勘验的方式。[1]当前，国际仲裁界突出的趋势是，文件证据愈来愈普及化，被当事人广泛运用作为记录事实情况的可靠方式，其不仅体现为以书面方式记载口头交流，而且还体现为数据、图片、表格等若干形态。在中国商事仲裁中，当事人原则上应向仲裁庭提供文件证据的原件，复印件虽然亦可以被采信，但其使用应加以限制，即只有在文件原件实在难以获取的情况下，方可采信复印件。英国、法国、瑞士等仲裁实践在这一点上有很大不同，仲裁庭赋予文件证据的复印件以与原件同样的证明力与证明价值，除非某一方当事人对此提出异议。[2]从口头的证据来看，主要体现为证人证言与当事人陈述。严格来讲，当事人在仲裁庭审中就案件事实所作的陈述并不能视为己方所提供的证据。然而，当甲方就特定

---

〔1〕 Cheng Dejun, Michael J. Moser and Wang Shengchang, *International Arbitration in the People's Republic of China：Commentary, Cases and Materials*, Second Edition, Butterworths Asia, 2000, p. 90.

〔2〕 Sun Wei and Melanie Willems, *Arbitration in China：A Practitioner's Guide*, Kluwer Law International BV, 2015, pp. 252-253.

事实所作的陈述表达了对甲方自己不利的观点后，却很可能被乙方加以利用，以此类陈述构成证据法上的"自认"为由主张免除乙方本应承担的举证责任。而证人证言在不同国家的适用程度和认可度也颇为不同，由于证人口头陈述的主观性较强，模糊性较大，且又极有可能受到利益相关方的影响，实践中多运用交叉质证的方式来决定其可采性，仲裁庭如果未经质证而直接采信证人的书面证词，将有损裁决的程序公正性。[1]在大陆法系国家，证人的书面证言通常不被作为证据接受。而在普通法系国家，未经交叉盘问的证人书面证言一般会被作为传闻证据加以排除，但宣誓书和书面证词作为特殊的书面证人证言适用例外规则。[2]

二、仲裁庭在证据审查认定上的权限

仲裁庭根据仲裁协议的授权取得案件管辖权后，其在多大程度上享有纠纷解决的必要权力，不同法律体系下对仲裁权范围的宽窄界定各有不同。但从各国仲裁立法与仲裁实践的角度观察，仲裁权的内容至少涵盖以下要素：仲裁管辖权、案件审理权、对证据的确定权、对争议事项的裁决权。[3]就证据认定而言，审理国际商事案件的仲裁庭有权对双方当事人提供的证据的可采性、相关性、实质性、重要性加以确定，且这种权力属于纯粹的自由裁量权，既不受仲裁地国内证据立法的严格限制，也不受诉讼程序证据规则的束缚。例如，2015 年实施的《北

---

〔1〕　王徽、李晓郛："论国际商事仲裁中的证据制度——以证人不出庭情况下的'证人书面证言'可采性问题为视角"，载《海峡法学》2014 年第 4 期。

〔2〕　崔起凡：《国际商事仲裁中的证据问题研究》，浙江工商大学出版社 2013 年版，第 92 页。

〔3〕　乔欣：《仲裁权研究：仲裁程序公正与权利保障》，法律出版社 2001 年版，第 20 页。

仲仲裁规则》第 37 条第 2 项即规定："仲裁庭在认定证据时，除依照相关法律、行政法规，参照司法解释外，还可以结合行业惯例、交易习惯等，综合案件整体情况进行认定。"具体而言，从庭审阶段上区分，仲裁庭对证据的审查认定有两类：一是证据的采纳，即仲裁庭对于某项证据材料能否作为本案的证据使用加以判断，偏重于该证据的证据能力或证据资格；二是证据的采信，即在经历了当庭调查、质证、当事人辩论等环节后，仲裁庭就不同证据的证明力强弱加以确定，并据以确定待证案件事实。就逻辑而言，后者以前者为前提，在将某项具体材料采纳为证据之后，才会判定其证明力，并据以采信为定案根据。

在国际仲裁证据的证明力认定上，大陆法系与普通法系的基本分歧在于：大陆法系更信赖书证、物证，赋予口头证据以较低的证明力。而普通法系由于存在证人宣誓程序以及比较重的伪证罪，对证人证言给予更多的信赖。在"Hussman v. Al Ameen"案中，Hussman 以仲裁程序严重依赖专家报告为由向英国法院申请撤销仲裁裁决，但法官确认为仲裁庭对决定采信何种证据拥有自主权，法院并不能也不愿过度干预。再如，一家印度公司与奥地利公司就合同事项发生争议后，按约定提交国际仲裁庭解决，仲裁庭在庭审中采纳了相关人员的日记作为证据，一方当事人向执行地印度的国内法院请求不予执行，原因是依据印度的证据法，日记不具有可采性，应当予以排除，但印度法院则认定：国际商事仲裁不严格适用仲裁地英国或执行地印度的国内证据规则，证据可采性是仲裁庭自由裁量的范畴，只要仲裁庭给予了双方平等的就证据发表意见的机会，即可以采信。[1]此

---

〔1〕 赵秀文主编：《国际商事仲裁案例评析》，中国法制出版社 1999 年版，第 205—209 页。

外，两大法系在证据认定问题上的判断重心也有不同。普通法系普遍认同的是，不存在强制性的证明力规则，一旦证据被采纳，证明力强弱大小的问题应当由裁判者自由裁量。[1]在这种涉及多国因素的案件中，当事人对仲裁地的选择或纯属偶然，或出于中立的考量，而不宜轻易推导出当事人选择在某地仲裁就有适用该地仲裁程序法的主观意图，此时，仲裁庭更应当通过对当事人真实意思的解释与探询以及仲裁权的合理裁量来确定案件所适用的证据规则。当然，国际仲裁庭的组庭情况也影响到对证据事项的判断，如果仲裁庭属于典型的"混合"仲裁庭，即仲裁员分别来自不同法系，则他们往往不愿受限于某种单一证据规则束缚，而更倾向于灵活处理证据的提交问题，不太可能阻止当事人提交有助于查明争议事实问题真相的证据。相反，如果三名仲裁员或独任仲裁员均来自普通法系国家，尤其在他们处理国际仲裁案件的经验尚不丰富时，更可能运用普通法证据理论中的"可采性"标准预先排除某些不具有可采性的证据，以将有限的精力用于处理一手证据上。[2]

三、隐瞒证据与正当程序原则

仲裁程序的首要目标即仲裁庭在查明相关事实的基础上，通过解释与适用有关法律规则作出仲裁裁决解决具体争议。对仲裁当事人而言，其主要关心对发生在过去的事实进行证明，且各方当事人均围绕如何证明对自己有利的积极事实进行主张与抗辩，因此他们在向仲裁庭以及对方当事人出示证据时会不

---

〔1〕　崔起凡：《国际商事仲裁中的证据问题研究》，浙江工商大学出版社 2013 年版，第 162 页。

〔2〕　参见［英］艾伦·雷德芬等：《国际商事仲裁法律与实践》（第四版），林一飞、宋连斌译，北京大学出版社 2005 年版，第 317 页。

可避免地有所保留、有所侧重，这种遴选过程主要基于两方面考虑：一方面，对何为相关的证据进行主观评价；另一方面，为了支撑己方主张的成立或否定对方的主张而对证明力进行的主观评价。尽管各方当事人侧重不同，但他们所出示的证据却可能多少有所重叠。当然，为了避免双方当事人提交过多的对证明案件事实无益的材料，也为了提升办案效率，必须由仲裁庭主导证据听证会，这在《IBA 证据规则》序言第 3 条以及第 8 条第 1 款〔1〕中均有所体现。但是也有观点注意到，《IBA 证据规则》仅规定了仲裁庭有权为了提升程序效率而限制无关的证据，但是仲裁庭是否有权力为了查清事实而命令当事人提交或主动调取证据，这一点不甚清晰。毫无疑问，查清事实是仲裁庭旨在实现的目标之一。在宣誓或作出相应确认的基础上，证人有义务就其所知悉的情况讲述事实真相。这种真实性的判定标准包括两个方面：一方面，对仲裁庭及当事人的提问，证人的回答必须满足准确且诚实的基本要求；另一方面，证人还要积极主动地披露必要的事实，以避免对仲裁庭形成整体上的误导。可见，仅仅正确地回答提问，尚不足以确定证人已完整无误地履行了讲真话的义务。对上述两个方面任何一项的违反，都将使证人陈述构成伪证，进而使他们承受严重的刑事制裁。从这个角度来讲，不存在"妥协的真相"（compromise truth）。〔2〕

不过，除证人之外，案件当事人是否有义务积极主动地披露事实，则不甚明确。当然，如果当事人明显就其所知晓的事实向仲裁庭提供了歪曲的陈述，或者就其并不知晓的事虚构了

---

〔1〕《IBA 证据规则》第 8 条第 1 款规定：仲裁庭应当始终对证据听证会进行完全的掌控。仲裁庭可以限制或排除就任何其认为无关的、不重要的、繁重的、重复的或第 9 条第 2 款规定的异议事由进行提问、回答或请求证人出庭。

〔2〕 Matti S. Kurkela and Santtu Turunen, *Due Process in International Commercial Arbitration*, Ocean Publications, 2005, pp. 124-125.

说法，将因构成虚假陈述（fraudulent misrepresentation）而面临欺诈的刑事责任。但是如果当事人仅仅隐藏证据，是否构成对正当程序原则的违反呢？对此，确有必要在个案中加以具体判断。在个别情况下，隐瞒事实与虚假陈述对案件裁判结果所产生的影响无异。在另一些情况下，除非经过对方当事人请求或经过仲裁庭命令，否则当事人并没有义务向仲裁庭披露对自己不利的证据。

四、文件证据的披露与不利推定

相较于证人证言与专家证据，两大法系在文件证据的使用上更容易达成共识，文件证据的披露规则也体现出融合、协调的趋势。以《IBA 证据规则》为例，文件证据是指以纸面、电子、音频、视频或其他方式记录或保存的书面材料、通信、图画、程序或数据为载体的证据。这不同于我国仲裁实践中一般参照《民事诉讼法》所使用的证据分类方法。国际商事仲裁中对文件证据的披露规则（disclosure），源自英美法系所特有的证据开示制度（discovery），据此足可见普通法传统对国际商事仲裁程序的影响之深。[1]早些年，由于证据披露程序耗时漫长且易被滥用，国际商事仲裁中较少适用。但近年来，由于争议标

---

〔1〕 美国 1938 年《联邦民事诉讼规则》确立了诉讼中的证据开示（discovery）制度，其主要目的是防范一方当事人在庭审程序中实施证据突袭。在此之前，各方当事人仅有权凭借其自身所持有的证据和证人证言提出诉辩，在证据开示制度确立后，当事人有权请求法院命令对方当事人及案外第三人在庭审之前出示证据。但近些年来，证据开示制度在诉讼实践中有被滥用的趋势，即使没有事实根据的当事人也可能提起诉讼，并希望从对方手中获得证据，还有的当事人将大量无关或不重要的证据提供给法院或仲裁庭，这在一定程度上加大了争议解决的成本。See James M. Gaitis, Carl F. Ingwalson Jr. and Vivien B. Shelanski, *The College of Commercial Arbitrators*: *Guide to Best Practices in Commercial Arbitration*, Third Edition, Juris Net Publishing, 2014, pp. 137–151.

的额高且案情复杂的大桩案件明显增多，大量跨境商业人士在订立争议解决条款时从跨国诉讼转向国际仲裁，这也使国际商事仲裁从诉讼中汲取了一些制度性因素，其中就包括对证据披露程序的引入。[1]

以披露义务所针对的主体为标准，通常区分为仲裁案件中其他当事人的文件证据披露、案外第三人所持有的证据披露。纵观各国立法，在证据披露问题上主要区分为四类模式：第一类模式以《瑞典仲裁法》为代表，仲裁庭不能主动命令当事人披露，只有经一方当事人提出请求时仲裁庭方可对其他当事人发出此种指令；第二类模式以《美国联邦仲裁法》第7节为代表，仲裁庭可以主动依职权命令某一方当事人或案外第三人进行证据披露；第三类模式以《英国仲裁法》为典型，即根据当事人的授权，仲裁庭有权对某一方当事人发出披露命令，但对案外第三人的披露令则需借助法院的强制力加以执行；第四类模式以德国与法国仲裁立法为典型，明确规定仲裁庭无权向案外第三人要求其披露所持有的证据。[2]

与此同时，由于仲裁庭属于民间性裁判主体，缺乏必要的强制力，在收集或调取证据时可能受到限制，不仅一般的国家机构不会向其出示或提供必要的证据，而且民间性的私人或组织也不愿配合其出示证据，这很可能致使仲裁庭出具的裁决缺

---

〔1〕 不过，在仲裁案件中引入证据披露程序不可避免地提升了仲裁程序的时间与金钱成本，因此颇受诟病。极端的案例如阿尔斯通技术有限公司（Alstom Technology Ltd.）与浙大网新科技股份有限公司之间的仲裁纠纷案，历经近十年才最终解决。为了应对相关问题，保持仲裁在争议解决中的优势，国际商事仲裁委员会于2007年发布了《控制仲裁时间与成本的方法》，在一定程度上限制对证据披露制度的滥用。

〔2〕 李宗："论国际商事仲裁文件证据披露规则"，载《北京仲裁》2016年第1期。

乏足够的事实证据材料支撑。为解决这一问题，有两种思路可供参考：一是借鉴他国仲裁立法及《联合国国际贸易法委员会国际商事仲裁示范法》，明确规定法院有义务在符合特定条件的基础上协助仲裁庭调取证据，或者由法院强制执行仲裁庭所作出的关于取证的命令；二是当仲裁案件的当事人不主动配合仲裁庭出示证据时，由仲裁庭对拒不披露的当事方作出相关事实的不利推定，以迫使其尽可能以合作的态度配合仲裁庭完成证据收集的工作。例如，在中国进行的一起国际商事仲裁案件[1]中，被申请人虽然意识到应向仲裁庭提交董事会会议记录，但不向仲裁庭提交构成董事会会议记录组成部分的董事会报告，仲裁庭认定这构成了拒绝披露，因此对拒不披露方作出了事实上的不利推定。

第四节　国际商事仲裁证据规则的制度前沿与特殊程序

一、"雷德芬时刻表"的广泛应用

"雷德芬时刻表"由国际仲裁界知名的艾伦·雷德芬（Alan Redfern）首创，作为一项协作型文件，该时刻表的拟定由仲裁申请人、被申请人、仲裁庭合作完成。时刻表的不同栏目由国际仲裁案件的当事人在不同时间点完成。该时刻表旨在创设一种人性化的程序记录，记录的内容重点针对当事人所提出的证据披露请求、当事人对披露请求的辩论、仲裁庭的认定。简言之，雷德芬时刻表以记录国际仲裁的证据披露问题为核心功能。就结构而言，该时刻表通常由五列组成，每列分别由关于被请

---

[1]　吴焕宁、李敏："国际商事仲裁中证据的获取和法院的协助"，载《仲裁与法律通讯》1997年第6期。

求披露的某个证据或某组证据的条目组成。第一列规定了证据披露的请求，其中每个单独的条目用于各个文件或各类文件。第二列包括了请求披露方的提交文书，其中既包括支持请求方己方请求的文件，也包括反驳对方请求的文件。支持己方请求的提交文件应发挥两项功能：首先，必须确认书面诉辩或仲裁申请书中关于被请求披露文件的具体段落，如果仲裁请求书是以详略得当、重点突出的方式撰写的，那么这一工作会相对轻松；其次，必须解释为什么请求对方披露的证据是与本案相关，即请求披露的证据的相关性，为阐明这一问题，不仅要列出被请求的证据为何物，还要说清这类证据能够包含何种信息以及这类信息将如何影响仲裁庭正在裁判的争点。同时，第二列还包含被请求披露方用于反驳对方异议的提交文件。第三列主要涉及异议方的提交文件。如果异议方愿意出示详尽的文件，那么当然可以予以陈列，否则，坚持要求出示的理由应该简练。抗拒证据披露请求，拒绝出示证据的典型事由包括不相关性、请求披露的范围太过宽泛、作证特免权或出示证据的花费是不成比例的等。第四列通常列明披露的申请人对异议的回应。第五列概括并总结仲裁庭关于每项证据披露请求的认定，并简单地说明这类认定的理由。

二、国际商事仲裁中的电子证据披露规则

在当今信息化、技术化时代的背景下，国际商事仲裁作为最具生命力的争议解决机制既遭遇了新的挑战，也迎来了新的机遇。其中，通过电子方式进行信息制造、存储、转移的证据在跨境交易中越来越普及，作为新兴证据形态这也对仲裁证据规则提出了更高的要求。在 "Rowe Entertainment v. William Morris Agency" 案中，美国纽约南区联邦地区法院在判决中称："电子

文件也要适用与纸质记录同样的披露规则。"[1]不过，该案判决生效后的十几年内，国际商事仲裁中的电子证据是否要遵循披露规则，争论颇为激烈。相比于传统的书证，电子证据同样可以记载人的思想及交易信息，但二者明显存在差异：其一，书证体现为有形物，而电子证据本身多体现为无形物，通常需借助屏幕显示或书面打印方可显示其中载明的信息内容，并为人所感知；其二，书证如被篡改或销毁，往往留下痕迹，甚至可借助专家鉴别予以还原，而电子证据所依赖的电子计算机，其内存储器与外存储器均使用磁性介质，所存数据可能会被变更，加密文件甚至亦可能被改写；[2]其三，书证如加以妥善保管可长期储存，而电子证据如遭遇病毒侵袭或错误指令，有失而不得的潜在风险；其四，除了受到人为保护程度与外在自然侵蚀的影响，电子证据还存在被远距离盗取的风险，这与传统的书证不同。多数机构或特设仲裁规则对电子证据的规范付之阙如，但随着问题的凸显，越来越多的国际仲裁机构意识到了讨论相关问题的迫切性。2008 年，英国皇家御准仲裁员协会发布了《仲裁电子披露草案》（*E-Disclosure Protocal*）。2008 年，国际商会仲裁院也专门成立了任务小组，专门探讨国际商事仲裁中的电子证据披露问题。[3]

从一般意义上讲，仲裁员在处理对电子形式存储的信息证据披露问题上，亦应当采用与书证披露规则同样公平、高效的

---

〔1〕　Rowe Entertainment v. William Morris Agency, 205 F. R. D. 421, 428（S. D. N. Y. 2002）.

〔2〕　刘颖："电子商务中数据讯息的证据问题及其解决"，载《河南师范大学学报（哲学社会科学版）》2002 年第 4 期。

〔3〕　John J. Range and Jonathan M. Wilan, "Techniques for Obtaining Efficient and Economical E-Disclosure Despite Arbitral Resistance to U. S. -Style Discovery", *E-Discovery in Arbitration*, Thomson Router, 2010, p. 57.

方式。[1]但由于其具体披露规则颇具特殊性，仲裁庭在使用电子证据的过程中，不仅要力求控制争议解决所产生的技术成本，而且要保持好电子证据披露与隐私权保护之间的协调，还需避免电子信息的破坏及遗失等事项。以英国皇家御准仲裁员协会的《仲裁电子披露草案》为例，其规定申请披露电子证据应当符合《IBA 证据规则》的形式要求，即申请必须描述要搜索的文件或者限定文件的种类，与案件结果相关且有重要作用，并且能证明申请的文件不仅存在而且在对方手里。仲裁庭在发出指令时，主要考虑披露的合理性与对等性及程序的公正。电子证据多以"通常保存的或以可用形式保存的形式披露"，当事人也可约定以最初保存的形式披露。其他属于私人所有或者不是随时可用的资料，可以可查阅的形式如 TIFF 文件或者 PDF 文件形成披露。美国仲裁协会国际争议解决中心《仲裁员信息交换指南》也作了类似规定。[2]此外，关于元数据（metadata），除可以其他包含元数据的方式披露以外，如果请求披露元数据，申请方还必须证明其相关性和重要证据作用超过了制作元数据的费用和负担。如果当事人没有依据仲裁庭的指令进行披露，或者披露不符合草案的要求，则当仲裁庭在决定争议基本事实时有权采取适当的制裁措施。

三、国际商事仲裁中的专家证据规则

在法律适用问题上，如果当事人未就解决实体争议的准据法作出明确约定，则国际商事仲裁庭主要适用国际条约、国际

---

〔1〕 John M. Barkett, "A Primer on the New Rules of E-Discovery", *Natural Resources & Environment*, Vol. 21, No. 1, 2006, pp. 58-60.

〔2〕 周妮："论国际商事仲裁电子证据规则的构建——以跨境电子商务仲裁为视角"，中国社会科学院研究生院 2015 年硕士学位论文。

惯例等通行标准定分止争，但也不排除仲裁庭在当事人的同意下本着公平正义、善意原则等进行友好仲裁。与解决国内纠纷相似，仲裁庭的组成成员虽多来自法律界或特定行业领域，但对于案件审理中出现的技术问题却未必精通。与国内仲裁不同的是，国际商事仲裁庭间或会适用仲裁地以外的另一国法律，即所谓"域外法"。在包括但不限于上述情形下，仲裁庭需要借助熟悉某一特定外国法或具备专门知识的专家协同完成裁判任务，这就涉及专家证据的问题，也同样是讨论国际商事仲裁证据规则不可或缺的环节。非常明确的是，能够作为证明外国法内容及其解释方法的专家证人必须满足特定资质要求，并对案件中所涉及的特殊事实或技术问题有所熟悉，但该专家证人究竟应达到何种专业程度其证言方可被采信，这一点尚不明确，通常属于仲裁员可自由心证的范围。从类型上来看，实践中往往根据委任专家的主体不同，区分为当事人委任的专家与仲裁庭指定的专家所提供的外国法意见。对前者而言，各国法律较少限制当事人各自委任专家提供关于外国法的信息，此时专家的角色与证明事实问题的普通证人证言并无本质上的差异，其所提供的有价值的法律意见，只要符合特定的条件，法庭也愿意采信。对后者而言，仲裁庭既可以出于案件审理的需要主动指定专家[1]，也可能依据当事人的请求而指定专家。相较于当事人委任的专家，仲裁庭所指定的专家往往更为中立，其所充

---

〔1〕　例如，德国法院通常委托马克斯—普朗克外国法与国际私法研究所，瑞士法院通常委托瑞士比较法研究所，由这些比较法研究机构出具专家意见（Gutachten）。有研究表明，马克斯—普朗克外国法与国际私法研究所仅在1981年一年内就出具了1万多份关于外国法内容的专家意见。不过，专家意见的收费额度是根据涉案标的金额的若干比例计算所得，通常比较昂贵，且个别意见耗时较长。See Maarit Jänterä-Jareborg, "Foreign Law in National Courts: A Comparative Perspective", *Recueil Des Cours*, Vol. 304, 2003, pp. 305-306.

当的角色更主要是协助仲裁员获知其本身所不了解的专业知识或外国法规定。[1]也有些国家的实践中兼而运用两类专家证人，对争议所涉的外国法的规定及其理解，当事人双方可分别聘请专家出具意见，并允许当庭对专家证人进行质证，如果不同专家彼此的意见相矛盾，则法院可任命独立专家对不同的意见进行评定。这种方法实际上是对既有的专家证人方式的创新和综合运用，在实践中取得了一定的积极效果，但也明显加重了争议解决的成本，需谨慎使用。[2]

近些年来，为了克服专家意见的倾向性，英美法系各国不断修正对专家意见的民事诉讼规则，整体上表现出将当事人提供的专家意见视为法庭指定的专家出具的法律意见加以采信的趋势。[3]如1998年《英国民事程序规则》第35.3条、2005年《新南威尔士统一民事诉讼规则》第7章等。我国2013年实施的《民事诉讼法》第76—78条确立了"鉴定人"制度，但由于鉴定意见针对的是与查明事实有关的专门性问题，而未明确提及外国法的问题。在我国民事诉讼实践中，鉴定机构可鉴定的

〔1〕 尽管后一类专家通常更为中立，有助于解决关于外国法意见的冲突问题，减少错误获取外国法信息的可能性，但中国的法庭在审理中极少主动指定专家，主要是中国的法官并不熟悉如何确认和评定专家身份及其意见的适格性，且可能增加诉讼成本、拖延时间。同时，中国的当事人及其律师也不愿委托法庭来指定此类专家，原因是相比于当事人自己委任的专家，这类专家不受各方当事人的控制，从而消减了当事人在控制证据方面的诉讼优势。See Xiao Yongping, "Foreign Precedents in Chinese Courts", in Andrea Bonomi and Paul Volken eds., *Yearbook of Private International Law*, Vol. 11, Sellier European Law Publishers, 2010, pp. 275-276.

〔2〕 Talia Einhorn, "Treatment of Foreign Law in Israel", in Yuko Nishitani ed., *Treatment of Foreign Law: Dynamics Towards Convergence*? Springer Publisher, 2016, p. 9.

〔3〕 王葆莳："论外国法查明的程序规制——兼评《涉外民事关系法律适用法》第10条的应用"，载黄进、肖永平、刘仁山主编：《中国国际私法与比较法年刊》（2012第十五卷），北京大学出版社2013年版，第26页。

范围并未涉及外国法查明，这与普通法系国家专家意见的制度功能有所差距。但与此同时，我国 2015 年颁布的《民事诉讼法司法解释》第 122 条与第 123 条确立了"具有专门知识的人"的法律地位，这在学理上也被称为"专家辅助人"制度。[1]有观点认为，"专家辅助人"在其可出具意见的事项范围上可以涵盖外国法的问题，他们凭借自己所拥有的对外国法的专门知识和经验，对专门性问题的说明可以帮助法庭查明案件事实，客观上起到证明的作用，因此这标志着我国已经采纳了英美法的观点，确立了专家证人制度。[2]但 2015 年《民事诉讼法司法解释》第122 条第 2 款对专家辅助人意见的定位却比较模糊，该款规定："具有专门知识的人在法庭上就专业问题提出的意见，视为当事人的陈述。"该条款虽然明确了专家所出具的意见与当事人陈述的功能相一致，但"视为"二字又未直接将二者等同，因此专家出具的外国法意见究竟是立足于为委托方的当事人服务，还是为协助法官中立、客观地认定事实服务，不甚明朗。

当然，尽管我国民事诉讼立法中对"专家辅助人"的定位还尚未完全成熟，且如本书开篇所讨论的，仲裁地民事诉讼立法中的证据规则对国际商事仲裁并不具有必然的约束力。但是，依托专家证人提供的意见，无疑对仲裁庭审中的事实认定及外国法查明起到了积极的作用。目前，我国对外国法有精深的研究者主要集中于高等学校法学院系等研究机构，这是我国法院查明外国法所依靠的不可忽视的力量。有法官即提议，我国可以参考国外经验，依托这些机构创立外国法查明研究中心作为

---

〔1〕　李学军、朱梦妮："专家辅助人制度研析"，载《法学家》2015 年第 1 期。

〔2〕　王葆莳："论外国法查明的程序规制——兼评《涉外民事关系法律适用法》第 10 条的应用"，载黄进、肖永平、刘仁山主编：《中国国际私法与比较法年刊》（2012 第十五卷），北京大学出版社 2013 年版，第 14—15 页。

法院系统的智库，协助法院查明外国法。[1]

四、国际商事仲裁中的特殊证据程序

客观来看，既然国际商事仲裁程序旨在营造中立化、国际化的争端解决机制，那么在国际仲裁证据问题的处理实践中，仲裁庭就不得不试图平衡及调和大陆法系与普通法系固有的证据法制冲突。但即便如此，尝试以模范化的统一证据文本适用于所有的国际商事仲裁庭，既不现实，也无必要，反倒有违商事仲裁灵活性、自治性的优势，且可能架空仲裁庭对程序事项所享有的自由裁量权。更准确地说，对仲裁个案而言，仲裁庭更倾向于以何种方式运用证据，这更主要取决于仲裁庭的组成。如果在某个国际商事仲裁案件中，仲裁庭组成人员全部来自普通法系国家，或者经受过英美法系的专业法律训练，那么相对而言，其能够更为熟悉和准确地运用普通法系的证据规则，反之亦然。因此，对惯于选用国际商事仲裁作为解决跨国商事争议的中国商业从业者而言，其必须注意，国际商事仲裁中还涉及借鉴自不同法域的特殊证据法实践。这类特殊的证据规则更多内生于某一特定法律体系的诉讼证据规则，在国际商事仲裁中运用的频率较低，且不易把握其规律。

其中，美国证据法实践中所特有的典型程序，对国际商事

---

〔1〕　目前，我国已有创立外国法查明研究中心的尝试，如上海市高级人民法院与华东政法大学合作成立的华东政法大学外国法查明研究中心、最高人民法院民四庭与中国政法大学合作成立的中国政法大学外国法查明研究中心。但新成立的两家外国法查明研究中心，由于其研究力量有限，所能接受的外国法查明请求数量和所能提供的外国法范围也都是有限的，相关的研究与信息共享机制也刚刚起步，还与德国和瑞士的比较法研究机构有一定差距，亟待通过资源整合组建统一且多元的外国法查明平台。参见王贵枫："我国外国法查明途径的拓展与革新"，载《武大国际法评论》2016 年第 1 期。

仲裁程序产生的影响不容小觑。如书面证词（deposition）、质询书（interrogatories）、司法认知（judicial notice）等证据规则，非具有相关仲裁实务经验者，初次接触相关概念往往一头雾水。书面证词，指证人在公开法庭外，依法院命令、一般法律或法院诉讼规则的规定，在宣誓后对口头询问或书面质询问题作答，并做成笔录经正式认证后所形成的证词。书面证词可用作证据开示的一种方式，在证人患有重病或其他原因无法到庭时，或为在庭审时对证人的证言进行质疑，先前收集的证人的书面证词在符合法定条件的情况下可在庭审中作为证据使用。其与宣誓书的区别在于，收集和使用书面证词应通知对方当事人并给予其交叉盘问的机会。[1]质询书，指案件一方当事人向他方当事人、证人或知悉案件有关情况的第三人提出有关讼案的问题。被询问者对质询书所提出的问题进行作答前必须经过宣誓，以确保其回答的真实性。质询书在英美民事诉讼中的证据开示程序中被普遍采用，但刑事诉讼中较少使用，其也被仲裁地位于普通法系国家以及仲裁庭组成人员来自普通法系国家的仲裁程序适用。[2]司法认知，指法庭对众所周知的且无争议的事实予以承认和接受，从而免除当事人对该事实的举证责任。可被司法认知的事实范围广泛，如国内法、国际法、历史事件、地理特征等。法庭可以主动对某一事实予以司法认知，也可以依当事人申请进行。[3]凡此种种，难以穷尽列举。对中国的仲裁机构与仲裁证据规则的制定者而言，为避免仲裁程序的复杂化，

---

〔1〕　薛波主编：《元照英美法词典》（缩印版），北京大学出版社2013年版，第401页。

〔2〕　薛波主编：《元照英美法词典》（缩印版），北京大学出版社2013年版，第723页。

〔3〕　薛波主编：《元照英美法词典》（缩印版），北京大学出版社2013年版，第750页。

并无必要引进这类特殊程序。但对中国的企业及律师而言，为了确保正当的商业利益与程序权益，其赴国外参与国际商事仲裁必须充分熟悉并灵活运用国际规则，这一点是不容置疑的。

第五节　中国仲裁立法与机构规则中涉及证据的规范

一、1995 年实施的《仲裁法》所确立的证据规则及其疏漏

我国《仲裁法》由第八届全国人大常委会第九次会议于1994 年通过，并于 1995 年 9 月 1 日起施行。从规范条款来看，直接关涉仲裁证据的规定仅 4 个条款，即第 43 条（举证责任）、第 44 条（专门性问题的鉴定）、第 45 条（证据出示和质证）、第 46 条（证据保全），集中规范在立法第四章仲裁程序的第三节，即开庭和裁决部分。仲裁法实施迄今已二十余年，最高人民法院在适用该法的过程中，出具了大量的司法解释，既有对仲裁法整体适用的一般性解释，如 2006 年《仲裁法司法解释》，也不乏针对个案的批复与复函，但直接涉及仲裁证据规则的批复与司法解释却寥寥无几。[1] 从公开渠道收集的涉及仲裁证据事项的案例，更多是经由仲裁司法审查进入仲裁裁决撤销程序或执行程序的情况。依据 2009 年《仲裁法》第 58 条第 1 款，申请撤销国内仲裁裁决的法定理由包括 "裁决所根据的证据是伪造的"[2]

---

〔1〕　张建："仲裁证据规则'去诉讼化'的法律思考——对我国《仲裁法》证据规定的修订提案"，载《淮南师范学院学报》2016 年第 3 期。

〔2〕　例如，在（2015）郑民三撤仲字第 52 号民事裁定书中，河南省郑州市中级人民法院主张：仲裁裁决所依据的三份文件均为复印件，在仲裁被申请人本人对签字的真实性予以否认的情况下，申请人未能提供原件予以印证。仲裁庭未核实原件，被申请人对证据真实性不予认可，要求郑州仲裁委员会鉴定并予以核实证据原件的情况下，依然没有核实也未鉴定，径行裁决，因此依据 2009 年《仲裁法》第58 条第 1 款第 4 项撤销了（2014）郑仲裁字第 821 号仲裁裁决。

及"对方当事人隐瞒了足以影响公正裁决的证据的"〔1〕。此外，现行《民事诉讼法》第244条第2款关于不予执行国内仲裁裁决的法定事由，也包括"裁决所根据的证据是伪造的"及"对方当事人向仲裁机构隐瞒了足以影响公正裁决的证据的"。根据现行《民事诉讼法》第281条第1款第3项，不予执行涉外仲裁裁决的情形包括了"仲裁庭的组成或者仲裁的程序与仲裁规则不符的"。这些立法条款为法院审查仲裁庭审中的证据事项提供了规范基础，但需要注意的是，法院在撤销或执行程序中不能逾越这些事由的范围与限度，否则将有可能构成实质干预。

也正是考虑到法院对仲裁裁决司法审查的严格法定性，在我国的商事仲裁实践中，即便仲裁员意识到仲裁的民间性、灵活性，但出于种种原因，仲裁庭为了正确处理证据事项，避免因证据处理不当被法院认定为程序违法而导致裁决被撤销或不予执行，仍然更多地参照或直接适用《证据规定》。〔2〕可以说，如果不能有效厘清司法对仲裁进行审查的权力边界，仲裁庭在证据事项上的灵活性与自由裁量权恐怕将沦为"空中楼阁"。但与此同时，《证据规定》主要是作为法院系统内部专为民事诉讼而制定的证据规则〔3〕，其是否可以直接运用于仲裁，以及其是否应对仲裁庭具有约束力，向来受到学理上的质疑。实践中，某中级

---

〔1〕　例如，在（2014）深中法涉外仲字第184号民事裁定书中，深圳市中级人民法院认定仲裁案件当事人之间的法律关系名为合作建房合同，实为个人借款的还款担保，当事人隐瞒的借据直接影响到仲裁庭对涉案法律关系、法律事实的判断和对责任的划分，且足以影响仲裁裁决的公正性与准确性，因此依据2009年《仲裁法》第58条第1款第4项撤销了深圳仲裁委员会（2014）深仲裁字第500号仲裁裁决。

〔2〕　Tao Jingzhou, *Arbitration Law and Practice in China*, Second Edition, Kluwer Law International, 2008, p. 136.

〔3〕　最高人民法院民事审判第一庭：《民事诉讼证据司法解释的理解与适用》，中国法制出版社2002年版，第304页。

人民法院以仲裁庭在组织庭前证据交换方面不符合民事诉讼法的规定为由而通知仲裁机构重新仲裁[1]，该案曾受到仲裁界的强烈批驳，这不仅是仲裁证据规则诉讼化的问题，而且还涉及诉讼中心主义的误导，进而使得法院将自身认为仲裁程序应当如何进行的观点强加给了仲裁庭，确实值得反思。

不容否认的是，我国的国内仲裁与国际商事仲裁相比还存在一定差距，但我国对外贸易与投资总额的飞速增长却是不争的事实，争议解决领域的法治环境在一定程度上构成衡量一国投资环境与法治水平的标杆，这也是近年来我国仲裁界呼吁中国商事仲裁国际化的立足点。而商事仲裁程序国际化的一个重要方面即体现为仲裁证据规则的国际化。

二、国内机构仲裁规则中对证据事项的调整模式

尽管我国仲裁法就证据事项作出的规定比较简单，但 1995年实施的《仲裁法》第 15 条、第 73 条、第 75 条明确授权中国仲裁协会、中国国际商会依照民事诉讼法的有关规定制定仲裁规则，因此在仲裁机构制定及修订的仲裁规则中通常会就证据事项作出比立法条款更为具体的指引。也正因如此，仲裁机构多有忌惮，极少就证据事项作出超出国内民事诉讼证据规定的突破。如前文所述，尽管商事仲裁与民事诉讼二者并非截然对立，但在证据事项上并不能简单地等同视之。与国际仲裁的主流实践相比，目前国内仲裁中出现的仲裁证据规则与民事诉讼证据规则同质化的现象是反常的。近几年，国内法律实务界和学界关于在民事诉讼证据规则之外制定独立的仲裁证据规则的呼声居高不下，这也在一定程度上催生了 2015 年《中国国际经济贸

---

〔1〕 丛雪莲、罗楚湘："仲裁诉讼化若干问题探讨"，载《法学评论》2007 年第 6 期。

易仲裁委员会证据指引》（以下简称《证据指引》）的发布。[1]

三、《证据指引》的规范设计及其评述

自 2015 年 3 月开始实施的《证据指引》充分整合了中国国内现有的机构仲裁规则与办案实践，并适当参考了民事诉讼中的证据原则及《IBA 证据规则》的合理内核，被公认为当前我国国内由仲裁机构拟定的最为成熟的一份仲裁证据规则，其旨在为仲裁庭及案件当事人提供更为符合仲裁自身特点的证据规则，而避免仲裁庭将诉讼证据规则作为唯一的参考范式。就适用而言，《证据指引》并不具有强制约束力，当事人可以选择全部或部分地适用，以充分发挥当事人在仲裁程序中的意思自治，体现仲裁灵活性、自治性优势。就该指引的规范文本而言，其虽仅有 26 个条文，但全面严谨，涉及仲裁证据规则的方方面面，尤其是关于证据形式、证据披露、质证与认证等的条款堪称亮点，引起仲裁界的关注与热议。[2]

第一，《证据指引》针对商事仲裁中常见的几类证据形式，紧密结合仲裁的内在优势，分别加以规定，颇具特点。在书证的归类及其采信上，《证据指引》体现为以下亮点：首先，考虑到科技因素的日益发达，书证不仅涵盖纸质文件，还包括了数据电文（如电子文件、电子邮件）等具有可读性的电子证据。随着电子商务的强劲发展，数据电文已逐步取代传统通信方式成为交易各方信息转递的主要沟通途径，这使得仲裁中的电子证据愈发普及。争议解决程序的创新应充分满足商事交易的变

---

〔1〕　龙冬："中国国际经济贸易仲裁委员会发布《证据指引》"，载 http://chuansong. me/n/2303762，最后访问日期：2016 年 11 月 29 日。

〔2〕　李清、张珏："贸仲证据指引解读"，载 http://hk. lexiscnweb. com/clr/view_article. php？clr_ id=98&clr_ article_ id=1175，最后访问日期：2016 年 11 月 29 日。

动与需求，因此，专门对电子证据确立规则，确有必要。值得一提的是，《证据指引》将电子证据归为书证的一类，这种处理方式与《IBA 证据规则》相吻合，我国《民事诉讼法》第 66 条则将电子证据与书证视为并列概念。其次，《证据指引》第 14 条明确了，非仲裁语言的书证是否需要翻译，由仲裁庭与当事人协商决定。众所周知，在国际仲裁程序中，无论合议制抑或独任制仲裁庭，仲裁员可能具有不同的法律背景，其中不乏熟练掌握多种语言能力的专家，尽管仲裁中需要确定某一种语言文字为工作语言，但如果仲裁庭与各方当事人之间协商确定外文书证无需翻译，这并无不可，而是属于程序自治的许可范畴。如果当事人之间事先达成过关于非工作语言文字的书证无需翻译的合意，则未翻译就不应被视为对仲裁裁决提出异议的法定理由。[1]

第二，《证据指引》在证据披露问题上确立了清晰的规则。针对仲裁活动中当事人刻意隐藏对己方不利证据的情形，《证据指引》第 7 条允许当事人向仲裁庭提出特定证据的披露请求。根据该条第 1 款，一方当事人可以请求仲裁庭指令对方当事人披露某一特定书证或某一类范围有限且具体的书证，请求方需阐明请求理由，详细界定该有关书证，以及说明该书证

---

〔1〕 美国科罗拉多联邦地区法院（US District Court of Colorado）和美国联邦第十巡回上诉法院（US Court of Appeals for the Tenth Circut）在 "CEEG（Shanghai）Solar Science v. LUMOS. LLC" 案中拒绝承认和执行我国仲裁裁决的两份判决，其中拒绝执行的理由即仲裁被申请人收到的通知为中文，而交易双方平日沟通均以英文进行，因此被申请人认为其未获得仲裁庭的适当通知而导致其未能陈述申辩，且同样因为通知的语言非英文而导致被申请人丧失了指定仲裁员的机会，根据《纽约公约》第 5 条第 1 款 b 项及 d 项，法院拒绝执行本案裁决。但本案法院判决饱受诟病，原因是案件所涉的《上海国际经济贸易仲裁委员会（上海国际仲裁中心）仲裁规则》默认仲裁语言为中文，根据仲裁规则，通知是合法的。可见，仲裁中的语言文字问题貌似微不足道，实则至关重要。

的关联性和重要性，仲裁庭应当安排对方当事人对特定披露请求发表意见，对方不反对该请求的，应当按照请求披露相关文件，对方反对的，由仲裁庭决定是否准许该请求。这一条款不仅是对国际仲裁及英美国家仲裁证据规则的借鉴，也是基于我国《仲裁法》要求仲裁应当根据事实，符合法律规定，公平合理地解决纠纷的原则。为了避免某一方当事人滥用披露请求，拖延仲裁时间、拉低争议解决的效率，《证据指引》不仅允许仲裁庭对当事人的请求和被请求方的意见回复设定具体的时间期限，而且可以根据列明的标准，结合案件实际情况，驳回不符合要求的特定披露请求，因此，这一条款虽源于国际仲裁，但实际上是改良的产物。相较而言，2015 年《民事诉讼法司法解释》第 112 条也规定了当事人在举证期限届满前可以向法院申请责令对方提交处于其控制之下的书证，但未对申请的内容、条件作出界定，当事人尚负有证明书证处于对方控制之下的责任。

第三，《证据指引》关于质证与认证的条款亦充分体现出仲裁作为争议解决方式的灵活性、高效性。《证据指引》第 16 条第 1 款中规定，为避免不必要的拖延，当事人应当仅针对有争议的书证发表意见，并集中说明哪些书证不应被仲裁庭采纳为证据；第 17 条第 1 款中规定，原则上，证人和专家应当出席庭审或通过远程视频参加庭审；第 17 条第 3 款规定，对证人和当事人一方聘请的专家的质询，通常可以采用询问、盘问和再次询问的顺序。仲裁庭可以决定将证人的书面证言或专家的书面意见作为对询问的回答，并直接进入盘问阶段。在证据认定方面，《证据指引》凸显了仲裁庭自由心证的权限，在排除了特定证据不可采纳外，相关规则为仲裁庭留出了充分的裁量空间，可采信的证据并不拘泥于形式要求。从消极角度审视证据能力，

《证据指引》第 19 条对涉密证据与和解证据的可采性进行了否定，对律师与客户之间的保密通信或涉及当事人之间和解谈判的证据不予采纳，对于仅在调解程序中披露的证据和信息不予采纳。其中，律师与客户间的保密通信属于普通法系作证"特免权"的范畴，而调解或和解中披露的证据及信息不得在之后的仲裁程序、司法程序或其他任何程序中援引，则是基于对仲裁当事人信赖利益的保护，在解除当事人后顾之忧的前提下尽可能地促使其在调解程序中就争议事项坦诚相待，发表己方的意见、促成磋商方案，而不必时刻担心调解中的表述会被作为对己方不利的事由。在仲裁实践中，仲裁庭通常会声明这一原则，将实践中的做法在证据规则中确立下来，有助于使调解程序更有可能达到预期效果。[1]《证据指引》第 20 条规定："对当事人提出质疑的无原件的书证，仲裁庭可结合其他证据、当事双方的事实主张以及全部案情，决定予以采纳。"这意味着，与诉讼中严格要求提供证据原件予以佐证的规则不同，仲裁庭可以发挥裁量权，结合其他证据，对无原件的证据进行采信。[2]

不过，对于《证据指引》的适用究竟能够在多大程度上取得实效，尚有待实践的检验，笔者目前不能过早作出定论。相较于《IBA 证据规则》，《证据指引》的局限性体现在，其适用完全取决于当事人双方的约定，正如其前言所指出的："本《证

---

[1] 严黎、张建："国际商事仲裁程序中的证据披露问题刍议"，载《绥化学院学报》2016 年第 11 期。

[2] 例如，在（2015）深中法涉外仲字第 239 号民事裁定书中，当事人以仲裁庭未主动调取证据原件进而违背了仲裁规则为由，向广东省深圳市中级人民法院申请撤销仲裁裁决，但法院指出：根据《华南国际经济贸易仲裁委员会仲裁规则》第 43 条第 1 款："仲裁庭认为必要，或者当事人申请且仲裁庭同意的，仲裁庭可以调查事实，收集证据。"因此仲裁庭未对四份监测报告原件予以调取系仲裁庭的仲裁权，不违反法定程序。至于日本株式会社 HAYAmA 对其他证据的意见，应系对涉案仲裁实体处理的异议，不属于本院应予审查的内容，因此裁定驳回撤销请求。

据指引》不是《仲裁规则》的组成部分。经当事人在具体案件中约定适用后，《证据指引》方可适用。"但是，即便是由中国国际经济贸易仲裁委员会受理的国际仲裁案件，双方当事人及其代理人主动考虑"约定适用"或"约定参考"的概率也是有限的。因此，仲裁庭在仲裁证据规则的确定方面给予当事人以适当的引导似乎是必要的，但《证据指引》的启动条件上并未考虑甚至完全忽视了仲裁庭发挥的角色。

四、优化中国仲裁立法及机构规则中证据规定的方向

通常认为，仲裁法系立法机关所制定的法律规范，其所适用的对象是在该国境内进行的一切仲裁活动，无需当事人选择而是根据立法本身的属地、属人、属时效力加以适用。而仲裁规则由仲裁机构或国际经贸组织加以拟定，需经当事人选择才具有特定拘束效果，因二者在适用范围与法律效力上皆有不同，不能混淆。但另一方面，仲裁规则在制定的过程中，不能轻易逾越立法所确立的基本规则与强制性条款，在仲裁规则未作出明确规定的事项上，仲裁法构成有益的补充，因此二者存在彼此相互联系、共同作用的关系。[1]

从学理上讨论，自 20 世纪 50 年代起，国际商事仲裁界兴起的"非国内化"理论（Delocalization Theory）堪称国际仲裁一体化发展进程中的里程碑。[2]该理论主张将仲裁程序事项突破仲裁地立法的束缚，在维护公正与效率、仲裁地公共利益的前提下，尽可能扩张当事人意思自治的支配维度，并相应地缩小强

---

〔1〕　赵秀文："论仲裁规则的性质及其与仲裁法之间的关系"，载《河北法学》2008 年第 6 期。

〔2〕　Dejan Janićijević, "Delocalization in International Commercial Arbitration", *Law and Politics*, Vol. 3, No. 1, 2005, pp. 63–64.

制性规则的适用范围，以将国际仲裁的灵活性、自治性优势发挥到极致。[1]笔者承认，基于商事仲裁国际化的视角，国际商事仲裁程序并不完全等同于在一国境内开展的涉外商事仲裁。但客观来看，国际仲裁不可能完全脱离任何主权国家的法律体系而存在，尤其是仲裁地法对仲裁的支配力不可能被完全架空。尤其是在中国，"浮动裁决"的提法存在着先天不足，也正因如此，在论及优化仲裁证据规则的问题上，除了对仲裁规则等"软法"文件进行制度设计，还十分有必要谈及仲裁法的改革思路。

在修订《仲裁法》涉及证据规定的条款时，其中一种思路是在立法中设专章确立完整、独立的仲裁证据规则。如前所述，国际仲裁当事人面临的证据问题和国际仲裁程序中沿用已久的灵活、自由的证据规则，促使一些仲裁机构及仲裁业界的专业人士在仲裁证据规则标准化方面试图做出某种努力。尽管国际商事仲裁案件中，不同法系背景的仲裁员对处理证据问题持有不同见解，但这并不排除仲裁庭采纳一套被各法系的仲裁员普遍接受的最低限度的、折中式的仲裁证据规则。[2]这种建议实际上是本书所讨论的"技术化"立法思路，但是在仲裁证据的问题上，是否意味着法律规则越具体越能促进程序的高效与自治？笔者的观点是，不存在这种必然的关联。一方面，过于详尽的立法条款会使当事人与仲裁庭束缚住手脚。另一方面，在立法规则特别明确具体的情况下，一旦仲裁庭审程序中未予以严格遵守或稍有偏差，就可能加大之后作出的仲裁裁决所面临

---

〔1〕 张美红：《国际商事仲裁程序"非国内化"研究》，上海人民出版社 2014 年版，第 63 页。

〔2〕 谭兵主编：《中国仲裁制度的改革与完善》，人民出版社 2005 年版，第 323 页。

的被撤销或不予执行的风险。那么，如何在法律条款中平衡法律确定性与仲裁内在的程序自治性的关系呢？

一方面，笔者认同，仲裁庭在处理国际商事仲裁证据事项的过程中要尊重证据规则的指引，确保案件事实认定的客观性以保证程序公正，使当事人对仲裁结果存有明确的、稳定的预期。但另一方面，基于仲裁的自治性与灵活性，也有必要赋予仲裁庭充分的自由裁量权。[1]正如1985年《联合国国际贸易法委员会国际商事仲裁示范法》第19条所规定的，授予仲裁庭的权力包括确定任何证据的可采性、相关性、实质性和重要性的权力。[2]为了弥合证据规则的严格性与商事仲裁的灵活性之间的冲突，可以考虑将当事人意思自治原则置于首位，并肯定仲裁庭在证据认定中的有限权力，来实现法定证据规则的"柔性化"，这一思路殊为可取。[3]根据这一思路，笔者建议，修改我国《仲裁法》时，第43条前增设一条："仲裁庭有权按照其认为适当的方式处理证据事项，但当事人另有约定的除外。"此外，《仲裁法》中其他涉及证据的条款，也要作出必要的调整或删除。

不可否认，在我国仲裁机构所受理的全部仲裁案件中，涉

----

〔1〕 参见宋连斌、赵健："关于修改1994年中国《仲裁法》若干问题的探讨"，载《国际经济法论丛》2001年。

〔2〕 事实上，相比《联合国国际贸易法委员会国际商事仲裁示范法》，我国1995年实施的《仲裁法》仅赋予仲裁当事人有限的意思自治，仲裁庭的自由裁量权也不充分。例如，我国仲裁立法甚至没有明确仲裁庭对其自身管辖权的认定权，而是将该权力归属法院和仲裁委员会行使。See Clarisse von Wunschheim, "Arbitration and Other Dispute Resolution Mechanisms in China: Facing the Challenges of the 21st Century", in Harro von Senger and Lukas Heckendorn Urscheler ed., *The Law of The People's Republic of China Facing the Challenges of the 21st Century*, Schulthess Publisher, 2016, pp. 183 - 196.

〔3〕 刘晓红："从国际商事仲裁证据制度的一般特质看我国涉外仲裁证据制度的完善"，载《政治与法律》2009年第5期。

外商事仲裁案件及国际仲裁案件的数量所占的比例远不及国内仲裁。但是，正如有观点所指出的，少并不意味着不重要，裁判涉外案件需要比裁判国内案件具备更高的法律技术与裁判方法，往往能代表一国民商事裁判技术的制高点，并且是其他国家了解中国仲裁法治状况的直接窗口，因而值得高度重视。[1]我国现行《民事诉讼法》《仲裁法》及其司法解释中，对涉外仲裁与国内仲裁仍然奉行"双轨制"的司法审查标准，主要体现为同为裁决的撤销与不予执行问题，法院对国内裁决的审查覆盖程序问题与实体问题，属于典型的全面审查，而对涉外裁决偏重程序审查，除公共利益等事项外，较少涉及实体。2012年修正的《民事诉讼法》虽然在双重"双轨制"的问题上进行了一定的改革，即统一了无涉外因素的国内裁决的撤销与不予执行的条件，但立法者并未改变国内仲裁与涉外仲裁区别对待的态度。[2]在"双轨制"得以保留的基本法治环境下，中国商事仲裁界近年来吁求"国际化"，积极争取将中国塑造为受商事从业者青睐的国际争端解决中心，这无疑是顺应时代发展需求的。但中国仲裁"国际化"的口号显然不应当单纯停留在理念上，更要体现出具体的仲裁程序与制度设计要与国际标准接轨，证据规则正是其中一环。不难发现，在2010年前后，国际仲裁界掀起一阵争先恐后修订仲裁规则的浪潮，以国际商会为代表的国际仲裁机构，其仲裁规则的文本更新速度愈来愈快。在这种整体背景下，中国的仲裁规则中较少对证据制度加以大刀阔斧的改革，就笔者推断，其原因可能是多重的：其一，现有的仲

---

〔1〕 梁西、宋连斌：《法学教育方法论——同读者讨论"国际法研究"、"论文写作"和"课堂教学"等问题》，武汉大学出版社2009年版，第179页。

〔2〕 宋连斌："司法与仲裁关系的重构：'民诉法'有关仲裁新规定之解析"，载《仲裁研究》2013年第3期。

裁证据制度供给足以满足实践之需，无须过多讨论；其二，考虑到中国仲裁的诉讼化现象由来已久，即使其他机构模仿中国国际经济贸易仲裁委员会颁布《证据指引》，被当事人选用的概率也不大，这在某种程度上打消了各机构拟定类似独立证据规则的积极性；其三，如本书开篇所论，证据制度的立法取向一种是"自然化"路径，另一种是"技术化"路径，现今国内机构之所以未对仲裁证据事项多加关注，可能是已认识到仲裁的灵活性不宜受到过于繁复的规则牵制。不过，这些可能性都不足以得出中国现行国际商事仲裁证据制度无需改良的结论，抛开国内仲裁不论，我国国际仲裁的相关规则部分，如果不能适当引入特定证据披露、特免权规则、国外或其他地区调取证据无需公证认证等证据采信规则，将无形中构成外国当事人选择中国仲裁的制度性障碍。

本章小结

近几年来，以中国仲裁法学研究会、国际仲裁研究院等研究机构或学术机构牵头讨论修改《仲裁法》的声音日渐高涨。在仲裁证据的问题上，有一部分学者将中国仲裁实践诉讼化的现状归因于《仲裁法》证据条款过于简单，这是有一定道理的，但考虑到《仲裁法》肯定了当事人意思自治的基本原则，而且并未明文禁止仲裁庭在证据事项上行使自由裁量权，所以即便在不修订法律的前提下，仲裁庭在处理证据问题的实践上仍然拥有灵活变通的空间。[1]当然，如果仅更新仲裁规则中涉及国

---

[1] Lu Song and Gu Huaning, "China's Rules of Evidence in International Commercial Arbitration—From the Perspective of CIETAC Practice", *China Law Reporter*, Vol. 5, No. 1, 2009, pp. 4-9.

际商事仲裁的证据条款，或者各机构拟定《证据指引》，而不修订《仲裁法》，是否会使仲裁规则面临合法性危机而在实施中遭遇困难？笔者认为，这种担心略显多余，以《IBA 证据规则》的适用模式为例，如果当事人明确选定将其作为仲裁程序的"准据法"，则其由软法文件转化为个案中的硬性规则，如果当事人选定将其作为仲裁庭处理证据事项的"指南"，则其仍然停留在参考性的角色，但无论如何，其发生作用并产生效力的基础是当事人的选用，因此属于仲裁协议的约定以内。换言之，仲裁规则或《证据指引》被视为当事人意思自治之内，而非规则自身所具有的强制直接适用力，而当事人的意思自治本就是在仲裁立法所允许的对程序加以灵活变通的润滑剂，因此无需过多为仲裁证据规则与立法不尽一致而感到困扰。

中国自贸区临时仲裁规则的法律构建

商事仲裁具有天然的国际化优势，这使其充分契合了自贸区的争议解决需求。而自贸区战略的实施与扩展，也为中国商事仲裁制度的创新提供了绝佳的契机。2016 年，最高人民法院针对自贸区仲裁出具意见，为临时仲裁的引入提供了合法性基础，但其中所规定的若干要件并不明确。2017 年，珠海仲裁委员会据前述意见制定了《横琴自由贸易试验区临时仲裁规则》，该规则结构科学、条款设计合理，不仅凸显了当事人意思自治原则及仲裁庭自由裁量权的重要作用，而且在程序细节方面大胆创新，设置了临时仲裁与机构仲裁之间的转化机制。从临时仲裁在中国的发展前景来看，虽然其受案量在短时期内未必能超越机构仲裁，但二者并存发展不失为中国仲裁国际化的必然趋势。

第一节　构建中国自贸区临时仲裁规则的主要考量

一、中国自贸区的发展为仲裁制度创新提供了重要契机

实施中国自贸区战略、推进自贸区建设，是在中国经济发

展水平进入新常态的形势下，为全面深化改革、扩大对外开放探索新途径、积累新经验而采取的重大举措。自 2013 年 9 月经国务院批准在上海设立中国首个自贸区以来，自贸区在制度创新、区域合作、科技进步、产业结构升级等各个方面先行先试，取得了突出的成效，形成了可供复制及推广的经验，为破解中国当前的改革难题提供了有益的思路，因而备受瞩目。截至 2016 年 9 月，国务院已先后批准在我国不同省份设立了 11 个自贸区，这些区域在全国构建起自贸区网络体系，发展势头强劲，且仍有继续扩张的趋势。[1]从目标来看，各个自贸区的经济基础及开放程度虽不尽相同，但都突出体现了制度创新的特征，旨在以法治化的营商环境作为保障，结合当地的产业特点，利用有效的周边资源，形成潜在的预期配置，吸引优质要素，形成集合优势。

就涉及自贸区的商事争议解决方法而言，相比于民事诉讼，仲裁具备天然的国际化、市场化、专业化等优势，这使其充分契合了自贸区发展的需求。也正因如此，仲裁制度的革新被视为自贸区法治建设与法律服务业创新的关键环节。商事交易模式的复杂化与新型争议形态的涌现，对我国的仲裁制度提出了更高的要求。此外，国际商事仲裁中的新制度、新程序、新问题日渐受到关注，如紧急仲裁员、仲裁第三方资助、仲裁员利益冲突、仲裁第三人、仲裁中间措施、投资者与东道国仲裁的管辖权等，但这些新问题在我国现行的仲裁法体制下有时却无法得到有效解决。为了解决立法与仲裁实践的需求相脱节的问

---

〔1〕 参见《国务院关于印发中国（上海）自由贸易试验区总体方案的通知》（国发〔2013〕38 号）、《国务院关于印发中国（广东）自由贸易试验区总体方案的通知》（国发〔2015〕18 号）、《国务院关于印发中国（天津）自由贸易试验区总体方案的通知》（国发〔2015〕19 号）、《国务院关于印发中国（福建）自由贸易试验区总体方案的通知》（国发〔2015〕20 号）。

题，可以合理地引入国际仲裁的前沿制度并使之本土化。我国的一些代表性仲裁机构借助修订仲裁规则的契机，做了一些极具创新性的努力。例如，2015 年广州仲裁委员会制定了国内首部网络仲裁规则，为互联网时代纠纷解决的便利化提供了程序上的可能；2015 年，中国国际经济贸易仲裁委员会制定了专门的《证据指引》，旨在为仲裁员高效、准确、合理地处理仲裁证据问题提供具有实际操作性的指南。再如，2016 年《深圳国际仲裁院仲裁规则》第 2 条别具匠心，首次开放中国仲裁机构受理投资者与东道国争端的先河；2016 年，中国国际经济贸易仲裁委员会香港仲裁中心主持起草并发布了《第三方资助仲裁指引》，首次对仲裁案件中第三方资助问题的处理提供了具体的思路；等等。

需要注意的是，在仲裁机构的努力之外，随着我国自贸区战略的有效推进，最高人民法院及区域改革方案的决策者也试图就特定范围内的仲裁制度展开大刀阔斧的改革。以上海为例，2013 年上海自贸区成立后，以上海国际仲裁中心为主导的当地涉外仲裁机构积极探索，在 2014 年 5 月出台了《中国（上海）自由贸易试验区仲裁规则》（于 2015 年进行了修订），该规则不仅以人本化为理念，强化了当事人意思自治的作用范围，而且扩张了仲裁庭的权限，在临时措施决定权、紧急仲裁庭、合并仲裁、开放名册制等方面，充分实现了与国际仲裁的规则相接轨，备受瞩目。[1]上海市第二中级人民法院随后即发布了《关于适用〈中国（上海）自由贸易试验区仲裁规则〉仲裁案件司法审查和执行的若干意见》，作为对当地仲裁制度革新的司法支

---

〔1〕 丁夏："仲裁员制度的比较与反思——以《上海自贸区仲裁规则》的人本化为视角"，载《法学论坛》2015 年第 2 期。

持与协助，强化其制度创新的实践可操作性。[1]值得肯定的是，在自贸区法治革新的大背景下，由仲裁机构以制定或修订仲裁规则的方式大胆推进仲裁制度改革，既能得到中央及地方政府的肯定，又能受到司法的保障与支持，不失为稳妥、有效、可行的思路。也正因如此，原本遭受我国仲裁立法与实务界强烈排斥的临时仲裁制度，才有可能在个别自贸区"落地生根"。基于此，本书将以自贸区仲裁制度创新为背景，以《横琴自由贸易试验区临时仲裁规则》的制定与适用为中心，从规则的生成与演变入手对中国式临时仲裁的现状进行评析，并就其特色及发展前景进行思考。

值得一提的是，广义的自由贸易区既包括自由贸易试验区，也包括自由贸易协定区域，两者虽均构成特殊的贸易投资政策安排，但实为完全不同的概念：前者也被称为自由贸易园区，特指在一个主权国家内部的特定区域范围内实施更为优惠和开放的贸易与投资政策，其是否开放以及开放的水平均由该国政府部门自主决定，所形成的特殊优惠政策是单方给惠，给惠基础通常为国内法律规范。后者则是某一国家或地区与另一国家或地区，通过谈判及缔结自由贸易或投资协定，而承诺相互开放，进而形成贸易与投资自由化的区域合作，其给惠基础是各方所达成的双边或区域性自由贸易协定，即国际法律规范。本书讨论的中心仅针对前者，为了避免造成理解上的混淆，特作此说明。

---

〔1〕　袁发强："自贸区仲裁规则的冷静思考"，载《上海财经大学学报》2015年第 2 期。

二、自贸区开放临时仲裁的合法性基础及其推进过程

（一）现行中国仲裁立法及最高人民法院对临时仲裁的基本立场

必须明确的是，仲裁作为私人间、诉讼外、替代性纠纷解决方法，其雏形是以临时仲裁（ad hoc arbitration）的方式呈现的，机构仲裁是在专业化的常设仲裁管理组织出现后才得以发展起来的，且仲裁机构本身并不审理案件，即使在机构仲裁中，负责审理及裁判纠纷的主体仍然是为特定案件而临时组建的仲裁庭，其在仲裁案件审结后即宣告解散。[1]因此，仲裁在西方国家及国际上的发展趋势是从最初的临时仲裁逐步走向规范化、组织化、体系化的机构仲裁，但二者各有优势，并不是相互取代的关系。相较于机构仲裁，临时仲裁不仅程序更加灵活便利、费用与成本更加可控，且当事人意思自治及仲裁庭自由裁量权不受机构的干预，裁决对个案的针对性更强，且有助于整体上提升仲裁效率。相比之下，仲裁在我国的发展情况则不尽一致。即使有学者考据称中国早在清末民初之际就产生了行业商会主导下的民间仲裁，但客观来讲，中国的仲裁法律传统因种种历史原因而被迫中断，不得不承认，当下的中国仲裁仍然是西方的"舶来品"。[2]在相当长的一段时期内，中国的商事仲裁背负了过于浓重的行政化色彩，与仲裁原有的民间性、自治性要素背道而驰，这种状况直至1994年《仲裁法》出台后才有所改

---

〔1〕　张建："中国商事仲裁的国际化挑战——以最高人民法院的裁判观点为视角"，载《上海政法学院学报（法治论丛）》2016年第1期。

〔2〕　有观点称，中国的民事仲裁早在1904年即已成型，初见于清政府颁布的《商会简明章程》谕令中，中国最早的仲裁机构是临时工商会议内部附设的商事公断处。参见谢冬慧："民国时期民事仲裁制度论略"，载广州仲裁委员会主办：《仲裁研究》（第三十五辑），法律出版社2014年版，第96页。

观。从这一点上分析，商事仲裁在中国发展与演变的历程是在不断还原其本来面目，使其符合国际通行惯例，满足商事交易者的意思自治，以便最大限度地发挥其争议解决的特色与优势。在临时仲裁与机构仲裁的立法选择上，中国仅肯定机构仲裁的合法性，立法对临时仲裁的合法性既没有肯定也没有明确地否定。不过，考虑到1994年出台的《仲裁法》第16条第2款要求"仲裁协议应当具有下列内容……选定的仲裁委员会。"因此，多数观点认为在中国立法未作明确肯定的情形下，国内纠纷约定临时仲裁将因欠缺合法性而被认定无效。[1]

然而一概排斥临时仲裁的立场无疑太过僵硬，难以满足国际商事交易当事人的需求。最高人民法院曾于1995年10月20日发布了《关于福建省生产资料总公司与金鸽航运有限公司国际海运纠纷一案中提单仲裁条款效力问题的复函》（法函〔1995〕135号），对海事领域绝对否认临时仲裁的立场进行了"软化"，其中明确："涉外案件，当事人事先在合同中约定或争议发生后约定由国外的临时仲裁机构或非常设仲裁机构仲裁的，原则上应当承认该仲裁条款的效力"。[2]

此外，中国虽未认可国内纠纷约定在国内临时仲裁的合法性，但根据最高人民法院于1987年发布的《关于执行我国加入的〈承认及执行外国仲裁裁决公约〉的通知》，中国有义务按规定承认和执行公约项下的外国仲裁裁决，而外国裁决的范围不仅限于外国机构裁决，也包括了外国临时裁决，这意味着中国不能仅因外国裁决是临时仲裁裁决而拒绝执行。最高人民法院

---

〔1〕 参见刘晓红、周祺："我国建立临时仲裁利弊分析和时机选择"，载《南京社会科学》2012年第9期。

〔2〕 宋连斌："中国仲裁二十年之制度回顾——以1994年《仲裁法》为起点"，载中国国际经济贸易仲裁委员会、中国海事仲裁委员会、中国国际商会仲裁研究所主办：《仲裁与法律》（第134辑），法律出版社2017年版。

于 2015 年发布的《民事诉讼法司法解释》中亦重申了这一立场，其中第 545 条规定："对临时仲裁庭在中华人民共和国领域外作出的仲裁裁决，一方当事人向人民法院申请承认和执行的，人民法院应当依照民事诉讼法第二百八十三条规定处理。"

由以上分析可见，在最高人民法院就自贸区临时仲裁出台特殊规则之前，中国仲裁立法与实践中并非完全否定临时仲裁的仲裁协议及仲裁裁决的效力。如果将问题进一步缩小，有一点是肯定的，即此前中国拒绝认可的只是约定在国内开展临时仲裁的效力。围绕着中国是否应当引入临时仲裁，各界纷争已久，大体上分为积极赞成与暂缓引入两类立场：前一派观点更多从临时仲裁所具有的经济、高效、灵活、自治等特征来探讨其优势，后一派观点则着重从中国当前仲裁体制的成熟度及法院对仲裁监督的严苛程度出发，认为引入临时仲裁的时机尚未成熟。[1]客观上看，相关的讨论并未促使立法者全面引入临时仲裁，这种状况持续了相当长的时间，直至 2016 年底才有所变化。

（二）最高人民法院专门出台意见为自贸区临时仲裁"松绑"

2016 年 12 月 30 日，最高人民法院出台了《关于为自由贸易试验区建设提供司法保障的意见》（法发〔2016〕34 号，以下简称《意见》），其中第 9 条就自贸区法院对仲裁协议的效力认定及仲裁裁决司法审查作了特别规定。具体而言，该条共分 3

---

〔1〕　其中，积极赞成并支持引入临时仲裁的观点占多数意见，而主张暂缓引入的观点，一方面基于当前中国仲裁法治状况尚未成熟，另一方面考虑到当下中国的部分仲裁员还缺乏掌控和主导临时仲裁程序的经验。还有观点介乎两者之间，认为中国作为《纽约公约》缔约国，应当在仲裁机构的协助下，有选择、有范围、循序渐进地引入临时仲裁。参见赖震平："我国商事仲裁制度的阙如——以临时仲裁在上海自贸区的试构建为视角"，载《河北法学》2015 年第 2 期。

款：第1款与第2款是关于近年来外商投资企业就相互间的国内纠纷约定域外仲裁的效力问题，第3款则是自贸区内注册的企业约定临时仲裁的问题。《意见》第9条第3款称："在自贸试验区内注册的企业相互之间约定在内地特定地点、按照特定仲裁规则、由特定人员对有关争议进行仲裁的，可以认定该仲裁协议有效。人民法院认为该仲裁协议无效的，应报请上一级法院进行审查。上级法院同意下级法院意见的，应将其审查意见层报最高人民法院，待最高人民法院答复后作出裁定。"进一步审视，该款包括两句，前一句对自贸区开展临时仲裁限定了四项必须满足的前提条件：①当事人要件。仲裁当事人，即仲裁协议的订立主体必须是在自贸区内注册的企业，至于其资本来源、股份构成、股东国籍则在所不计。②仲裁地要件。所约定的仲裁地点须为内地特定地点，其明确了仲裁地须为内地，但是否只能在自贸区之内，抑或可以约定非自贸区但在内地的其他地点，并不明确。③仲裁规则要件。当事人之间须约定按特定仲裁规则仲裁，但该规则只能是国内仲裁机构发布的仲裁规则，还是也包括国外仲裁机构发布的仲裁规则，亦不甚明确。④仲裁员要件。有权被指定为仲裁员组成临时仲裁庭的，须为特定人员，但该特定人员是否只能是国内仲裁机构的在册仲裁员，抑或凡是符合《仲裁法》所规定的仲裁员资格的人员均可被指定，也有待进一步明确。简单地看，这四项要件，除第一项关于当事人主体的要求比较清晰外，其他三项均为概括性、抽象化表述，因此后三项被仲裁界通称为有关自贸区临时仲裁的"三特定"要件。不过，因为仲裁规则中通常可以对仲裁地的确定标准及仲裁员的指定程序进行明确，所以，"三特定"要件的问题可以简化为一项关键问题，即制定和适用专门的自贸区临时仲裁规则，仲裁员及仲裁地问题则可迎刃而解。

对于"三特定"要件中的仲裁规则究竟指代何种规则，有
仲裁实务人士专门做了分析，其认为《意见》中所称的"特定
仲裁规则"是指当事人所选定的、符合临时仲裁程序特点及规
律的专门化制度设计，如《贸法会仲裁规则》《伦敦海事仲裁员
协会仲裁规则》等，而不包括国内外仲裁机构自己制定的用于
该机构管理仲裁程序的仲裁规则。[1]完全由仲裁机构管理及控
制仲裁程序、借助仲裁秘书沟通当事人与仲裁员、安排开庭时
间、发送仲裁通知，并由仲裁机构核阅裁决的仲裁是典型的机
构仲裁，不是临时仲裁。[2]将"特定仲裁规则"理解为仲裁机
构为机构仲裁而制定的仲裁规则，违背最高人民法院有限开放
临时仲裁的本意，甚至可能使临时仲裁被限缩为"空头支票"。
值得肯定的是，最高人民法院出台《意见》为自贸区打开临时
仲裁提供了合法性基础，"三特定"要件的模糊化也是促使内地
仲裁机构制定临时仲裁规则的直接动因。

（三）横琴自贸区发布中国首部临时仲裁规则为程序落
地奠定基础

2015年，中共珠海市委办公室、珠海市人民政府办公室即
发布了《2015年广东自贸试验区珠海横琴片区改革创新发展总
体方案》，第5条专门提到，"发展完善国际仲裁机制……积极
推动中国自由贸易试验区仲裁联盟的发展建设……在商事纠纷

---

〔1〕　王生长："自贸区企业间临时仲裁将走向何方？"，载汇仲律师事务所公众
号，http://mp.weixin.qq.com/s/6MgP9jToea350VHRXExAtQ，最后访问日期：2017
年3月24日。

〔2〕　当然，临时仲裁并不完全排除由机构提供专项服务，在临时仲裁中也可
能有仲裁机构介入、参与及协助，但这不同于机构仲裁，机构所充当的角色和履行
的职能是有限的，此时仲裁庭的权限更具决定性。例如，1996年《联合国国际贸易
法委员会关于组织仲裁程序的说明》第四部分即规定，临时仲裁庭为了顺利履行职
能，可能需要仲裁机构担任"仲裁员指定机构""案件管理机构"或由仲裁机构提
供秘书人员或开庭场所等。

解决机制上全方位与国际接轨。"随后 2016 年，广东省人大常委会制定了《中国（广东）自由贸易试验区条例》，该条例于 2016 年 7 月 1 日起实施，其中第 2 条第 2 款明确规定了中国（广东）自贸区主要由广州南沙新区片区、深圳前海蛇口片区、珠海横琴新区片区三部分组成。足可见其对国际仲裁制度改革的重视程度。2017 年 3 月，珠海仲裁委员会正式发布《横琴自由贸易试验区临时仲裁规则》，于 2017 年 4 月正式实施。珠海仲裁委员会表示，制定该规则的背景恰恰在于，最高人民法院虽然对临时仲裁"松绑"，但《意见》中要求有效的临时仲裁协议应包括选定了特定仲裁规则，而由于国内各仲裁机构尚没有可运用于临时仲裁的仲裁规则，当事人只能约定国外的仲裁规则方能开展临时仲裁，这使得临时仲裁无法有效"落地"。[1]基于此，横琴自贸区以珠海仲裁委员会为依托，先行先试，制定了这一规则。作为中国的首部临时仲裁规则，其颁布对中国临时仲裁的切实展开具有里程碑式的意义。与此同时，仲裁规则的"生命"在于有效适用，基于此，中国的商事仲裁从业者及理论界有必要充分熟悉并及时掌握该规则的基本框架、创新点、特色与优势，这是迈向实践的前提。

三、对《横琴自由贸易试验区临时仲裁规则》的解读

（一）基本结构与框架

从条文结构来看，《横琴自由贸易试验区临时仲裁规则》分 8 章共 61 条，分别规定了总则、仲裁协议、仲裁程序的开始、

---

〔1〕 戴春晨："中国首部临时仲裁规则出炉：横琴自贸区 4 月 15 日正式施行"，载新浪网，http://news.sina.com.cn/c/2017 - 03 - 23/doc - ifycspxn9572680. shtml，最后访问日期：2017 年 3 月 23 日；"中国首部临时仲裁规则在横琴自贸片区发布实施"，载 http://www.zhac.org.cn/? p = 668，最后访问日期：2017 年 3 月 24 日。

仲裁庭、审理程序、裁决、送达与期限、附则。其中第一章总则部分廓清了制定该规则的法律依据，对临时仲裁、仲裁协议、指定仲裁员机构、仲裁通知关键术语进行了专门定义，划定了该规则的适用范围，明确了根据该规则进行临时仲裁的原则、放弃异议权、仲裁地的界定标准问题。第二章专门就仲裁协议的书面形式、仲裁协议的独立性、仲裁协议的主体变更、对仲裁管辖权的异议及其裁决问题进行了限定。第三章的标题为"仲裁程序的开始"，其中明确了以被申请人收到仲裁通知之日视为仲裁程序启动的时点，规范了仲裁申请人送达仲裁通知、被申请人答复仲裁通知、多方当事人仲裁、仲裁前及仲裁程序启动后的临时措施、仲裁代理人、反请求及仲裁请求的变更、仲裁费用等具体程序要点问题，使临时仲裁步入规范化、法定化的轨道，与中国现有的仲裁法律框架相衔接。第四章以仲裁员制度为中心，分别规范了临时仲裁庭的人数、组庭方式、指定仲裁员的方法、仲裁员信息披露、回避、重新组庭、多数仲裁员继续仲裁程序，这些条款所确立的处理方式，既符合临时仲裁自身的程序性规律，又与中国当前各机构仲裁规则的通行趋势保持一致，基本上能够满足实践需求。该规则的第五章、第六章、第七章分别涉及仲裁审理的一般程序与裁决的作出，除个别细节强化仲裁庭的权限外，基本规定与国内现有的机构仲裁规则没有本质区别，主要根据仲裁程序展开的基本步骤与一般逻辑进行限定，包括了提出仲裁申请、答辩、证据的提交、质证与认证、开庭与书面审理、开庭通知、缺席仲裁、追加当事人、和解或调解、撤回仲裁申请与撤销案件、程序中止、审理终结、裁决的作出与送达等。特别值得一提的是，第47条规定了临时仲裁庭审理下作出的仲裁裁决书或调解书的确认和转化程序，这一条在当前国内的各机构仲裁中属首创，其适用背景同样是专门针对临时仲裁下的特殊情况。通览整部规则，其结构安排科学合理，基本遵循了"仲裁协议—审前程序与仲裁庭组庭—仲裁程序—裁决的作出"的传统范式，虽然没有完全打破既有的中国仲裁规则框架，但从各方面来看，有力图尝试制度上的创新之意。

（二）制度创新与突破

如前所述，相较于国内已有的机构仲裁规则，《横琴自由贸易试验区临时仲裁规则》是专门针对临时仲裁程序而制定的，各项制度与程序设计均彰显了更高的国际性、包容性、开放性，创新与突破甚为明显。首先，就适用范围而言，该规则不仅适用于自贸区内注册的企业间约定的临时仲裁，而且适用于根据条约而提起的投资者与国家间的仲裁。特别是，如果其他当事人依据当事人双方约定的解决财产权益纠纷的法律可以采用临时仲裁方式的，也可约定适用该规则。可见，该规则在适用范围上对最高人民法院的《意见》作了一定的扩张，尤其是可参与临时仲裁的争议主体范围上有明显的拓宽。其次，不同于机构仲裁，临时仲裁的程序推进重点取决于仲裁庭与各方当事人的密切合作，仲裁机构所充任的角色仅是有限的特定服务提供主体。[1]相应地，《横琴自由贸易试验区临时仲裁规则》将仲裁庭与仲裁机构的职能及其责任相互剥离，第 59 条明确要求："珠海仲裁委员会（或珠海国际仲裁院）及其工作人员不对仲裁庭在仲裁程序中的错误、疏忽及所作出的裁决承担责任。"这使

---

〔1〕 有观点将机构仲裁与临时仲裁的区别形象地比喻为"购买成衣"与"定制服装"，由于后者属于"量体裁衣"，其灵活性和针对性更强，在争端当事方涉及主权国家时，其更愿意接受临时仲裁。许多根据石油特许权协议而提起的知名仲裁案件，如 Sapphire 案、Texaco 案、BP 案、Liamco 案、Aminoil 案等，都是以临时仲裁的方式作出的裁决。See Nigel Blackaby et al., *Redfern and Hunter on International Arbitration*, Fifth Edition, Oxford University Press, 2009, p. 53.

仲裁庭实现了权责独立，为工作的深入展开提供了权力基础。最后，如前文所提出的，该规则第 47 条所确立的将临时仲裁转化机构仲裁的规定，别出心裁，既不同于中国仲裁法所特有的裁决书"核阅"制度，也有别于某些行业协会内部仲裁的上诉程序，更非法院对仲裁裁决的事后审查，而是由仲裁机构对仲裁庭出具的裁决书或调解书进行审查、加以确认、加盖印章，并进而转化为机构仲裁的制度。程序转化机制的存在，避免了临时仲裁裁决因程序瑕疵而被法院撤销，其在仲裁庭与法院之间构筑了一道"防火墙"，为保障仲裁裁决的质量增添了"砝码"，也有益于增强当事人选用临时仲裁的信心。

（三）程序特色与优势

相比于《贸法会仲裁规则》等国际上现有的专门针对临时仲裁的特别规则，《横琴自由贸易试验区临时仲裁规则》在以下方面更胜一等：

第一，更充分的当事人意思自治。自贸区仲裁本就是中国仲裁步入改革"深水区"的"排头兵"，而自贸区临时仲裁又在机构仲裁之外开辟了新的可能性，因此可谓是特别法中的特别法。前沿制度的独特性使缺乏相关从业经验的当事人及其代理律师无所适从，为了打消其顾虑，《横琴自由贸易试验区临时仲裁规则》充分考虑了当事人的合意及其心理预期，不仅临时仲裁的启动需要明确的意思表示[1]，而且在具体条款及程序设计上更多地赋予当事人以自主决定权（包括但不限于仲裁保密性、仲裁庭的人数、仲裁庭的组成方式、仲裁员报酬的支付标准、程序事项的约定权、审理方式的选用、仲裁调解、仲裁语言等），最大限度地减少了对当事人进行程序约束的强制性

---

[1]《横琴自由贸易试验区临时仲裁规则》第 3 条第 1 项中规定："当事人没有明确选择临时仲裁意思表示的，不视为临时仲裁，不适用本规则。"

规定。[1]

第二，赋予仲裁庭独立的自由裁量权，据此作为当事人意思自治缺位时的候补规则。仲裁庭是临时仲裁的核心要素，《横琴自由贸易试验区临时仲裁规则》赋予了仲裁庭比机构仲裁模式下更大的权限并保障其中立地位，更加充分地体现临时仲裁独立、高效、快捷、灵活的价值目标。例如，在仲裁地的确定上，该规则第6条第2项规定，如果当事人未事先约定，则由仲裁庭根据具体案情加以确定，如果仲裁庭亦未确定，则仲裁地定为珠海。

第三，以仲裁机构的合理介入作为对当事人意思自治的补充，并就仲裁庭的权限进行确认及保障。如前文所述，在国际商事仲裁中，临时仲裁与机构仲裁的区分并不绝对，临时仲裁也并不意味着完全排斥机构提供任何服务。恰恰相反，如果临时仲裁完全抵触机构的任何参与，会因部分程序环节的失范而从整体上降低争议解决的效力，使案件的裁判处于不稳定状态。因此，《横琴自由贸易试验区临时仲裁规则》在具体设计上吸收了机构的元素，确保整个程序的确定性与完整性。例如，根据该规则第9条第4项，仲裁庭对当事人提出的管辖权异议有独立的决定权，但在仲裁庭作出管辖权决定后，当事人可请求仲裁委员会对前述决定加以确认。再如，该规则第17条规定，在确定仲裁员报酬的支付标准时，允许当事人与仲裁员进行协商，未能商定的，由仲裁员指定机构加以确定，未约定仲裁员指定机构或其不履职的，则由珠海仲裁委员会确定。此外，仲裁庭或当事人可以委托珠海仲裁委员会代为送达仲裁文书，当事人可以在两年内请求仲裁委员会对临时仲裁庭作出的调解书或仲裁裁决书进行确认进而将其转化为机构仲裁，这些均属于中国特色的临时仲裁制度，

---

[1] 例如，该规则第3条第5项、第4条第2项、第6条第1项、第17条第2项等，都直接体现了当事人控制临时仲裁程序的自主权。

颇具新意。总的来看，机构在必要情形下介入临时仲裁程序，既有助于从整体上保障裁判效率，也可以促进实质正义的有效实现。

当然，《横琴自由贸易试验区临时仲裁规则》并非十全十美，部分措辞及文字表达还略有瑕疵。例如，在对仲裁协议效力与仲裁协议有效性的表述中，没有将二者详加区分。再如，该规则中虽然规定了仲裁员在特定情形下有信息披露和回避的义务，但未明确未予披露或未回避的后果及惩戒措施，也没划清仲裁员责任豁免的边界。此外，该规则中将先行裁决与中间裁决作为并列概念，这种设计本是正确的，但将二者置于同一条款中，未免让从业者产生混淆。但这些问题的存在，并非规则制定中所产生的新问题，而是中国仲裁实践中长期未能妥善解决的固有问题，且其并不构成据此规则开展临时仲裁程序的实质障碍。只有临时仲裁的实践在中国真正开展起来，这些疑难才有望获得更恰当的解决方案。那么，值得追问的是，以该规则为突破口，自贸区临时仲裁在中国的发展前景如何？

四、自贸区临时仲裁在中国的发展前景预估

自从最高人民法院发布《意见》，放宽自贸区临时仲裁的制度限制后，仲裁理论界与实务界针对中国开展临时仲裁的前景进行了一系列的调研与讨论，相关的反响十分激烈，但并不都是积极的。[1]从程序特征与争议形态上来看，临时仲裁并不适

---

[1]　天同合伙人朱华芳律师曾在《意见》发布后对十家国有企业进行过电话调查，询问他们是否会选择临时仲裁作为争议解决方式，得到的答复均为否定的。香港国际仲裁中心原副秘书长刘京则指出，自贸区开放临时仲裁在中国虽然是热点话题，但在国际上却由来已久，并未引起其他国家企业的过多关注，因此开放临时仲裁的实际意义还有待实践检验，但可能会倒逼机构仲裁的改革。参见卢松："如何提高中国仲裁的竞争力——北京国际仲裁论坛（BIAF）2017 年春季研讨会综述丨法务芳谈"，载 https：//www.sohu.com/a/132382007_ 159412，最后访问日期：2017 年 4 月 26 日。

宜于所有类型的争议，而是更适合标的额较小、时间紧迫的纠纷案件，绝大多数案源集中在金融、海事海商等领域。[1]

值得称道的是，《横琴自由贸易试验区临时仲裁规则》的问世，为中国引入临时仲裁的实践并强化其可操作性提供了良好的范本，并为其他自贸区仲裁规则的更新及未来仲裁立法的修订提供了重要的参照。充分尊重当事人的意思自治，赋予仲裁庭以充分的仲裁权，是国际商事仲裁发展的必然趋势，也是中国自贸区仲裁制度改革的应有之义。[2]为了增强中国对外国当事人的吸引力，使其愿意选定中国作为争议解决的地点，构建科学、完备的临时仲裁规则，堪称完善中国商事仲裁制度所不可或缺的关键一环。但可以预见的是，在中国仲裁的语境下，临时仲裁在短时间内未必能超越或取代现有的机构仲裁，而是在机构的合理协助或管理下有序展开，其未来的发展不独取决于立法与司法的认可、相应仲裁规则的制定，还依赖于商事交易从业者对临时仲裁的熟悉度、临时仲裁庭裁判质量的提升、裁决的可执行性等多重因素。

此外，临时仲裁规则的拟定与实施，并不能完全摆脱法院对仲裁的司法监督与制约。正如有学者所指出的，仲裁规则的性质，归根结底是契约性的，仅在当事人明示选择的情况下才对仲裁庭具有法律上的拘束力，而仲裁立法则用于规范在该国境内进行的一切仲裁活动，无需当事人的选择即可予以适用。[3]因此仲裁规则的运用，尚需考量与现行仲裁立法及相关司法解释

〔1〕 宋薇萍："专家呼吁自贸区建立临时仲裁制度"，载《上海证券报》2013年12月23日，第2版。

〔2〕 毛海波："自由贸易试验区框架下国际商事仲裁临时措施制度研究"，载《仲裁研究》2014年第3期。

〔3〕 赵秀文："论仲裁规则的性质及其与仲裁法之间的关系"，载《河北法学》2008年第6期。

的衔接问题。既然最高人民法院有意在自贸区内打开临时仲裁的市场，则自贸区立法及司法部门亦需及时出台并更新配套制度及措施，以解决冲突，确保仲裁规则与法律体系二者的对接。例如，现行《仲裁法》第 58 条规定有权管辖申请撤销仲裁裁决案件的法院为仲裁委员会所在地的中级人民法院，但临时仲裁不必然要求仲裁机构提供服务。因此，仍然以仲裁机构所在地标准作为管辖权标准不符合实情，更妥当的管辖权标准可能是国际通行的仲裁地概念。此外，对临时仲裁裁决的司法审查限度，不应比机构仲裁更为苛刻，而应当以程序审查为要点，辅以涉及公共政策的实体审查，如果对裁决所依据的事实认定、证据采信进行全面审查，或将减损仲裁裁决的公信力及其高效快捷的优势，为避免陷入旷日持久的司法审查程序，自贸区司法机关明确审查的范围颇为必要。

第二节　"三特定"仲裁对中国仲裁法治改革的意义及限度

一、"三特定"仲裁的缘起及其定位

（一）开展"三特定"仲裁的法律依据

根据我国《仲裁法》第 16 条第 2 款，有效的仲裁协议应当具有以下内容：其一，请求仲裁的意思表示；其二，仲裁事项；其三，选定的仲裁委员会。长期以来，因这一条款将选定仲裁机构作为仲裁协议的有效要件之一，客观上间接地排除了临时仲裁。[1] 但事实上，在国际商事仲裁实践中，临时仲裁比机构仲裁的历史更为悠久、灵活性更高，迄今为止英美国家的仲裁

---

〔1〕　刘晓红、周祺："我国建立临时仲裁利弊分析和时机选择"，载《南京社会科学》2012 年第 9 期。

案件仍然以临时仲裁为主流。[1]基于其独特的制度优势，我国部分学者曾呼吁立法者加以变通，在中国引入临时仲裁。[2]

司法者对改善中国的仲裁环境做出了创新性尝试。最高人民法院于2016年12月发布的《意见》为"三特定"仲裁在中国的生根发芽提供了法律基础。[3]通过《意见》第9条第3款的规定，我国在既有的机构仲裁之外，开拓出了特定仲裁地、特定仲裁规则、特定仲裁员的"三特定"仲裁，当下级法院认定此类仲裁协议无效时，需要逐级报上级法院审查，直至层报最高人民法院后才可作出裁定得出否定性结论。部分学者将此条款视为我国最高人民法院积极回应市场主体对灵活高效解决纠纷的需求，是为临时仲裁提供司法保障的重要法治创新，期望在条件成熟时形成可供复制和推广的经验，以便在全国范围内支持临时仲裁。[4]事实上，"三特定"仲裁与国际仲裁中通行的临时仲裁存在微妙的差异，而区分的关键正在于所谓的"三特定"要件上。根据前述《意见》，仲裁地、仲裁规则、仲裁员须予以特定，方可开展"三特定"仲裁。但是，"三特定"究竟是指当事人通过合同中的合意约定行为予以特定化，抑或需要符合法定的特殊要件，尚有待实践澄清。《意见》发布后，部分自贸区内的仲裁机构纷纷展开了尝试，以使"三特定"仲裁能够真正落地。

---

〔1〕 杨良宜、莫世杰、杨大明：《仲裁法：从1996年英国仲裁法到国际商务仲裁》，法律出版社2006年版，第369页。

〔2〕 李爽、陈海涛："论在我国建立临时仲裁制度的必要性——以当事人意思自治及相关私权利为主线的探讨"，载《学习论坛》2007年第2期。

〔3〕 孙巍："中国临时仲裁的最新发展及制度完善建议——《最高人民法院关于为自由贸易试验区建设提供司法保障的意见》与《横琴自由贸易试验区临时仲裁规则》解读"，载《北京仲裁》2017年第3期。

〔4〕 张贤达："我国自贸区临时仲裁制度的构建"，载《国家检察官学院学报》2017年第3期。

(二)"三特定"仲裁与机构仲裁的区分标准

相较于机构仲裁,"三特定"仲裁不会完全依附于仲裁机构的主导,除非当事人另有约定,原则上"三特定"仲裁也不会受到机构仲裁规则的严格制约。在"三特定"仲裁中,仲裁员是整个仲裁程序的主人,具体程序事项的处理完全依赖于仲裁员的自由发挥,唯一的底线是要符合自然公正的基本要求。[1]

对于"三特定"仲裁与机构仲裁的区分,需要逐步确定有关标准是否满足:首先,需要考察涉案仲裁协议当中是否提及某一仲裁机构;其次,如果仲裁协议中提及某一仲裁机构,再具体分析当事人是否限定了该仲裁机构的职能,如果该机构只是承担仲裁员的指定或案件的某些行政管理工作,则尚不足以认定为机构仲裁,但如果明确该机构为仲裁机构,则属机构仲裁无疑。[2]不同于机构仲裁,"三特定"仲裁更为突出当事人彼此间为解决争议而开展的有效合作及仲裁庭对程序的妥善把控,当事人意思自治原则及仲裁庭的自由裁量权在"三特定"仲裁中将更深刻地加以呈现,而仲裁机构即使为此类仲裁提供某一种服务,其角色也是有限的,不能以机构的管理权越位于当事人或仲裁庭之上。

二、"三特定"仲裁对中国仲裁的挑战与因应

(一)特定仲裁地

依据前述《意见》第9条第3款,"三特定"仲裁的第一项要求是当事人之间共同约定在内地特定地点仲裁,这实际上对仲裁地提出了明确的要求。实践中,仲裁地作为一项重要的法

---

〔1〕 杨良宜:《国际商务仲裁》,中国政法大学出版社1997年版,第145页。
〔2〕 刘晓红、袁发强主编:《国际商事仲裁法案例教程》,北京大学出版社2018年版,第284页。

律概念，不仅可以作为确定仲裁裁决国籍的标准，而且决定了何地的法院有权对裁决实施司法监督与审查，长远来看还会影响裁决在境外的承认和执行。[1]根据2016年修订版《贸易法委员会关于安排仲裁程序的说明》，仲裁地的确定应遵循以下顺序：首先，当事人可以通过明示方式协议约定仲裁地；其次，如果当事人没有约定或约定不明，则根据案件适用的仲裁规则加以确定；最后，如果仲裁规则也无法确定仲裁地，则由仲裁庭在仲裁程序启动时依据自由裁量权作出决定，仲裁庭在确定仲裁地时，不仅需要考虑仲裁准据法、《纽约公约》或协定，还要估计该地法院对仲裁进行介入的性质和频度、司法审查的范围及裁决撤销的理由、仲裁地法对仲裁员和代理律师方面的特殊资质要求。[2]对临时庭作出的仲裁裁决而言，其中的诸多因素，如双方当事人的国籍或住所、仲裁员的国籍或住所、仲裁活动依据的仲裁规则、争议实体问题适用的准据法、进行程序的开庭地点等，往往分处于不同国家，因此确定仲裁地对决定裁决的国籍就显得更为重要。

不过，《意见》对仲裁地的限制仅仅要求为内地的特定地点，这虽然排除了选择境外某地作为仲裁地的可能性，但是没有澄清特定地点究竟仅限于自贸区之内的某地抑或也包括内地的其他地点。进一步分析，如果当事人选择内地某地点作为仲裁地，究竟应具体到何种程度？是否当事人只需要约定在内地仲裁即可？抑或还要具体到某个省级行政单位或市级行政单位？在中国以往的机构仲裁实践中，就常常针对仲裁条款中选择在

---

〔1〕 赵秀文：《国际商事仲裁法》（第二版），中国人民大学出版社2008年版，第394页。

〔2〕 张虎："《UNCITRAL关于安排仲裁程序的说明》的修订及其启示"，载《大连海事大学学报（社会科学版）》2017年第1期。

"出借方所在地"的仲裁机构仲裁，存在究竟是以"北京市"还是以"北京市朝阳区"来确定具体仲裁机构的争论。[1]足可见，将仲裁地选择在某个省或选择在某个市辖区，具有不同的法律后果。自2013年建设自贸区计划实施以来，截至2021年12月31日，中国已批准设立6批共21个自贸区，自贸片区达到67个，推动自贸区在更大宽围、更宽领域、更深层次进行改革创新的实践和探索。这些区域秉持法治创新、"先行先试"的理念，形成了若干可供复制和推广的成功经验。

（二）特定仲裁规则

根据《意见》第9条第3款，"三特定"仲裁的第二项要求是选择特定的仲裁规则，该特定仲裁规则应该是符合临时仲裁特点的专门规则，而非通常所指的由国际组织或仲裁机构制定的专门适用于机构仲裁的规则。1976年制定并于2010年修订的《贸法会仲裁规则》在制定之初正是专门针对临时仲裁而设计的专门规则，该规则对仲裁通知、指定与指派机构、仲裁庭的组成、仲裁程序的进行、仲裁裁决的起草作出了具体规范。特别值得关注的是，《贸法会仲裁规则》第6条区分了指定机构与指派机构，如果当事人没有约定仲裁员指定机构，则由常设仲裁院的秘书长作为默认的指派机构，由其负责指派仲裁员指定机构，再由该指定机构选定具体的仲裁员人选，组建仲裁庭后审理争议。如此规定默认的指定机构，有效克服了仲裁员指定不能的僵局，缓和了程序困境。[2]在英国、美国、瑞士、日本、德国、印度尼西亚等国家，国内仲裁立法授予法院在必要时任命仲裁员的权力，从而保证当事人选择仲裁方式解决争议的意

---

〔1〕　参见北京市第三中级人民法院（2016）京03民特24号民事裁定书。

〔2〕　康明："临时仲裁及其在我国的现状和发展前景"，载沈四宝主编：《国际商法论丛》（第3卷），法律出版社2001年版，第704页。

愿不至于因组庭困难而落空。[1]相比之下，我国《仲裁法》建立在以机构仲裁为唯一合法仲裁形态的模式基础上，因此未对法院指定仲裁员及协助组庭的权力加以明确规定，这实际上不利于"三特定"仲裁的有效开展。[2]

2017年3月，珠海仲裁委员会率先制定了《横琴自由贸易试验区临时仲裁规则》，以期为广东横琴片区营造法治化、国际化的营商环境，支持多元化纠纷解决机制的运用。该规则重点突出了当事人意思自治及仲裁庭的自由裁量权，为临时仲裁的实施提供了灵活的空间，又凸显了程序细节方面的相对确定性，为"三特定"仲裁在横琴自贸区的落地提供了现实的制度框架。[3]2017年7月，《中国国际经济贸易仲裁委员会香港仲裁中心担任指定机构的规则》正式实施，在当事人约定适用《贸法会仲裁规则》或其他临时仲裁规则的案件中，中国国际经济贸易仲裁委员会香港仲裁中心可以作为指定机构，为当事人提供仲裁员指定服务、仲裁员报酬及实际费用相关的财务管理服务、庭审服务、案件秘书服务等。[4]

2017年9月，以广州仲裁委员会为重要推力组建的中国互联网仲裁联盟制定了《临时仲裁与机构仲裁对接规则》（以下简称《对接规则》），试图弥合现有的机构仲裁模式与国际上通行的临时仲裁机制，提供必要的配套衔接制度。《对接规则》允许

---

〔1〕 刘晓红、袁发强主编：《国际商事仲裁》，北京大学出版社2010年版，第196页。

〔2〕 薛源、程雁群："论我国仲裁地法院制度的完善"，载《法学论坛》2018年第5期。

〔3〕 张建："构建中国自贸区临时仲裁规则的法律思考——以《横琴自由贸易试验区临时仲裁规则》为中心"，载《南海法学》2017年第2期。

〔4〕 北京仲裁委员会/北京国际仲裁中心：《中国商事争议解决年度观察（2018）》，中国法制出版社2018年版，第14页。

当事人从联盟提供的开放式仲裁员库中选任仲裁员组建仲裁庭，并设置了临时仲裁向机构仲裁的转换机制。具言之，《对接规则》第 22 条规定：在临时仲裁过程中的任何阶段，当事人或仲裁庭均可向联盟申请将仲裁程序转化为机构仲裁。临时仲裁转化为机构仲裁的，除非当事人另有约定，已经进行的程序继续有效。转化为机构仲裁后，除非当事人另有约定，剩余程序按照选定的仲裁机构的仲裁规则进行。

（三）特定仲裁员

依据《意见》第 9 条第 3 款，"三特定"仲裁的第三项要求是有权裁决争议的主体限于特定人员，此处规定的特定人员，应对中国籍仲裁员与外籍仲裁员分别理解。对于有权开展"三特定"仲裁的中国籍仲裁员而言，必须满足《仲裁法》第 13 条规定的主客观标准，即不仅要符合公道正派的要求，还必须具备"三八两高"条件之一，因为在内地特定地点作出的裁决属于中国籍裁决，不得突破中国现行仲裁立法中的强制性规则，而立法对担任仲裁员资格要件的规定即属于强制条款。2017 年，第十二届全国人大常委会第二十九次会议通过《全国人民代表大会常务委员会关于修改〈中华人民共和国法官法〉等八部法律的决定》，针对国家统一法律职业资格考试及法官员额制改革对仲裁员资格条件的影响，此次修改将《仲裁法》（2009 年修正）第 13 条第 2 款第 1 项修改为："（一）通过国家统一法律职业资格考试取得法律职业资格，从事仲裁工作满八年的"；将第 3 项修改为："（三）曾任法官满八年的"，由此提高了从事仲裁工作及司法审判工作的相关人士担任仲裁员的资格标准。针对外籍仲裁员，现行法律并未要求其通过中国的法律职业资格考试，但是这并不意味着没有对其设定资格审查要求。具言之，《仲裁法》第 67 条规定："涉外仲裁委员会可以从具有法律、经济贸易、科学技术等专门知识的外籍人士中聘任仲裁员。"这对外籍仲裁员的专业能力做出了最低要求，即必须具备相应的法律、经贸或科技知识。除此之外，各仲裁机构在遴选相应外籍专业人士进入仲裁员名册时，还会根据《仲裁员守则》《仲裁员聘用管理办法》《仲裁员选（续）聘标准》等文件对仲裁员提出更高的要求，以保障仲裁的质量和仲裁机构的公信力。此外，作为国际商事仲裁中的一般原则，在具体个案中选任的仲裁员（尤其是独任仲裁员和首席仲裁员）必须履行特定的披露义务，以确保与任何一方当事人没有利益冲突，且与其所审理的案件不存在法律上的利害关系，以免因此对其独立性或公正性造成消极影响。[1]

（四）仲裁机构在"三特定"仲裁中的角色

如前文所言，《贸法会仲裁规则》自 1976 年制定以来，主要适用于临时仲裁案件，而国际商事仲裁机构通过种种方式介入此类案件并适用《贸法会仲裁规则》，并不必然意味着使临时仲裁转变为了机构仲裁，而应取决于仲裁机构究竟以什么角色、以何种程度介入具体案件。[2]在适用《贸法会仲裁规则》的临时仲裁实践中，当事人可以选择具体的仲裁机构担任案件管理机构（Administered Authority），也可以约定某仲裁机构担任仲裁员的指定机构（Appointing Authority），此时机构所充任的角色都不属于机构仲裁意义上的仲裁机构（Arbitral Institution），可见，"三特定"仲裁中并不排斥仲裁机构以各种有限的方式和角色对仲裁程序提供各类服务。

---

〔1〕［法］菲利普·福盖德、伊曼纽尔·盖拉德、贝托尔德·戈德曼：《国际商事仲裁》（影印本），中信出版社 2004 年版，第 561 页。

〔2〕Robert Morgan, "The UNCITRAL Arbitration Rules: A Commentary", *Asian Dispute Review*, Vol. 8, No. 3, 2006, pp. 103-104.

　　值得一提的是，我国最高人民法院自从 2018 年 6 月分别在深圳、西安挂牌成立第一、第二国际商事法庭以来，始终致力于贯彻落实多元化纠纷解决机制，打造仲裁、诉讼、调解相融合的"一站式"国际商事纠纷解决平台。为此，最高人民法院先后发布了《关于成立国际商事专家委员会的决定》（法〔2018〕224号）、《关于聘任国际商事专家委员会首批专家委员的决定》（法〔2018〕225号），特聘 32 位中外法律专家担任首批专家委员，正式组建国际商事专家委员会。除此之外，根据相关机构的申报，综合考虑各机构的受案数量、国际影响力、信息化建设等因素，2018 年 11 月 13 日，最高人民法院发布了《最高人民法院办公厅关于确定首批纳入"一站式"国际商事纠纷多元化解决机制的国际商事仲裁及调解机构的通知》（法办〔2018〕212号）。该通知明确将中国国际经济贸易仲裁委员会、上海国际仲裁中心、深圳国际仲裁院、北京仲裁委员会、中国海事仲裁委员会、中国国际贸易促进委员会调解中心、上海经贸商事调解中心，确定为首批纳入"一站式"国际商事纠纷多元化解决机制的仲裁和调解机构。对于纳入机制的仲裁机构受理的国际商事纠纷案件，当事人可以依据相关规定在申请仲裁前或仲裁程序开始后，向国际商事法庭申请证据、财产或行为保全，在仲裁裁决撤销后，可以向国际商事法庭申请撤销或执行仲裁裁决，从而保障国际商事法庭对上述仲裁机构受理的国际商事案件行使全方位的司法审查权，有效地实现司法与仲裁的良性互动。这些被纳入"一站式"纠纷解决平台的仲裁机构，具备充分的国际商事仲裁经验，且拥有较好的制度建设及物力与人力保障，不排除将来当事人在选择"三特定"仲裁的同时约定由这些机构提供相应的案件管理服务或担任指定机构，从而有效地保障仲裁的司法审查。

三、"三特定"仲裁的司法监督

（一）法院对"三特定"仲裁实施司法监督的原因与依据

在进行"三特定"仲裁时，由于欠缺机构仲裁模式下的配套制度，在具体推进仲裁程序时，尤其需要双方当事人的积极配合，否则将可能导致"仲裁僵局"。在仲裁程序止步不前时，"三特定"仲裁比机构仲裁更需要借助于法院的司法协助。具言之，在以下几个方面，法院对"三特定"仲裁的协助尤其必要：首先，在确定仲裁管辖权阶段，当争议双方对仲裁协议的有效性及其所适用的可仲裁事项范围存在争论时，如果仲裁庭业已成立，则可由仲裁庭根据"自裁管辖权"原则对仲裁协议的适用范围加以解释和甄别，而在仲裁庭组建之前，则需要借助于法院对仲裁协议有效性作出认定；其次，在仲裁庭的组庭阶段，如果某一方当事人不予配合，拒绝在规定时间内选任仲裁员，且双方未约定指定机构或指定机构未能履行职能时，另一方当事人可以请求法院予以适当介入，代行仲裁员指定机构的职能；[1] 再其次，与机构仲裁相似，"三特定"仲裁也可能涉及证据保全、财产保全等中间措施，在仲裁庭发布临时措施后，如当事人拒不执行，则需要借助于法院执行中间措施，以保障仲裁程序的顺利进行或确保将来作出的裁决能够顺利执行；最后，采用"三特定"仲裁作出裁决后，法院应当依据当事人的请求对裁决进行必要的司法监督与审查，当仲裁裁决存在违背现行法律规定的情形时，应予撤销或不予执行，其中，国内仲裁裁决的不予执行事由规定于《民事诉讼法》第244条，国内仲裁裁决的撤销事由规定于《仲裁法》第58条，涉外仲裁裁决撤销与不

---

[1] 傅攀峰："临时仲裁司法协助制度的本土建构"，载《法制日报》2018年11月5日，第6版。

予执行的事由均规定于《民事诉讼法》第 281 条。[1]此外，最高人民法院先后发布了《仲裁法司法解释》（法释〔2006〕7 号）、《关于仲裁司法审查案件报核问题的有关规定》（法释〔2017〕21 号）、《关于审理仲裁司法审查案件若干问题的规定》（法释〔2017〕22 号）、《关于人民法院办理仲裁裁决执行案件若干问题的规定》（法释〔2018〕5 号）等司法解释及各类涉及仲裁司法审查案件的批复、复函，这些仲裁法律文件虽然主要针对机构仲裁，但是对"三特定"仲裁亦不乏参考意义。[2]

（二）"三特定"仲裁协议的效力认定

参照我国现行《仲裁法》对机构仲裁中仲裁协议有效性的认定标准，结合《意见》第 9 条对"三特定"仲裁提出的具体要求，在起草临时仲裁的仲裁协议时，至少应具备的要件包括：请求仲裁的意思表示（即仲裁意愿）、约定的仲裁事项（即仲裁范围）、选定的仲裁地（必须为内地特定地点）、约定适用于临时仲裁的仲裁规则、仲裁庭组成人数（具体仲裁员人选可在纠纷发生后再加以选任）。[3]据此可见，相比于机构仲裁，《意见》之所以采用"三特定"仲裁的措辞而没有采用"临时仲裁"的表述，实际上更多是出于谨慎。原因在于，临时仲裁的仲裁协议有效性要件原则上应比机构仲裁更为简略，只需表明仲裁意愿和仲裁事项即可，而"三特定"仲裁的仲裁协议，则不仅要求有仲裁意愿，还需满足"三特定"的要求，这实际上是在现行《仲裁法》体系下有限度的突破和例外，而绝非对现

---

〔1〕 宋连斌："司法与仲裁关系的重构：'民诉法'有关仲裁新规定之解析"，载《仲裁研究》2013 年第 3 期。

〔2〕 宋连斌："仲裁司法监督制度的新进展及其意义"，载《人民法治》2018 年第 5 期。

〔3〕 高菲、徐国建：《中国临时仲裁实务指南》，法律出版社 2017 年版，第 136 页。

行中国仲裁法律体系的颠覆。实践中，仲裁意愿与仲裁事项紧密相关，而前者更容易体现，这是因为，只要当事人在仲裁协议中订明了哪些争议可提交仲裁解决，实际上就已经足以表明双方具备了仲裁意愿。至于仲裁事项，当事人在国际商事仲裁实践中拟定的仲裁协议可谓"五花八门"，既有限缩性仲裁协议，也有宽泛式仲裁协议，作为多数仲裁机构推荐的示范仲裁条款，为了避免争议产生后双方对仲裁管辖权的范围产生不必要的争论，原则上应采取较为宽泛的表述，如"凡因本合同引起的或与本合同有关的任何争议，均应提交仲裁解决"，如此可减少因仲裁事项不明确或不能涵盖争议类型而导致的管辖权异议。

（三）"三特定"仲裁裁决的撤销与不予执行

仲裁裁决的撤销与不予执行制度是最为严厉的仲裁司法审查机制，法院对仲裁裁决的司法监督权必须严格遵照法律的规定行使，除非存在法定的撤销或不予执行事由，否则原则上应当尊重仲裁裁决的"一裁终局"效力。当前，根据案涉纠纷是否具有涉外因素，在中国进行仲裁所作出的裁决可以区分为国内仲裁裁决与涉外仲裁裁决。我国《民事诉讼法》与《仲裁法》对二者实施不同的审查范围，对国内裁决的审查事由涵盖了证据隐瞒和证据伪造这两类实体监督，而对涉外裁决的审查事由则主要限定于程序方面，仲裁界通常称其为"双轨制"。[1]对于采取"三特定"仲裁方法作出的仲裁裁决，首先应当依据《最高人民法院关于适用〈中华人民共和国涉外民事关系法律适用法〉若干问题的解释（一）》第1条的规定区分为国内仲裁裁决与涉外仲裁裁决，继而决定适用哪类司法审查事由。尽管

---

[1] 贺晓翊："从双轨走向并轨：我国国内仲裁与涉外仲裁司法审查制度之反思与重构"，载《人民司法》2013年第17期。

国内仲裁裁决与涉外仲裁裁决的司法审查事由存在差异，但也有若干共性：首先，法院有权对争议事项的可仲裁性及仲裁协议的有效性作出认定，继而审查仲裁管辖权的有无；其次，在仲裁庭拥有管辖权的前提下，法院可审查仲裁庭所裁决的争议范围是否超出了当事人约定的仲裁范围及当事人所提出的仲裁申请，如果构成"超裁"，则将导致超出部分被撤销；再其次，法院有权对仲裁庭是否遵守了正当程序进行审查，如仲裁庭未适当通知当事人导致其缺席且未能陈述申辩的，将导致裁决被判定不予执行或撤销；最后，社会公共利益作为"安全阀"，可以作为仲裁司法审查的最后防线，但是法院在运用这一理由时应当秉持"谦抑性"，避免滥用社会公共利益减损仲裁裁决的终局性。[1]

本章小结

最高人民法院于 2016 年 12 月发布的《意见》第 9 条确立了"三特定"仲裁制度，这为当事人在中国现有的机构仲裁模式之外提供了新的争议解决选项。自贸区是我国"一带一路"建设的基础平台和重要节点，自贸区的建设需要稳定、可预期、法治化的多元化争议解决机制，"三特定"仲裁的运用，对自贸区范围内灵活、高效地解决商事纠纷提供了新的选项。[2]在运用"三特定"仲裁解决争议时，需要首先厘清机构仲裁与"三特定"仲裁的区分标准，根据仲裁机构在具体程序中发挥的角色，可以将其定位为指定机构、管理机构或仲裁机构，前两者

---

〔1〕　刘晓红主编：《国际商事仲裁专题研究》，法律出版社 2009 年版，第 438 页。
〔2〕　张超汉、丁同民："我国建立自由贸易试验区临时仲裁制度的意义及路径"，载《中州学刊》2017 年第 8 期。

并非机构仲裁。在确定仲裁地时,《意见》要求特定仲裁地应为内地某地;特定仲裁规则,应理解为符合"三特定"仲裁特点的专门规则;特定仲裁员,需要符合仲裁地立法所规定的仲裁员资格要件,且保持独立性和公正性。法院在对"三特定"仲裁进行司法审查时,应以支持仲裁为取向,遵守内部报核制,不轻易否定仲裁协议的有效性,及时协助仲裁庭发布及执行临时措施,仅在符合法定条件的情形下方可对裁决予以撤销或不予执行。对"三特定"仲裁方法的准确运用,需要准确理解特定仲裁地、特定仲裁规则、特定仲裁员的含义,这与国际上通行的临时仲裁不尽一致。与"三特定"仲裁有关的司法监督情形包括仲裁协议效力认定、决定与实施仲裁临时措施、审理当事人申请撤销或执行仲裁裁决,我国法院在处理此类纠纷时,应秉持开放与包容的立场,以支持仲裁作为价值取向,从而真正实现"三特定"仲裁的法治创新意涵,发挥我国司法机关对"一带一路"建设的司法保障与服务职能。

中国国际投资仲裁规则的制定与观察

国际投资仲裁规则是直接影响到仲裁程序顺利进行的重要文件，制定国际投资仲裁规则是国际投资法治创新的有效途径。在制定与适用投资仲裁规则时，应以实践需求为基础，兼顾公平与效率，平衡投资者与东道国的利益保护。2017 年，新加坡国际仲裁中心与中国国际经济贸易仲裁委员会先后出台了专门的投资仲裁规则，为仲裁机构、仲裁庭和当事人解决投资者与国家间争端提供了有效的程序指引。相比较而言，两份仲裁规则在框架结构上具有相似性，但《中国国际经济贸易仲裁委员会国际投资争端仲裁规则（试行）》在制度创新方面更胜一筹，在汲取国际成熟经验的同时融入了中国特色的仲裁优势，更适合解决涉及中国投资者、中国政府的投资争端。2019 年 7 月，北京仲裁委员会也发布了《北京仲裁委员会/北京国际仲裁中心国际投资仲裁规则》，为"一带一路"建设投资争端的解决提供了新的选项。与此同时，联合国国际贸易法委员会的相关工作组也在筹备起草新的投资者与国家间仲裁规则，国际投资争端解决中心（ICSID）修订后的仲裁规则将于 2022 年 7 月 1 日正式生效。这一系列举措和行动，标志着国际投资仲裁规则进入了新的发展时代，如何通过改革和创新中国的仲裁法治和仲裁规则来实现国际上的话语权，是值得各界广泛关注的重要话题。

第一节 国际投资仲裁规则的比较观察

一、国际投资仲裁规则的新发展

多元化与非常设性是当前国际投资条约仲裁机制的两项重要特征，前者是指国际投资条约往往为投资争端的解决提供了多元化的争端解决机制，且不同的争端解决机制可能同时就实质上相同的同一争端行使管辖权；后者是指，适用仲裁规则进行的非常设性专案仲裁机制在实践中得到普遍适用，且即使是常设机构仲裁，亦不能确保其像法院般在所有个案中提供固定的仲裁员队伍，仲裁庭是专为个案的审判而成立的。[1]这两类特性的存在，很可能导致不同的仲裁庭在对同一条约条款的解释上产生分歧，甚至做出迥然不同的裁决结果，乃至违背实体裁判所追求的稳定性与一致性的目标。为了解决此种困境，国际仲裁界就现有投资仲裁体系的改革做出了种种努力。其中，仲裁机构通过制定或修订专门的投资仲裁规则的方式，确立了不同于私人间商事争议解决制度的投资者与国家间仲裁制度，引入或更新投资争端解决的国际理念，对实践的创新提供了法制支持。2016 年底，新加坡国际仲裁中心制定了《投资仲裁规则》，该规则自 2017 年 1 月 1 日起实施。时隔不久，《中国国际经济贸易仲裁委员会国际投资争端仲裁规则（试行）》发布，该规则是中国仲裁机构制定的首部投资仲裁规则，已于 2017 年 10 月 1 日

---

[1] 陈安主编：《国际投资法的新发展与中国双边投资条约的新实践》，复旦大学出版社 2007 年版，第 7 页。

生效。为了给中国投资者在未来解决投资争端的过程中提供充分的法律支持，有必要对这两部仲裁规则进行研读与比较，从中把握投资仲裁程序发展的理念基础、规则定位、前景与趋势。

二、制定与适用国际投资仲裁规则的理念基础

所谓仲裁规则，特指用以规范仲裁进行的具体程序及此程序中相应的仲裁法律关系的规则。[1]仲裁规则不同于仲裁立法，其制定主体通常不是一国的立法机关。实践中，常用的仲裁规则既可由仲裁机构、国际组织或民间团体[2]制定，亦可由当事人自行拟定或选定，且当事人在选择适用某一部仲裁规则的同时，往往可以对其中具体规定加以变通和灵活调整。特别应注意的是，仲裁规则只有经当事人选择适用，才能在具体个案中发挥作用。可见，仲裁规则在制定、内容与适用方面均具有契约性色彩，且关系到能否达成妥当的、可被接受的争端解决结果。在制定与适用投资争端仲裁规则时，应奠定三项理念基础。

（一）规则的制定应以满足投资仲裁的实践需求为出发点

随着全球范围内国际投资协定的大量缔结，国际层面逐渐形成了外资保护的网状条约结构，这促使国际投资法发展成为国际法中充满生机与活力的新领域。[3]同时，由于在国际投资法领域始终未能达成全面的综合性多边投资条约，相关规则展现出碎片化与非体系化的趋势，引发了大量的投资争端，投资仲裁的案件量持续攀升。以《华盛顿公约》体系下的 ICSID 为

---

〔1〕　黄进、宋连斌、徐前权：《仲裁法学》，中国政法大学出版社 2008 年版，第 39 页。

〔2〕　由国际组织制定的仲裁规则，如《世界知识产权组织仲裁规则》；由民间团体制定的仲裁规则，如中国互联网仲裁联盟制定的《对接规则》。

〔3〕　朱明新：《国际投资争端赔偿的法律问题研究》，中国政法大学出版社 2015 年版，第 10 页。

例，自 1966 年成立后近 30 年时间里，其仅受理了 6 起依据双边投资条约（BIT）提起的投资仲裁案件。[1]但是自 20 世纪 90年代中后期开始，ICSID 受理的以 BIT 为基础的投资仲裁案件呈几何倍数迅猛增加。截至 2017 年 6 月 30 日，ICSID 投资仲裁受案总量已达到 619 件，其中，有 91% 的案件投资者是根据国际投资协定中的仲裁合意提起的仲裁请求，5% 的案件是根据投资者与东道国签订的投资合同提起的仲裁请求，仅 4% 的案件是根据东道国国内法提起的仲裁请求，足可见国际投资条约仲裁对国际投资法的塑造力与影响力。[2]投资仲裁案件数量的持续攀升对国际仲裁机构提出了挑战，制定专门的投资仲裁规则应以满足实践需求为出发点。

（二）规则的设计应兼顾争议解决的效率与公正，维护仲裁公信力

国际投资仲裁规则作为介于仲裁立法与当事人具体约定之间的程序性规则体系，其主要服务于仲裁程序的顺利进行与投资争端的妥当解决。相应地，在制定规则的具体条文时，应以追求高效且公平的裁决结果为最终落脚点。为了实现这一目标，规则的设计者可以对商事仲裁规则中的部分理念加以借鉴，但同时又须充分顾及投资仲裁的独特性。具体而言，拟定投资仲裁规则的具体制度时，需要秉持以下基本思路：其一，借鉴国

---

〔1〕 除 ICSID 外，有些国际商事仲裁机构以及临时仲裁庭也可以裁决投资案件，比如国际商会仲裁院、斯德哥尔摩商会仲裁院、伦敦国际仲裁院以及联合国国际贸易法委员会主导下的临时仲裁。张建："论国际投资条约仲裁：主要机构及其管辖权"，载中国国际经济贸易仲裁委员会、中国海事仲裁委员会、中国国际商会仲裁研究所主办：《仲裁与法律》（第 134 辑），法律出版社 2017 年版。

〔2〕 The ICSID Caseload-Statistics, Issue 2017-2, available at https://icsid.worldbank.org/en/Documents/resources/ICSID% 20Web% 20Stats% 202017 - 2% 20 （English）% 20Final.pdf, last visited on 2017-9-25.

际仲裁中已有的成熟经验，如合并仲裁、第三方资助、法庭之友、透明度等内容，同时引入本土商事仲裁的实践智慧，如仲裁与调解相结合的方法、仲裁员名册制；其二，充分尊重当事人的意思自治，同时保障仲裁庭独立行使裁决权，只有存在有效成立的仲裁协议或仲裁条款，当事人才能将他们的争议通过仲裁的方式解决，仲裁庭的裁决权首先来源于当事人的授权，而裁决权的具体行使方式则主要受到仲裁规则的调整[1]；其三，贯彻灵活、经济的仲裁理念，投资仲裁规则力求为争端当事人提供便捷高效的仲裁服务，如赋予仲裁庭决定案件审理方式的权力、通过先期驳回程序遏制当事人滥用诉权、对裁决期限做出明确的限制、公开仲裁机关管理费用和仲裁员报酬的支付标准以实现透明度等，这些理念对于提升投资仲裁的质量、维护仲裁公信力至关重要。[2]

（三）规则的适用应以平衡保护投资者与东道国权益为导向

当前，国际资本市场的变动引发各界关注，从资本流向分析，很难将某个国家定性为绝对的资本输出国或单纯的资本输入国，相当一部分国家同时扮演资本输出国与资本输入国的角色。以中国为例，据联合国贸易和发展会议发布的《2017世界投资报告》统计，中国在2016年度首次成为全球第二大投资国，并持续保持全球第三大外资输入国的地位。[3]据商务部统计数据显示，2016年，中国境内投资者全年共对全球164个国

---

〔1〕 韩德培主编：《国际私法》（第三版），高等教育出版社、北京大学出版社2014年版，第566页。

〔2〕 贸仲委《投资仲裁规则》说明及规则文本，载 http://www.cietac.org/index.php? m=Article&a=show&id=14467，最后访问日期：2017年9月26日。

〔3〕 吴娅坤："中国2016年对外投资飙升44%，首成第二大投资国"，载 http://news.china.com/zh_cn/internation-al/1000/20170608/30679255_all.html，最后访问日期：2017年9月22日。

家和地区的 7961 家境外企业进行了非金融类直接投资，累计实现投资 1701.1 亿美元，同比增长了 44.1%。其中，2016 年度中国对"一带一路"沿线 53 个国家直接投资 145.3 亿美元，"一带一路"沿线正逐步发展为中国海外投资的重要方向。[1]也正因为同时展开资本输出与资本输入所带来的"角色混同"，国际投资仲裁界正在经历利益平衡的变革。具言之，传统的仲裁实践、投资条约、仲裁规则更为关注海外私人投资者的利益保护，通过扩张仲裁管辖权、提升保护标准、对东道国苛求较高的国际义务等方式实现资本输出国的意图，但在一定程度上忽视了东道国本土的公共利益（如劳工、健康、环境、人权等），而近年来的发展动向则体现出平衡保护投资者与东道国权益的重要性。[2]相应地，作为具体指引仲裁程序进行的规范文本，仲裁规则亦应当秉承利益平衡的理念基础，通过程序透明、文件公开、信息披露、第三方提交等制度设计革除传统模式的痼疾。

三、《新加坡国际仲裁中心投资仲裁规则》与《中国国际经济贸易仲裁委员会国际投资争端仲裁规则（试行）》的结构对比

如前文所述，在现有的投资者与国家间仲裁规则中，《ICSID 仲裁规则》与《贸法会仲裁规则》是最具影响力且适用最为普遍的两份文本。从历史发展来看，ICSID 行政理事会自 1967 年制定《ICSID 仲裁规则》后，曾分别于 1984 年、2002 年、2006

---

〔1〕 张翔："2016 年中国对外直接投资 1701 亿美元，同比增长 44.1%"，载 http://intl.ce.cn/sjjj/qy/201701/16/t-20170116_19641909.shtml，最后访问日期：2017 年 9 月 23 日。

〔2〕 参见余劲松："国际投资条约仲裁中投资者与东道国权益保护平衡问题研究"，载《中国法学》2011 年第 2 期。

年进行三次修订。自 2016 年起，ICSID 行政理事会启动了《ICSID 仲裁规则》的第四次修订程序。其中，第三次修订主要为了适应 ICSID 仲裁案件快速增长的趋势，并力图符合国际投资规则发展的新动向，主要修订要点包括：初步程序、临时措施、裁决公开、第三方参与、仲裁员信息披露、仲裁员报酬等。[1] 相比之下，《贸法会仲裁规则》提供了一套更全面的程序规则，其不仅可适用于投资仲裁，也可适用于商事仲裁。当事方可约定按照该规则进行因其商业关系而产生的仲裁程序，这些规则广泛用于临时仲裁和常设机构仲裁。从内容来看，《贸法会仲裁规则》充分涵盖了仲裁过程的所有方面，提供了示范仲裁条款，对任命仲裁员的方法和仲裁程序的进行规定了相应的规则，还对裁决的形式、效力和解释等问题确立了规则。目前，《贸法会仲裁规则》有三个不同版本：1976 年版、2010 年修订版、纳入《贸易法委员会投资人与国家间基于条约仲裁透明度规则》的 2013 年版。[2] 对前述两份仲裁规则的学术研究与实践运用都较为丰富，本书不再赘述。基于投资仲裁领域的规则发展日新月异，新加坡国际仲裁中心与中国国际经济贸易仲裁委员会于 2017 年制定实施的两份新规则更具时代意义。本书拟分别从条文结构与规则内容的角度对二者加以比较，从中考察异同并予以评估和展望（见表 1）。

结构上有所不同的是，《中国国际经济贸易仲裁委员会国际投资争端仲裁规则（试行）》参考了《ICSID 仲裁规则》，将规则的条文进行章节的划分。具言之，《中国国际经济贸易仲裁委

---

〔1〕　梁丹妮："国际投资争端仲裁程序透明度研究：从《ICSID 仲裁规则》（2006）和《UNCITRAL 仲裁规则（修订草案）》谈起"，载《国际经济法学刊》2010 年第 1 期。

〔2〕　David D. Caron and Lee M. Caplan, *The UNCITRAL Arbitration Rules: A Commentary*, Oxford University Press, 2013, p. 5.

员会国际投资争端仲裁规则（试行）》共有 6 个章节 58 个条文，6 个章节分别是一般规定、开始仲裁、仲裁庭的组成、仲裁程序、裁决和其他规定。[1]

表 1　《新加坡国际仲裁中心投资仲裁规则》与《中国国际经济贸易仲裁委员会国际投资争端仲裁规则（试行）》结构比较

	《新加坡国际仲裁中心投资仲裁规则》	《中国国际经济贸易仲裁委员会国际投资争端仲裁规则（试行）》
适用范围与仲裁程序的启动	规则的适用范围与解释、期间的通知与计算、仲裁通知、对仲裁通知的答辩。	受案范围与管辖依据、规则的适用、机构及职责、送达及期限、诚实信用、放弃异议。
涉及仲裁员制度的条款	仲裁员的人数与委任、独任仲裁员、合议仲裁员、法院对仲裁员的委任、多方当事人对仲裁员的委任、仲裁员的资格、对仲裁员的异议、异议通知、对异议的决定、仲裁员替换及庭审程序的重新进行。	仲裁庭的人数、仲裁员的选定或指定、三人仲裁庭、独任仲裁员、三人以上仲裁庭、多方当事人仲裁庭的组成、披露、仲裁员的回避、仲裁员的更换、多数仲裁员继续仲裁程序。
涉及仲裁程序的一般条款	程序的进行（含预备会议）、当事人提交书面文件、仲裁地、仲裁语言、当事人的代理人、听证会、证人证言、仲裁庭指定的专家、仲裁庭的其他权力。	启动仲裁通知书、对启动仲裁通知书的答复、审理方式、仲裁申请书、仲裁答辩书、反请求书、对请求或反请求的修改、仲裁地、仲裁语言、仲裁代理人、合并仲裁、开庭审理、开庭地点、开庭通知、缺席审理、庭审笔录、仲裁庭调查取证、证人、仲裁庭指定的专家及鉴定人。

---

〔1〕《ICSID 仲裁规则》共分 8 个章节，分别是仲裁庭的组成、仲裁庭的工作、一般的程序性条款、书面与口头程序、特别程序（涵盖临时措施、先期异议、程序中止）、裁决、裁决后的救济（包括裁决的解释、补正、撤销）、最后条款。

续表

	《新加坡国际仲裁中心投资仲裁规则》	《中国国际经济贸易仲裁委员会国际投资争端仲裁规则（试行）》
涉及仲裁程序的特殊条款	仲裁庭管辖权/管辖权原则、对仲裁请求与答辩的早期驳回程序、临时救济与紧急临时救济、准据法、友好调解人、公允及善良原则、第三方提交。	管辖权、对仲裁请求或反请求的先期驳回、第三方资助、临时措施、程序中止、撤回请求和撤销案件、仲裁与调解相结合、第三方提交书面意见、准据法。
仲裁裁决的有关规定	裁决的作出、裁决的更正、解释、附加裁决。	作出裁决的期限、裁决的作出、部分裁决、裁决书草案的核阅、裁决书的更正与解释。
仲裁费用的有关规定	仲裁费用与保证金的收取标准、仲裁费用的分担、仲裁庭的费用与支出、当事人支出的法律与其他费用。	仲裁费用、费用承担。
其他条款	免责、保密性、信息公开、仲裁中的决定（主席、仲裁院、立案登记人员）、异议权的放弃。	免责、资料公开、规则的解释、规则的正式文本、规则的施行。

四、《中国国际经济贸易仲裁委员会国际投资争端仲裁规则（试行）》的特色条款

通过对《新加坡国际仲裁中心投资仲裁规则》与《中国国际经济贸易仲裁委员会国际投资争端仲裁规则（试行）》结构上的初步比较可知，中国国际经济贸易仲裁委员会的规则无论在条款数量方面、章节安排方面、具体制度设计方面都更为丰富和科学。尤其应当注意的是，《中国国际经济贸易仲裁委员会国际投资争端仲裁规则（试行）》规定了几项《新加坡国际仲裁中心投资仲裁规则》所不具有的独特条款，包括：三人以上

仲裁庭、仲裁员更换后多数仲裁员继续仲裁程序、第三方资助、仲裁与调解相结合、裁决书草案的核阅等。本书重点对第三方资助、仲裁与调解相结合、裁决书草案的核阅三个条款予以详述。

（一）第三方资助

《中国国际经济贸易仲裁委员会国际投资争端仲裁规则（试行）》第 27 条对第三方资助作出了专条规定。其中第 1 款就第三方资助进行了界定，特指当事人以外的自然人或实体协议承担参与争议的一方当事人在仲裁程序中的全部或部分费用的情形。第 2 款针对当事人的披露义务，要求获得第三方资助的当事人应在签署资助协议后，毫不迟延地将第三方资助安排的事实、性质、第三方的名称与住址，书面告知对方当事人、仲裁庭及管理案件的投资争端解决中心。仲裁庭也有权命令获得第三方资助的当事人披露相关情况。第 3 款明确了第三方资助对费用分担的影响，仲裁庭在就仲裁费用和其他相关费用作出裁决时，可以考虑是否存在第三方资助的情形，以及当事人是否遵守第 2 款的规定。

《新加坡国际仲裁中心投资仲裁规则》虽然没有就第三方资助问题制定专门的独立条款予以规范，但在部分条款中提及了第三方资助安排对投资仲裁程序的影响，例如：在第 24 条中规定仲裁庭有权要求当事人披露第三方资助的情况及资助者的身份；第 33 条第 1 款、第 35 条规定仲裁庭在对仲裁费用的分担进行裁决时，可以决定是否考虑第三方资助的相关安排。

（二）仲裁与调解相结合

作为中国仲裁制度的一项重要特色，将仲裁与调解方法结合起来用于解决商事争议，由中国国际经济贸易仲裁委员会于 20 世纪 50 年代首创，在逐步向全球推广的过程中一度被誉为"东方经验"。这种复合型争议解决方法的运用，既顾及了当事人对程序事项的处分权，又体现了多元化纠纷解决机制的良性运作，受到国内外广泛认可。[1]《中国国际经济贸易仲裁委员会国际投资争端仲裁规则（试行）》第43条将仲裁与调解相结合的方式运用于投资仲裁程序中，该条文全面明确了仲裁程序中调解的启动要件、调解的进行方式、调解的终止、调解成功或不成功对后续程序安排的影响。

首先，调解的启动以双方当事人真实的意思表示为前提，不允许仲裁庭强制调解。只有双方当事人均有调解愿望，或一方当事人有调解愿望并经仲裁庭征得另一方当事人同意的，仲裁庭才可以在仲裁程序中对案件进行调解。

其次，就调解的方式而言，仲裁庭在征得双方当事人同意后可以按照其认为适当的方式进行调解。调解过程应保密。

再其次，调解过程中，任何一方当事人提出终止调解或仲裁庭认为已无调解成功的可能性时，仲裁庭应终止调解。

最后，如果调解成功，双方当事人经仲裁庭调解达成和解或自行和解的，应签订和解协议。当事人经调解达成或自行达成和解协议的，可以撤回仲裁请求或反请求，也可以请求仲裁庭根据当事人和解协议的内容作出裁决书；如果调解不成功，除非当事人另有约定，仲裁庭应继续进行仲裁程序并作出裁决。双方当事人共同请求更换仲裁员的，则应按照原选定或指定该仲裁员的方式选定或指定替代的仲裁员，由此增加的费用由当事人承担。如果调解不成功，任何一方当事人均不得在其后的仲裁程序、司法程序和其他任何程序中援引对方当事人或仲裁庭在调解过程中曾发表的意见、提出的观点、作出的陈述、表示认同或否定的建议或主张作为其请求、答辩或反请求的依据。之所以如此规定，主要是为了增强当事人的信赖利益，使当事

---

〔1〕 张建："评印度仲裁制度改革的得与失——以2016年《仲裁与调解法（修正案）》为中心"，载《印度洋经济体研究》2017年第4期。

人在解除后顾之忧的前提下，尽可能促使其在调解程序中就争议事项坦诚相待，发表己方的意见、促成磋商方案，而不必时刻担心调解中的表述会被作为对己方不利的事由。在仲裁实践中，仲裁庭通常会声明这一原则，而将实践中的做法在立法中确立下来，调解程序则更有可能达到预期效果。

（三）裁决书草案的核阅

在仲裁庭正式作出裁决之前，将裁决书的草案交由仲裁机构进行核阅，以剔除草案中涉及文字表述、法规引用、当事人基本信息等各方面的错误，是中国仲裁实务中所形成的特有制度。[1]《中国国际经济贸易仲裁委员会国际投资争端仲裁规则（试行）》第49条明确将实践中运用已久的裁决书核阅制度适用于投资仲裁程序，具有重要的现实意义。[2]就其制度功能而言，由仲裁机构对裁决书草案进行核阅，本质上构成一种裁决前的质量监督，其目的正是防止和减少不公正裁决的出现，维护裁决书的严肃性，保证案件质量，树立自身的公正形象。[3]在一裁终局的制度下，为确保仲裁的公平、公正，裁决书的质量显得尤为重要。裁决书对双方当事人的权利义务作出了最终判断，直接体现了法律的尊严。为维护其权威性、稳定性，中国的仲裁机构对仲裁庭作出的裁决草案进行适当的核阅，可以

---

〔1〕 目前裁决书核阅制度已经被部分国际仲裁机构接受，如2012年《国际商会仲裁院仲裁规则》第33条规定："仲裁庭应在签署裁决书之前，将其草案提交仲裁院。仲裁院可以对裁决书的形式进行修改，并且在不影响仲裁庭自主决权的前提下，提醒仲裁庭注意实体问题。裁决书形式未经仲裁院批准，仲裁庭不得作出裁决。"

〔2〕 该条规定："仲裁庭应在签署裁决书之前将裁决书草案提交仲裁委员会核阅。在不影响仲裁庭独立裁决的情况下，仲裁委员会可以就裁决书的有关问题提请仲裁庭注意。"

〔3〕 这种内部监督机制，既不同于部分行业仲裁协会的上诉复审制，也不同于法院系统的内部报告制，而是同时包括了对裁决书草案提出实质性建议的权力和对裁决形式的核阅权。汪祖兴：《国际商会仲裁研究》，法律出版社2005年版，第347页。

大大降低裁决书出错的概率，从形式及实质上提升了裁判文书的质量。[1]在我国，除涉及自贸区的特定案件外，现行《仲裁法》仅认可机构仲裁的合法性，即必须以仲裁委员会的名义受理案件，仲裁庭审理案件作出裁决后，不仅要由仲裁员在裁决书上签名，还必须加盖仲裁委员会的公章。具言之，在仲裁个案的裁判中，仲裁委员会与仲裁庭是分工协作的关系——仲裁庭由仲裁委员会依据当事人的协议组织成立、独立审理案件、作出裁决，裁决书由仲裁庭成员签署，由仲裁委员会盖章后发给当事人。虽然仲裁庭在程序进行中独立审理案件、决定仲裁程序的具体进程，但这种独立不能是绝对的，其与仲裁委员会这一机构有不可分割的关系，如果仲裁委员会对案件的审理不进行必要的监督，以致出现不公正裁决，不仅影响当事人的实体和程序权利，仲裁委员会的公信力也会受到影响。

五、投资仲裁规则中不同于商事仲裁的具体制度安排

在比照《新加坡国际仲裁中心投资仲裁规则》与《中国国际经济贸易仲裁委员会国际投资争端仲裁规则（试行）》的基础上，能够明显注意到二者作为专门的投资仲裁规则所具有的不同于商事仲裁规则的特性。这种独特性不单体现为前文所阐述的理念基础方面，还反映在具体的制度安排方面。本书仅就实务中经常出现的部分程序性细节进行陈述。

（一）答辩期限

相比国际商事仲裁，投资仲裁最显著的特点在于其案情复杂、法律适用多元、证据繁多、程序持久、耗时较长。由于当事人中的被申请人一方多为主权国家，其在回应投资者的仲裁

---

[1]　邹长林："深圳仲裁委探索建立案件核阅制度"，载《法制日报》2004年11月17日，第6版。

申请时往往更为谨慎，耗时往往比商事仲裁的当事人更久。对此，《新加坡国际仲裁中心投资仲裁规则》第 4 条将被申请人的答辩期确定为收到仲裁通知之日起 35 天内；《中国国际经济贸易仲裁委员会国际投资争端仲裁规则（试行）》第 9 条规定，被申请人应自收到启动仲裁通知书之日起 30 日内向管理案件的投资争端解决中心提交书面答复。可见，相关规定均延长了一般商事仲裁中 20 天或 45 天的答辩期（《新加坡国际仲裁中心投资仲裁规则》规定当事人的答辩期限为 14 天），给予了东道国当事人更充分的案件准备时间，以应对复杂的投资争端。

（二）仲裁员的选任方法及对仲裁员资格的异议

仲裁庭三人合议制度不仅可以体现集体的智慧，有益于保障裁决的独立公正，而且也使各方当事人在选任仲裁员过程中都拥有一定的权限。在普通商事仲裁案件中，考虑到争议金额较小以及当事人希望快速结案的需要，绝大多数仲裁规则设置了独任仲裁员审理案件的制度。在国际投资仲裁案件中，考虑到国际投资仲裁案件的复杂性、国际政治敏感性、较高的涉案金额，无论作为申请人的投资者，还是作为被申请人的东道国政府，双方当事人均希望借助仲裁员的选任，实现自己的程序性权利。[1]此外，多数仲裁员制度的设计初衷，是使仲裁庭成

---

〔1〕 需要说明的是，无论在投资仲裁中，还是在商事仲裁中，仲裁员一经选定，即应当履行中立的裁判者角色，不得偏袒任何一方当事人。但在投资仲裁领域，部分仲裁员的裁判意见具有某种倾向性。例如，来自发展中国家的学者和仲裁员，在个人财产权与集体人权相冲突时，往往更倾向于保护集体人权，而发达国家学者和仲裁员则比较偏向前者。世界银行的统计显示，已有的投资仲裁案件中，来自发展中国家的仲裁员与来自发达国家的仲裁员人数之比约为 1:5，这就部分解释了为什么大多数仲裁庭对东道国居民人权的选择性忽视。这种比例的严重失调，主要原因在于西方学者主导了国际投资法的理论研究，仲裁员队伍中缺乏坚持发展中国家立场的国际投资仲裁专家。谢宝财、张淑梅："国际投资法中的人权保护问题研究——以国际投资仲裁实践为视角"，载《国际商务研究》2013 年第 1 期。

员在对具体问题上达不成一致意见的情形下，确立一项多数意见作为裁决结论，避免独任仲裁制因个人独享裁决权而带来的道德风险。基于这种考虑，《新加坡国际仲裁中心投资仲裁规则》第 5 条第 2 款、《中国国际经济贸易仲裁委员会国际投资争端仲裁规则（试行）》第 10 条第 2 款均默认仲裁庭仲裁员人数为三人（当事人另有约定除外）。[1]

不同的是，《新加坡国际仲裁中心投资仲裁规则》第 5 条第 5 款将双方未按期选定仲裁员、未共同选定首席仲裁员时的仲裁员任命权交由仲裁院集体，并在第 8 条中专门规定了仲裁院指定仲裁员的具体程序，而《中国国际经济贸易仲裁委员会国际投资争端仲裁规则（试行）》第 12 条、第 13 条则将此类情形下的仲裁员指定权赋予了仲裁委员会主任个人。这种制度安排上的不同，主要出于程序高效价值的考量，并且与不同机构既有的经验息息相关。在这一点上，不宜轻易地评断孰优孰劣，只能从个案的情形、机构管理案件的长期实践、当事人所熟悉的仲裁法制入手进行选择。

此外，《中国国际经济贸易仲裁委员会国际投资争端仲裁规则（试行）》第 11 条规定了仲裁委员会制定仲裁员名册，而《新加坡国际仲裁中心投资仲裁规则》第 11—13 条则对仲裁员资格要件提出异议的具体程序进行了规定，并明确新加坡国际仲裁中心仲裁院拥有最终的异议决定权。这种由仲裁院集体而非主席或秘书长个人做出决定的规定，充分体现了投资仲裁案件中仲裁员选定

---

〔1〕　值得注意的是，《中国国际经济贸易仲裁委员会国际投资争端仲裁规则（试行）》第 10 条第 1 款允许仲裁庭由一名、三名或其他任意奇数仲裁员组成；第 14 条第 1 款规定："仲裁庭由三名以上仲裁员组成的，除非当事人另有约定，首席仲裁员之外的仲裁庭其他成员的指定，申请人和被申请人应在被申请人收到启动仲裁通知书之日起 30 日内选定或委托仲裁委员会主任指定相等人数的仲裁员。当事人未在上述期限内选定或委托仲裁委员会主任指定的，由仲裁委员会主任指定。"

的重要性。这种对仲裁员组成的详细规定适应了国际投资仲裁政治化、专业化的特点，保障了国际投资仲裁的程序和实体公正。

（三）仲裁申请书及答辩书

普通国际商事仲裁中，当事人双方在仲裁程序中往往是针锋相对的，而对于双方提交的法律文书而言，多数商事仲裁规则对文书格式和内容往往并不会有明确规定和限制。而考虑到国际投资仲裁具有强烈的政治因素及其复杂性，在国际投资仲裁程序中，当事人各方往往需要以专业化的方式对各自的观点进行陈述。对此，《新加坡国际仲裁中心投资仲裁规则》第 17 条一改国际商事仲裁中申请书、答辩状等文书性质的表述，将双方提交之相关文书统一表述为"备忘录"（Memorial），并在第 17.2 条、第 17.3 条中对备忘录的格式和内容予以了明确规定。该针对法律文书的规定一方面体现了国际投资仲裁的专业性，另一方面则体现了中立的仲裁机构希望缓解和稀释双方在仲裁程序中的对抗性。

（四）对案件的初步审查和先期驳回程序

国际投资仲裁的政治性特点决定了其应当是专业的和严肃的。为避免申请人的滥诉对国家日常政务的影响，为维护国家主权，《新加坡国际仲裁中心投资仲裁规则》第 26 条和《中国国际经济贸易仲裁委员会国际投资争端仲裁规则（试行）》第 26 条均规定了仲裁机构对案件的先期驳回制度。先期驳回程序，在学理上通常被称为"快速程序""简易程序""初步反对意见"或"早期驳回程序"。就该类程序的实践功能而言，其实质上是将管辖权异议前置到仲裁程序初始阶段，旨在快速地驳回明显不具有法律依据的仲裁请求，以遏制滥诉，避免仲裁资源的浪费。根据统计，ICSID 仲裁庭迄今为止，已经在十余起案件中适用了这项程序，且仲裁实践表明，仲裁庭对该条款的审查标准达成了基本共识，即仲裁庭可能基于管辖权方面的原因而驳回投资者的仲裁请求，进而缓解被诉东道国的诉累。[1]在投资仲裁规则中引入先期驳回程序，有助于保障东道国的主权政务免受无端的干扰，维护主权国家在国际投资事务中的管理权的正常行使。具言之，根据两份仲裁规则，新加坡国际仲裁中心仲裁院和中国国际经济贸易仲裁委员会投资争端解决中心均有权在立案之初对案件管辖权进行初步筛查，如果发现仲裁请求或反请求明显缺乏法律依据或明显超出仲裁庭的管辖范围，则仲裁机构有权驳回仲裁请求，进而终结案件审理程序，不再进入实体审理阶段。在仲裁程序启动后，仲裁庭也有权依据当事人的书面请求，对仲裁请求或反请求进行审查，当确认相关请求明显不具有法律依据时，可提前驳回仲裁请求，不再进入实质审理阶段。应当注意的是，仲裁庭裁决支持或部分支持先期驳回请求的，应终止对相关仲裁申请或者反请求的审理，但该裁决并不影响仲裁庭对其他仲裁请求和反请求的继续审理。

（五）允许第三方提交书面意见

在仲裁程序中，除案件当事人外，往往存在与案件有紧密联系的第三方。商事仲裁中，由于奉行保密性的一般原则，庭审通常不对外公开，也较少允许第三人参与。但投资仲裁中越来越注重程序的透明度和对社会公共利益的关切，允许第三方在仲裁程序中发表书面意见，不仅有利于查明案件事实，也可以间接保护案件当事人以外的非当事方的合法权益。第三方意见在国际投资仲裁或者与国家政府和国家主权相关的案件中被广泛使用。[2]例如，在20世纪80年代名噪一时的美国湖广铁

---

〔1〕　肖军："《ICSID 公约仲裁规则》第 41（5）条的解释与适用"，载《国际经济法学刊》2012 年第 3 期。

〔2〕　陈鲁明、陈雨崴："国际投资仲裁与国际商事仲裁的主要区别：以新仲《投资仲裁规则》为视角"，载 http://www.sohu.com/a/132774235_692199，最后访问日期：2017 年 9 月 26 日。

路债券案中，美国的一些投资者后代以其所持有的清政府于1911 年发行的"湖广铁路债券"在美国法院起诉中国政府，要求中国政府偿还债券的本金及利息。美国阿拉巴马州联邦地区法院支持了原告，判决中国政府败诉，该案最后上诉至美国联邦最高法院。美国国务院考虑到当时的政治形势，向美国联邦最高法院出具了一份"法庭之友意见"（amicusbrief）。该意见认为，美国 1976 年通过的《外国主权豁免法》不具有溯及力。美国法院随后改判该案。在实践中，最早引入法庭之友概念的投资仲裁案件当属 2001 年依据《北美自由贸易协议》提起的"Methanex 诉美国"案[1]。仲裁庭根据《贸法会仲裁规则》第15 条仲裁庭进行程序时拥有自由裁量权的条款，判定自身有权力接受"法庭之友"提交的材料，采纳了国际可持续发展研究所和地球正义组织作为第三方提交的材料。ICSID 同年受理的"UPS诉加拿大"案[2]的仲裁庭也借鉴了此种途径。2006 年修订的《ICSID 仲裁规则》第 37 条应各界呼吁，并考虑到实践需求，纳入了"法庭之友"制度，该条第 2 款规定：在当事人双方协商后，仲裁庭可以允许非争端当事方的个人或实体就争端所涉事项提交书面意见。但仲裁庭应确保非当事方的意见不至于破坏仲裁程序或给任何当事方构成歧视对待。[3]

又如在"Sanum 诉老挝政府"投资仲裁案中，中国外交部

---

〔1〕 Methanex Corporation v. United States of America, UNCITRAL（NAFTA）.

〔2〕 United Parcel Service of America Inc. v. Government of Canada, UNCITRAL（NAFTA）.

〔3〕 值得关注的是，自 2016 年 10 月起，ICSID 启动了新一轮的仲裁规则与调解规则的修订工作，相比于 2006 年发布的旧版规则，新规则致力于尽可能简化投资争端解决的程序、减少时间与费用成本、提升仲裁与调解的效率。此外，新规则着力于平衡投资者与东道国的利益，以确保投资仲裁机制的持续性、完整性、公平性。See Work Launched on Updating ICSID Rules and Regulations, available at https://icsid.worldbank.org/en/Pages/News.aspx? CID=202, last visited on 2016-11-24.

曾在仲裁结束后的撤裁程序中向新加坡法院出具照会。尽管该照会所述内容在法院一审中被采纳，但由于出具时间的问题，在二审中最终未被上诉法院采纳。毫无疑问，中国外交部出具的该等照会对新加坡法院在审理是否撤裁的过程中产生了一定的影响。倘若仲裁程序允许，并且该照会出具于仲裁程序之中，则不排除由中国政府向仲裁庭出具类似"法庭之友意见"以表明其态度的照会将会实质改写该案仲裁裁决的可能。考虑到第三方意见在涉国家政府和国家主权案件中的重要地位，《新加坡国际仲裁中心投资仲裁规则》第 29 条与《中国国际经济贸易仲裁委员会国际投资争端仲裁规则（试行）》第 44 条均允许非案件当事人可以提交第三方意见，并明确了提交第三方意见的内容和方式。这为仲裁庭在国际投资仲裁案件中更好地查明涉案的法律事实提供了程序保障。[1]值得一提的是，北京仲裁委员会也于 2019 年 7 月通过了《北京仲裁委员会/北京国际仲裁中心国际投资仲裁规则》，该规则自 2019 年 10 月 1 日起施行。就内容而言，该规则具有的创新性包括：一是兼容机构仲裁和临时仲裁；二是引入上诉等纠错机制，增强裁决的正确性和一致性；三是提高仲裁效率，降低仲裁费用；四是增强投资仲裁的透明度；五是对仲裁员的资质和行为准则提出了更高要求。

第二节　国际投资争端解决中的可持续发展原则

一、可持续发展原则在国际投资争端解决中的引入

可持续发展这一概念初现于国际环境法领域，其首次运用

---

[1] 叶兴平：《国际争端解决机制的最新发展——北美自由贸易区的法律与实践》，法律出版社 2006 年版，第 236 页。

可溯至 1980 年联合国环境规划署委托国际资源和自然保护联合会编纂的《世界自然资源保护大纲》第 1 条第 2 款中，而其内涵的正式确立则规定于 1987 年世界环境与发展委员会公布的《我们共同的未来》（《布伦特伦报告》）中。简言之，这一原则特指既满足当代人的需要，又不损害后代人满足其需求的能力的发展。[1]当下，随着跨国投资活动中平衡保护投资者权益与东道国公共利益的观念得到认可，可持续发展已经不再仅仅作为一项概念或目标，而是被国际社会广泛接受为一种价值标准和要求，其影响范畴延伸至经济、社会、人口、生态、法治等方方面面。[2]在国际投资法视角下，可持续发展原则的适用不仅体现在实体法层面，也延伸至投资争端解决程序层面。[3]2012年，联合国贸易和发展会议首次发布《可持续发展投资政策框架》，呼吁各国秉持可持续发展原则制定和实施国内及国际投资政策。2016 年，在中国杭州召开的 G20 峰会上，各国共同制定了《二十国集团全球投资指导原则》，其中第 5 条明确规定"投资及对投资产生影响的政策应在国际、国内层面保持协调，以促进投资为宗旨，与可持续发展和包容性增长的目标相一致。"由此可见，可持续发展的目标被纳入了全球投资指导原则，该原则为各国（尤其是发展中国家）协调制定国内投资政策和签订对外投资协定提供了重要指导。[4]具言之，国际投资条约中直

---

〔1〕 林灿铃：《国际环境法》，人民出版社 2004 年版，第 170 页。

〔2〕 王传丽主编：《国际经济法》（第四版），中国人民大学出版社 2015 年版，第 22 页。

〔3〕 蒋小红："试论国际投资法的新发展——以国际投资条约如何促进可持续发展为视角"，载《河北法学》2019 年第 3 期。

〔4〕 I. W. Ferreira and H. R. Lloyd, "Developmental Issues and Environmental Policy in South Africa", *Encyclopedia of Life Support Systems*, Vol. 2, 2006, p. 6.

接反映可持续发展原则的条款涵盖了序言中一般性的原则式条款[1]、反腐败条款[2]、环境保护条款[3]、劳动权利与人权保障条款[4]、实体透明度规则[5]、程序透明度规则[6]、国

---

[1]　例如，2012年《中华人民共和国政府和加拿大政府关于促进和相互保护投资的协定》序言部分规定："中国与加拿大双方进一步认识到需要依据可持续发展的原则促进投资，希望在平等互利基础上加强两国经济合作，达成协议如下。"

[2]　例如，2018年《美国-墨西哥-加拿大协定》第27章专章规定国际投资与贸易中打击腐败的具体条款，包括立法措施（各签署国有义务对腐败行为予以刑事处罚）、行政措施（各签署国须采取并维持审计监管措施并保护告密者）、促进措施（各签署国应努力使公职人员熟知腐败法案及便利支付的有害效果）。See Collmann Griffin, Richard Mojica and Marc Alain Bohn, "Takeaways from the Anti-Corruption Chapter of the USMCA", available at http://www.fcpablog.com/blog/2019/1/9/takeaways-from-the-anti-corruption-chapter-of-the-usmca.html, last visited on 2019-1-9.

[3]　例如，2012年《中华人民共和国政府和加拿大政府关于促进和相互保护投资的协定》第33条第2款规定："只要相关措施不以武断或不合理之方式适用，或不构成对国际贸易或投资之变相限制，本协定中任何规定均不得被理解为阻止缔约方采取或维持下述措施，包括环境措施：确保遵守与本协定条款无一致的法律法规所必要的措施；保护人类、动物或植物生命或健康所必要的措施；或与保护有生命或无生命的可耗尽自然资源相关的措施。"

[4]　例如，2012年《美国双边投资条约范本》第13条第2款规定："缔约双方认识到通过削弱或降低国内劳动法所承担的保护义务来鼓励投资是不恰当的。因此，在放弃或贬损国内劳动法将与劳工权利不一致时，或者因持续或不间断的作为或不作为未执行其劳动法时，各缔约方应保证其未放弃或贬损，或试图放弃或贬损此种法律，以鼓励在其领土内设立、获得、扩大或保留投资。"

[5]　例如，2012年《美国双边投资条约范本》第11条第3款规定："就依据本条公布的涉及条约覆盖范围内的中央政府层面的普遍适用的拟议中的法规而言，任一缔约方应当在一个单独的全国发行的官方刊物中公布拟议中的法规，并且应当鼓励通过其他途径发行；在大多数情况下应尽可能在公众评论期限截止前不少于60天公布拟议中的法规；在公布中应当包括拟议中的法规制定目的的解释和理由。"

[6]　例如，2012年《中华人民共和国政府和加拿大政府关于促进和相互保护投资的协定》第28条第2款规定："在与争端投资者磋商后，如果争端缔约方认为公开审理系出于其公共利益，则在通知仲裁庭其决定后，依据本部分进行的仲裁庭庭审应向公众开放。但出于保护保密信息包括商业机密信息的需要，仲裁庭可就部分庭审进行非公开审理。"

家安全条款〔1〕、负责任的商业实践及企业社会责任条款〔2〕。这些条款的存在，集中反映了可持续发展原则业已在国际投资条约的制定过程中得到全面贯彻。〔3〕

在国际交往关系中，资本的跨境往来被视为提升市场经济活力并有效配置世界财富资源的重要手段，为了实现资本跨境往来的长期稳定运转，将可持续发展的理念贯穿始终显得尤其重要。作为国际投资法的程序规则之一，投资者与国家间争端解决（ISDS）机制的公平性与民主性近些年来颇受质疑。一些发展中国家在屡屡被诉且大多数案件以败诉收场的情况下，开始有选择地退出 ISDS 机制或者对 ISDS 机制的管辖权设置种种限制。〔4〕与此同时，一些发达国家也开始逐渐成为投资仲裁案件的被申请人，如"梅赛尼斯诉美国（Methanex v. US）"案、"迈尔斯公司诉加拿大案（S. D. Myers v. Canada）"案等，这些案件的涌现使得发达国家也开始反思 ISDS 机制对东道国规制权带来的约束与禁锢，于是开始提出种种可能的改革方案，欧盟所提出的《跨大西洋贸易与投资伙伴协议（草案）》〔5〕第 2 条

---

〔1〕 例如，2004 年《加拿大双边投资条约范本》第 10 条规定："该协议不能理解为阻止任何缔约方采取行动履行其在联合国宪章下维护国际和平与安全的义务。"

〔2〕 例如，《跨太平洋伙伴关系协定》第 9 章第 17 条规定："各缔约方重申每一缔约方鼓励在其领土内运营或受其管辖的企业自愿地将国际承认的、已被该缔约方认可或支持的企业社会责任标准、指南和原则纳入此类企业的内部政策的重要性。"

〔3〕 Chi Manjiao, *Sustainable Development Provisions in Investment Treaties*, ESCAP, 2018, p. 17.

〔4〕 Sergey Ripinsky, "Venezuela's Withdrawal from ICSID: What It Does and Does not Achieve", available at https://www.iis-d.org/itn/2012/04/13/venezuelas-withdrawal-from-icsid-what-it-does-and-does-not-achieve, last visited on 2018-3-10.

〔5〕 Transatlantic Trade and Investment Partnership: Trade in Services, Investment and E-commerce, available at http://trade.ec.europa.eu/doclib/docs/2015/september/tradoc_ 153807. pdf, last visited on 2019-7-2.

第 1 款及《欧盟与加拿大综合经济与贸易协定》〔1〕第 8 章第 9 条第 1 款即为典例。〔2〕就其本质而言，这些举措都旨在通过制度的改良维护国际投资法治的可持续发展。

　　作为改进程序机制的重要方案之一，2014 年 4 月，联合国国际贸易法委员会发布的《投资人与国家间基于条约仲裁透明度规则》（以下简称《透明度规则》）生效。〔3〕为贯彻与实施这一规则，联合国国际贸易法委员会又于 2014 年 12 月通过了《联合国投资人与国家间基于条约仲裁透明度公约》（即《毛里求斯透明度公约》）。截至 2019 年 7 月，该公约已有 23 个国家签署并被 5 个国家批准，毛里求斯、加拿大、瑞士、喀麦隆、冈比亚已批准该公约并成为公约的正式缔约国。〔4〕鉴于此，本书选择以投资仲裁的透明度作为切入点，证明在国际投资争端解决中引入该原则不仅有助于吸纳案外人及公众充当"法庭之友"提交书面意见，而且可借此向仲裁庭表达关于公共利益与可持续发展的诉求，兼及国际投资协定缔约与国际投资仲裁实践的双重考量，这也正是真正实现国际关系法治化、民主化、多元化持久发展的途径。

---

　　〔1〕　Comprehensive Economic and Trade Agreement（CETA）Between Canada, of the One Part, and the European Union and Its Member States, available at http://trade. ec. europa. eu/doclib/docs/2014/september/tradoc_ 152806. pdf, last visited on 2019 - 7 - 2.

　　〔2〕　张庆麟主编：《国际投资法：实践与评析》，武汉大学出版社 2018 年版，第 6 页。

　　〔3〕　Rules on Transparency in Treaty-based Investor-State Arbitration, available at http://www. uncitral. org/uncitral/en/uncitral_ texts/arbitration/2014Transparency. html, last visited on 2019-7-4.

　　〔4〕　Transparency and the UNCITRAL Arbitration Rules, available at https://www. iisd. org/project/transparency-and-uncitral-arbitration-rules, last visited on 2019-7-4.

二、跨国投资活动及投资争端解决与可持续发展原则的关系

（一）可持续发展与外国直接投资的关系厘定

通常认为，国际投资法的核心要义乃在于保护外国投资，其主要目标包括确保资金转移、促进投资活动的长期进行，以及保护投资者对投资项目的管理等。而对外国直接投资（Foreign Direct Investment，FDI）的促进，亦主要规定在国际投资协定当中，这类条约的谈判旨在为外国投资者提供安全性与确定性保障，进而促进 FDI，同时伴有实现东道国发展的根本目标。[1]对于 FDI 与可持续发展二者的动态关系，可以用"双重互动"（dual-natured）来描述。[2]一方面，跨国公司与其他外国投资者的投资活动对东道国的可持续发展可能造成正反两方面的影响，跨国公司与其他外国投资者的投资活动能够且事实上也确实促进了东道国可持续发展的某些方面。[3]从积极影响来看，比较明显的是，在可再生能源技术领域，外国投资可以为东道国缓和急剧的气候变化提供智力支持；在流域治理与生态多样性方面，外国投资可以为东道国公众的生活、生产用水提供保障；在新的农业生产技术领域，外国投资提供了开展有机农业所必要的经验积累；在信息与通信领域，外国投资改进了东道国社会公众的生活质量并为发展中国家带来了新的教育手段。然而，从消极影响来看，投资者的某些投资活动也可能使东道

---

[1]　蒋小红："双边投资协定谈判与可持续发展"，载《中国社会科学报》2018 年 11 月 28 日，第 4 版。

[2]　*Making FDI Work for Sustainable Development*, United Nations Publication, 2004, p. 8.

[3]　Ans Kolk, Arno Kourula and Niccolò Pisani, "Multinational Enterprises and the Sustainable Development Goals: What Do We Know and How to Proceed", *Transnational Corporations*, Vol. 24, 2017, p. 9.

国的可持续发展目标受挫，在促进经济发展目标的同时也可能对投资外部的社会、环境、劳工等产生消极影响。例如，对碳排放量受限制的国家而言，寻求在东道国设立煤炭发电站的海外投资计划只会徒增其发展成本。另一方面，可持续发展也会反过来影响外国投资活动的进行。正面来看，可持续发展意义上的"绿色经济"计划有助于消除贫困，促进贸易与投资增长的努力也能带来生态和社会方面的有益结果。[1]反过来看，忽视可持续发展问题对商业本身也存在不良影响，这些经济与社会影响应尽可能做到事前防范，其意义不容忽视。总之，FDI 与可持续发展之间存在双重的互动作用，积极影响与消极影响并存，妥善认识二者之间的关系，是对具体问题展开思考的前提。

（二）投资争端解决中重视公众参与对可持续发展的意义

事实上，国际社会乃至国际法学界已经关注到了可持续发展与 FDI 之间不容忽视的重要性，将可持续的理念纳入国际投资法之中已经深入人心，且这一共识正不断地从抽象理念转型为具体义务。[2]如前文所言，在国际投资协定中，具有可持续发展功能的条款有多种，既有实体规则，也有程序规则。在程序规则中，于 ISDS 中贯彻透明度原则是可持续发展原则的重要表现，这项原则是保障公众参与的重要路径。早在 2002 年，国际法协会即发布了《关于可持续发展的国际法原则宣言》[3]，确立了公众参与原则；2014 年，联合国国际贸易法委员会发布的

---

〔1〕　*Towards a Green Economy*: *Pathways to Sustainable Development and Poverty E-radication*: *A Synthesis for Policy Makers*, United Nations Publication, 2011, p. 10.

〔2〕　宁红玲、漆彤："'一带一路'倡议与可持续发展原则——国际投资法视角"，载《武大国际法评论》2016 年第 1 期。

〔3〕　Nico Schrijver, "ILA New Delhi Declaration of Principles of International Law Relating to Sustainable Development", *Netherlands International Law Review*, Vol. 49, 2002, p. 299.

《透明度规则》，又明确规定了公众及非政府组织在投资争端解决中提交法庭之友意见的权利。尽管投资者与东道国争端解决程序的影响更主要体现在其对实体规则的解释层面，但完全忽视投资仲裁将对可持续发展形成制约。倘若某欧盟投资者因为在美国的可再生能源投资项目与美国（即东道国）发生争议，并选择在美国境内寻求法律救济，一旦美国的州法院与联邦法院不愿倾斜保护外国公司，而作为投资者母国的欧盟成员国又不愿介入，那么如何确保对这项投资构建损失救济机制？这将形成莫大的法律障碍。显然，在类似情形下，如果完全无视各类投资者与东道国之间的投资仲裁程序，将无法切实保障投资东道国的可持续发展。而投资仲裁程序中的透明度原则，是可持续发展理念在争端解决层面的直接体现，通过透明度的提升保证公众的充分参与，进而促使仲裁庭在多方意见的基础上作出公正且中立的裁决，不仅有利于仲裁裁决的公正性，从长远来看也可有效调和投资权益与环境、劳工、人权等公共利益的冲突，从根本上推进可持续发展原则的实现。

三、国际投资协定文本对可持续发展目标的实现路径

（一）在谈判条约时参照可持续发展的政策框架

为了促使国际社会及各主权国家兼顾投资自由化与东道国公共利益，联合国贸易和发展会议在 2012 年《世界投资报告》中确立了新一代投资政策的制定根据，并将这一系列政策区分为三个主要子项目：在可持续发展理念引导下制定投资政策的11 项核心原则、各国内部的投资政策指南、作为国际投资协定政策选择的要素。值得一提的是，投资政策框架作为一种国际法律文件，其概念和文件性质不同于投资协定，也不同于各国国内政府部门拟定的投资政策，而是从更为抽象和动态的视角

出发，为政府形成良好的投资政策、企业作出正确的投资决策提供参考。就其关键条款而言，主要涉及以下角度：其一，将包容性增长与可持续发展充实为政策依据；其二，维护国家在外资准入、管理等方面的规制权；其三，以法治与民主作为导引，允许各方利益相关者在政策制定阶段表达诉求，并尽量保障连贯性与稳定性；其四，在国际层面强化共同合作，借此应对保护主义的挑战，平衡投资者与东道国的权利义务。[1]

从可持续发展的角度来分析，投资条约的谈判者所面临的最主要挑战，莫过于如何平衡外国投资所涉及的各种相互冲突的利益。一方面，缔约方应当积极争取在条约中强化外资保护实体条款的谈判，给投资者提供一个安全、稳定的商业环境，促进投资的可持续性。另一方面，缔约方还有必要确保东道国拥有充分的制定和实施外资管制政策的灵活性。例如，将可持续发展的宗旨写入国际投资协定或自由贸易协定的序言部分，并经由《维也纳条约法公约》第 31 条第 2 款使序言用语作为条约解释的重要基础。在争端解决实践中，对投资条约关键法律术语的含义解释极易引发争议，如"征收""合理期待""类似情形"等，不同的仲裁庭解释方法和解释方向差异很大，当存在不同的解释方案时，条约序言用语所扮演的引导角色将尤为重要。

（二）在条约序言部分申明可持续发展原则

当然，缔约方在拟定投资协定时还存在另一种策略，即虽然未将可持续发展本身作为目标或宗旨订入序言部分，但在投资协定正文中对缔约方施加了与可持续发展目标相一致的具体义务，这在美国式 BIT 范本中较为常见。以《美国—卢旺达双

---

[1] 余劲松：《国际投资法》（第五版），法律出版社 2018 年版，第 13 页。

边投资协定》为例，其条约序言部分首先将条约的目标设定为促进经济合作、刺激私人投资、创造稳定的商业环境，紧接着，序言第二段又阐明缔约方"期望以一种符合保护健康、安全、环境并促进国际公认的劳工权利的方式来实现上述目标"。与此同时，这一 BIT 的具体条款又配合了可持续发展目标的实现，如第 11 条规定了实体透明度规则、第 12 条规定了投资与环境问题、第 13 条规定了投资与劳工权利的协调、第 14 条规定了可继续存在的不符措施、第 17 条规定了利益拒绝条款、第 19 条规定了信息披露义务、第 29 条规定了投资仲裁程序中的透明度规则等。[1]此外，投资条约的序言还可以使用"不减损"的语言文本加以呈现，这在荷兰、美国、芬兰、日本等国签署的投资条约中比较常见。这类序言的特征是，明确规定条约目标（侧重经济目标）的实现应当以不损害东道国在环境、健康、安全等领域的管理权为限。

此外，在少数情形下，某些投资条约的缔约方还采用"参照适用"的方式在投资协定中援引含有可持续发展原则的国际文件。例如，《新加坡—欧盟自由贸易协定》的序言部分重申："缔约方共同致力于遵守由《联合国宪章》和《世界人权宣言》所确立的原则"[2]。再如，《能源宪章条约》的序言部分要求缔约方"铭记《联合国气候变化框架公约》《长程跨界空气污染公约》及其议定书，以及其他与能源有关的国际环境

---

[1] Treaty Between the Government of the United States of America and the Government of the Republic of Rwanda Concerning the Encouragement and Reciprocal Protection of Investment", available at https://www. bilaterals. org/IMG/pdf/US – Rwanda _ BIT. pdf, last visited on 2019-7-2.

[2] The European Union – Singapore Free Trade Agreement, available at https:// www. mti. gov. sg/-/media/MTI/Microsites/EUSFTA/EUSFTA – Full – Text _ 12Oct18. pdf, last visited on 2019-7-2.

协定"。[1]上述文件中都含有可持续发展原则。

经过比较分析不难发现,在有关国际投资保护的条约及文件中,可持续发展不再是任择性规定,而愈发趋于严格的强制性义务。在很多情形下,某项投资保护规则能否赢得社会认可,很大程度上取决于其在法益衡量方面是否充分对经济、环境等因素进行了考量。从现行制度出发,主要存在两种制度安排:其一,对现存投资条约的适用和解释要进行反思,尤其是要融入适当的透明度规定,考虑到成本和效益比,这种方案并不旨在对现有条约进行重新谈判,而是由个案的裁判者,尤其是投资仲裁庭来平衡前述社会经济等价值目标;[2]其二,以欧盟为代表的行动派认为,有必要对大多数投资条约进行重新谈判和起草,这是平衡投资者投资权益与东道国社会公共利益的唯一途径。[3]联合国国际贸易法委员会所发布的《透明度规则》,更多是前一套方案下的程序创新,而非对制度内容整体进行变革的产物。就适用范围而言,该规则专门适用于投资者与东道

---

〔1〕 Thomas Wälde, "Sustainable Development and the 1994 Energy Charter Treaty: Between Pretend-Action and Management of Environmental Investment Risk", in F. Weiss et al. eds., *International Economic Law with a Human Face*, Brill Nijhoff Publisher, 2002, pp. 223-271.

〔2〕 这一方案的法律依据主要在于仲裁庭的条约解释权,即国际投资仲裁庭在个案审理和条约解释方面拥有广泛的自由裁量权,但其解释条约的权力应符合《维也纳条约法公约》第31条确立的解释通则。具言之,在实体方面,仲裁庭既要考虑条约解释方法在仲裁实践中的正确适用,还应当允许和鼓励缔约国通过有权解释的方式进一步丰富和确定投资条约内容,以彰显实体透明度;在程序方面,仲裁庭应重视先案裁决的证明力以保证裁决一致性,适当听取非争端当事方及缔约方的陈述意见,并可考虑设立上诉机制对裁决在条约解释方面的错误进行事后纠正。张生:"国际投资仲裁中条约解释方面的问题及其完善对策",载《国际经济法学刊》2014年第1期。

〔3〕 Yoram Z. Haftel and Alexander Thompson, "When Do States Renegotiate Investment Agreements? The Impact of Arbitration", *The Review of International Organizations*, Vol. 13, 2018, p. 25.

国之间的投资仲裁程序，而不是宽泛意义上的投资仲裁。

值得肯定的是，《透明度规则》对在国际投资仲裁程序中保障公众知情权[1]、引入公众参与[2]、保护公共利益[3]提供了相当重要的根据，这一规则的实施从长远来看无疑有助于以公众参与仲裁程序来提升国际投资法领域对可持续发展的积极贡献。为了准确把握规则的要义，有必要从其制定背景、概念定义、核心条款、适用关键等入手进行研究。

四、《透明度规则》的制定、内容及其启示

（一）《透明度规则》的制定背景

东道国公众能否获得以本国政府为被申请人的投资仲裁案件信息并发表意见，直接关系到可持续发展的要素能否在具体争议的审理中得以考虑。然而，1976 年版《ICSID 仲裁规则》及 2010 年版《贸法会仲裁规则》都没有确立透明度规则，而是采取了沉默的立场。具言之，仲裁规则既没有要求当事人对案件信息保密，也没有要求当事人对外进行案件披露，外界对投资仲裁案件的信息知之甚少，根本无从表达见解，只有双方当事人都同意的基础上，仲裁庭才可对外公开裁决信息。2006 年修订版《ICSID 仲裁规则》针对这一问题特别做出了完善，要求

---

[1]《透明度规则》第 2 条（在仲裁程序启动时公布信息）规定："一俟被申请人收到仲裁通知，争议各方即应迅速将仲裁通知副本发送给第 8 条所述及的存储处。存储处从被申请人处收到仲裁通知，或者存储处收到仲裁通知及该通知已发给被申请人的记录，即应迅速向公众提供关于争议各方名称、所涉经济部门以及提出有关申请所依据的条约的信息。"

[2]《透明度规则》第 4 条（第三人提交材料）第 1 款规定："经与争议各方协商后，仲裁庭可允许既不是争议方又不是非争议方条约缔约方的人（"第三人"）就争议范围内的事项向仲裁庭提交书面材料。"

[3]《透明度规则》第 7 条（透明度的例外情形）第 5 款规定："被申请国认为信息披露将违背其基本安全利益的，本《规则》概不要求被申请国向公众提供有关信息。"

在当事人没有相反意见的前提下，允许 ICSID 秘书处通过官方网站发布仲裁庭所作出的裁决背后的法律推理摘要。在此之际，社会公众可以知晓投资仲裁案件的具体渠道主要是 BIT。具言之，2003 年加拿大 BIT 范本、2004 年美国 BIT 范本等，确立了专门的透明度条款，在当事人据以提起仲裁的 BIT 中设置了透明度条款时，案外主体可以借助这类条款知晓立案信息、程序进行及裁决结果。[1]总体上，这种相对保密和闭塞的状况，阻碍了仲裁庭在裁判投资争议时对非投资因素予以考虑，不利于可持续发展原则的具体实现。而 BIT 中的透明度规则提供了良好的矫正机制，因此被联合国国际贸易法委员会关注并试图订立专门规则予以完善和推广。

在 2006 年召开的联合国国际贸易法委员会第二工作组（仲裁与调解工作组）第四十四次会议期间，工作组讨论了未来改革仲裁与调解的可能性及其方案问题。在会议前期，工作组着力解决了对 1976 年《贸法会仲裁规则》的修订问题。2006 年 1月，工作组重拾 2000 年对仲裁程序中信息保密性问题的有关文件，作为供参会人员开放讨论的改革方向之一，2000 年的有关文件很大程度上是作为对 1994 年澳大利亚高等法院所审理的"埃索石油公司诉普洛曼（Esso v. Plowman）"案的回应，该案中法院裁定支持仲裁程序应具有适当透明度。但尽管有该案作为实践支撑，2000 年时，第二工作组认为相比于其他问题而言，保密性的问题尚不具有高度优先性。2006 年，工作组启动了《贸法会仲裁规则》的修订工作，并认为在该届会期内，没有必要在仲裁规则中增加要求仲裁保密的一般规定。在关于是否需要明示的保密性要求这一问题上，不同参会人员之间存在争议，但

---

[1]　*Investment Treaties & Why They Matters to Sustainable Development：Questions & Answers*，IISD Publication，2012，p. 45.

总的来看，不存在要求对现有仲裁体系更加保密化的主张。然而，考虑到仲裁庭在进行仲裁程序时拥有的自由裁量权，以及在"梅赛尼斯诉美国（Methanex v. US）"案的裁定中接受了法庭之友提交的书面意见，工作组承认"第三方介入仲裁程序是一项与仲裁保密性密切相关的议题"。

在2006年同届会期内，波尔森（Jan Paulsson）与彼得罗基洛（Georgios Petrochilos）发布了一份关于1976年《贸法会仲裁规则》修订建议的报告，这份报告中仅顺便提及了透明度问题，却并未提及改进现行仲裁规则中关于第三方提交及参与仲裁程序的方案。[1]这份报告后被分发给第二工作组的代表及观察员。作为观察员之一的非政府组织——国际环境法中心（Center for International Environmental Law，CIEL），对这份修改建议报告进行了严厉的批评："这份由联合国国际贸易法委员会委托两位仲裁界知名人士拟定的报告，在起草过程中显然毫无民间团体的参与，并且该报告并未充分反映出适用于投资仲裁的透明度及公众参与问题。此外，联合国国际贸易法委员会在起草报告前从未接触过相关领域的民间团体或其他国际组织，如联合国环境规划署或世界贸易组织。"[2]

联合国国际贸易法委员会的工作受到了其他法院及各类委员会决议的影响。在2006年同年，美洲国家间人权委员会曾认定，智利政府因拒绝了某企业提出的获取投资者与国家间仲裁程序信息的请求，而被视为侵犯了请求方的信息权。据此，该

---

〔1〕 Jan Paulsson and Georgios Petrochilos, "Revision of the UNCITRAL Arbitration Rules: A Report", available at https://www.uncitral.org/pdf/english/news/arbrules_ report. pdf, last visited on 2019-7-3.

〔2〕 UNCITRAL Arbitrations Involving State as a Party—Transparency, Public Participation and Accountability, available at http://www.ciel.org/Publications/UNCITRAL_ Statement_ 18Sep06. pdf, last visited on 2018-3-24.

案的决定确立了仲裁案外人要求获得案件信息的积极权利。此外，还有其他一些因素也影响了联合国国际贸易法委员会的工作方向。例如，在"白瓦特高夫公司诉坦桑尼亚（Biwater Gauff v. Tanzania）"案、"阿古斯图纳里公司诉玻利维亚（Aguas del Tunari v. Bolivia）"案等涉及水权的投资争端，以及在"环球免税公司诉肯尼亚（World Duty Free v. Kenya）"案等涉及腐败的投资争端中，案件所波及的利益已经远远不局限于争端的当事人双方，而是因触及全球公共利益而引发了世界关注，以至于案外人希冀以各种途径强化仲裁程序的透明度、了解案件信息，甚至借此向仲裁庭表达意见、提交书面报告等。[1]

在上述趋势的影响下，《北美自由贸易协议》项下的投资仲裁案件正在变得更加透明，2006 年修订的《ICSID 仲裁规则》第 37 条也明确了第三方提交的文件在仲裁程序中的地位，这使得反对投资仲裁透明度的主张在联合国国际贸易法委员会第二工作组难以立足。[2]在 2006 年召开的联合国国际贸易法委员会第二工作组第四十五次会议期间，工作组承认确实有必要在根据《贸法会仲裁规则》进行的仲裁程序中增加关于第三方提交文件的明确规定，并且在这方面确立的任何规则将同样适用于私人间的商事争议、临时仲裁庭、投资者与国家间投资争端、主权国家间的公法争端。[3]在 2007 年召开的联合国国际贸易法委

---

〔1〕　M. Sornarajah, *The International Law on Foreign Investment*, Third Edition, Cambridge University Press, 2010, p. 455.

〔2〕　Jason W. Yackee and Jarrod Wong, *The 2006 Procedural and Transparency-Related Amendments to the ICSID Arbitration Rules: Model Intentions, Moderate Proposals and Modest Returns*, Oxford University Press, 2011, p. 11.

〔3〕　Report of the Working Group on Arbitration and Conciliation on the Work of Its Forty-fifth Session (Vienna, 11-15 September 2006), available at https://undocs. org/en/A/CN. 9/614, last visited on 2019-7-3.

员会第二工作组第四十六次会议期间，工作组指出《贸法会仲裁规则》适用于争端当事方之间非常宽泛的法律关系，这种关系只要是确定的关系即可，无论其是契约性或非契约性的。[1]此外，部分国家建议，应当在仲裁规则中明确规定公众有权接触仲裁文件、旁听仲裁庭审、提交非当事人的意见陈述以及投资仲裁裁决的公开。作为回应，部分参会代表尝试在仲裁规则中增加保密性的专门规定。在这次会议闭幕前，工作组同意了仲裁规则宽泛的适用范围，但并不同意增加涉及透明度的有关规定。[2]

关于仲裁保密性的问题，最终在 2007 年 9 月召开的联合国国际贸易法委员会第二工作组第四十七次会议上得到了解决。工作组认为，保密性的问题完全可以允许争端当事双方进行约定，只要相关约定是为了寻求在法律程序进行期间的合法权利，这种约定即具有对抗仲裁强行法中关于裁决公开规定的效力。同时，工作组要求秘书处进一步考虑仲裁裁决公开的问题。除此之外，工作组同意将《贸法会仲裁规则》适用于投资者与东道国争端解决程序中。但遗憾的是，透明度的其他具体问题并未被与会者提及。[3]

在联合国国际贸易法委员会以外，作为非政府组织的 CIEL 与国际可持续发展研究院都对增强投资仲裁的透明度贡献良多。

---

〔1〕 "贸仲派员参加贸法会仲裁和调解工作组第四十六届会议"，载《仲裁与法律》2006 年第 5 期。

〔2〕 Report of the Working Group on Arbitration and Conciliation on the Work of Its Forty-sixth Session（New York, 5-9 February 2007），available at https://undocs. org/en/A/CN. 9/619, last visited on 2019-7-3.

〔3〕 Report of the Working Group on Arbitration and Conciliation on the Work of Its Forty-Seventh Session（Vienna, 10-14 September 2007），available at https://undocs. org/en/A/CN. 9/641, last visited on 2019-7-3.

2007 年 2 月，这两个组织共同起草了一份关于透明度问题的讨论稿，该讨论稿在小组会议上被与会者热议。作为对工作组报告的回应，两个组织又于 2007 年 9 月共同提交了对其讨论稿初稿的修订版。[1]两份报告都强调有必要增强投资者与东道国之间投资条约仲裁的透明度，并且建议仲裁庭应当在外国投资者根据投资条约对东道国提起的仲裁案件中主动履行透明度义务。这些前期工作，对《透明度规则》的诞生做足了铺垫工作，同时也深刻促进着理论界与实务界对透明度概念的进一步理解。

（二）《透明度规则》的主要内容

在联合国贸易和发展会议于 2004 年发布的《国际投资协定透明度报告》第 1 章 A 节第一段中首先提及，作为一项通用术语，透明度相当于公开，其所蕴含的含义是使任何一个社会主体愿意将自身的活动接受公众的审查与评议。继而，报告中又明确了在跨国直接投资关系中，透明度的首要目标是增强投资关系的可预测性和稳定性，国际投资协定中的透明度条款应明确其性质、目标和范围，要求促进磋商和信息交流、保障信息公开、规范对信息披露请求的答复和通知、确立透明度义务的若干适用例外等。[2]相比之下，2012 年新公布的《国际投资协定透明度报告》则列举并归纳了透明度外延的晚近发展，包括拟定具体措施前应尽早对外公布草案并商讨、利用修饰措辞限缩或延展透明度范围的边界等。[3]从文本来看，联合国国际贸

---

〔1〕 Ensuring Transparency in Investor-State Dispute Resolution Under the UNCITRAL Arbitration Rules, available at https://www.iisd.org/pdf/2010/unicitral_ ensuring_ transparency.pdf, last visited on 2019-7-3.

〔2〕 *UNCTAD Series on Issues in International Investment Agreements*：*Transparency*, United Nations Publication, 2004, p.5.

〔3〕 张建军：《国际投资协定之透明度规则研究》，中国社会科学出版社 2016 年版，第 12 页。

易法委员会主持制定的《透明度规则》与联合国贸易和发展会议的两项报告之间既有承继的关系，又有所阐扬和创新。具言之，《透明度规则》更侧重于争议解决的程序视角，其所确立的透明度义务重点针对仲裁案件的管理机构与仲裁庭，同时兼及案件的争端当事方对关键证据与文件信息的公示，这一点从条文标题中即可探知。《透明度规则》第 2 条题为"在仲裁程序启动时公布信息"，第 3 条题为"文件的公布"，第 4 条与第 5 条分别题为"第三人提交材料""非争议方条约缔约方提交材料"，第 6 条则要求整个审理程序（无论是书面证据提交抑或口头庭审抗辩程序）应向公众公开。可见，这些条款系以整个仲裁程序的时间逻辑与顺序作为轴心进行排列的。而与此同时，第 7 条则列明了不适用透明度的法定例外。这种同时从正反两个角度规定应予透明化处理的信息与享有证据特免权（Privilege）的保密信息，是出于协调不同法益所做出的权衡与考量。其中，第 4 条与第 5 条之所以分立而列为不同条款，是考虑到非争议方条约缔约方很可能在未来因同一条约提起的案件中担任潜在的被申请人，其在解释与适用条款的过程中能够以条约当事方与谈判参与者的身份发表具有重要参考价值的法律意见。例如，在《北美自由贸易协议》第 1127 条、第 1128 条、第 1129 条中就直接规定了缔约国接触案件并向仲裁庭陈述己方意见的程序与文件。[1]除此之外，对透明度的强化能够在相当程度上使仲裁庭的裁决为公众所接受和认同，这对国际投资争端解决机制乃至整个国际投资法治的可持续发展是有益无害的。

作为国际法治发展中的一项重要原则，透明度本身既有实体法上的含义，又具有程序法上的特殊性。实体法上的透明度

---

〔1〕 梁丹妮:《〈北美自由贸易协定〉投资争端仲裁机制研究》，法律出版社 2007 年版，第 156 页。

旨在向国家规定披露义务，将本国制定的投资法律规则、行政法规、部门规章、政策等文件及投资实践面向社会公众充分开放，这是"善治"（Good Governance）的内在要义。[1]而在投资仲裁程序中的透明度原则，比实体法层面更进一步，以至于争端当事方与案外主体均可较为容易地获得、查看、验证与其切身利益息息相关的法律事件，因此可以说这项原则备受国际投资条约缔约方以外的主体所关注。[2]与此同时，透明度原则作为国际投资协定中的新兴条款，充分调和并纳入了公法中的信息公开概念与私法中的信息披露义务，如《中华人民共和国政府与澳大利亚政府相互鼓励和保护投资协定》第6条。而《透明度规则》的发布，亦对此有所彰显，其既包括对非争端当事方的条约缔约方进行特定的公开，也包括对既非争端当事方又非缔约方的案外第三方主体进行公开的对世义务，两者共融于一体，有益于从整体架构上公开义务的对象与主张权利的多元主体，这实际上是对既有规则的进一步提炼与升级。

就其适用效果而言，在仲裁程序初始阶段，对立案信息进行有选择的披露，将使公众知晓相关仲裁程序的存在。除仲裁庭和仲裁机构的主动披露外，根据《透明度规则》第3条，案外主体还可以请求特定细节信息的披露。该规则还明确了第三方和非争端双方的条约缔约方拥有提交其书面意见的权利；仲裁庭审程序基本是对公众公开的，允许旁听。此外，案外人权利的行使受到第7条例外规则的限制。而根据第8条，为了确保该规则能正常发挥作用，联合国秘书长和联合国国际贸易法

---

[1] Chi Manjiao, *Sustainable Development Provisions in Investment Treaties*, ESCAP, 2018, p. 19.

[2] 张潇剑：《国际法纵论》，商务印书馆2011年版，第437页。

委员会指定了专门的信息存管机构。[1]

当然，在确定透明度的幅度及标准时，亦应当明确透明度的实施是一个渐进的过程，仲裁庭既需考虑缔约各方的能力与成本，又要为公众的参与提供适当的渠道。[2]在"梅特克拉德诉墨西哥（Metaclad v. Mexico）"案中，仲裁庭指出，由于被诉东道国政府当局没有通过法律法规明确澄清是否需要市政建设许可，也没有对此类许可设定任何特有的做法或程序并予以公开，认定这违反了《北美自由贸易协议》中的透明度义务。[3]再如，在"泰克迈德公司诉墨西哥政府（Tecmed v. Mexico）"案中，仲裁庭事实上将透明度视为公正公平待遇的要素之一，该案中被诉东道国政府环保部门拒绝向申请人发放延展经营垃圾填埋场的许可证，且没有事先给出不予许可的警示，也没有给投资者充足的改正机会及重新提出申请的可能，这一系列行为导致申请人的投资计划最终落空，因此应当承担相应的责任。[4]在"克里斯托雷克斯公司诉委内瑞拉（Crystallex v. Venezuela）"案中，东道国环境部向投资者发出了保证发放许可的函件，这使申请人产生了信赖利益与合理预期并据此开展准备工作和相应的行动，但东道国随后却在未说明任何理由的情况下拒绝发放许可，使申请人的期望彻底落空。仲裁庭直接指出，公正公平待遇标准包括保护投资者的合理预期，保护其投资权益免受

---

〔1〕 Dimitrij Euler, Markus Gehring and Maxi Scherer, *Transparency in International Investment Arbitration: A Guide to the UNCITRAL Rules on Transparency in Treaty-Based Investor-State Arbitration*, Cambridge University Press, 2015, pp. 13-14.

〔2〕 卢进勇、余劲松、齐春生主编：《国际投资条约与协定新论》，人民出版社 2007 年版，第 63 页。

〔3〕 Metalclad Corporation v. The United Mexican States, ICSID Case No. ARB (AF) /97/1, Award, 30 August, 2000.

〔4〕 Técnicas Medioambientales Tecmed, S. A. v. The United Mexican States, ICSID Case No. ARB (AF) /00/2, 29 May 2003.

专断和歧视性待遇，增强透明度与连贯性，判定政府违反公正公平待遇的行为不需要达到令人发指的反常程度或带有主观层面的恶意。[1]

可见，相当一部分仲裁庭迄今仍将透明度视为涵盖在公正公平待遇内部的一项判定标准，而非独立的条约义务。在条约层面，作为近年来综合性国际投资协定的最新代表，欧盟与加拿大所签订的《综合经济与贸易协定》第8条第10款亦将透明度义务之违反确立为背离公正公平待遇的行为之一。[2]相比之下，《透明度规则》专门针对投资仲裁与争端解决中的透明度问题作出了专门的规范，实际上具有里程碑式的创制意义。当然，考虑到整个投资者与国家间争端解决中所面临的正当性指控是来自多个层面的，单纯强化透明度仅仅是变革国际投资法的可选方案之一，不应将其外延扩张得过宽，以防被当事人滥用，从而限制住缔约国的正常规制权。

（三）《透明度规则》的价值及启示

对于仲裁庭而言，在透明的环境下开展裁判活动，可以促使仲裁员"兼听则明"，即考虑不同主体的见解从而避免轻易地被导向某一方的价值观念。与此同时，外部监督的存在可以在一定程度上激励仲裁庭对相同的条约做相同的推论与解释，通过克服对立的裁决结果的冲突而保证裁判的一致性、稳定性和连贯性，从而解除围绕在国际投资仲裁中的所谓"正当性危机"。《透明度规则》的出台，旨在解决国际投资争端解决中各环节所暴露出的信息封闭性、决策内部化、救济优先性、程序保密性等弊端，为非争端当事方的案外主体发表书面意见或参

---

〔1〕 Crystallex International Corporation v. Bolivarian Republic of Venezuela, ICSID Case No. ARB（AF）/11/2, Award, 4 April 2016.

〔2〕 余劲松：《国际投资法》（第五版），法律出版社2018年版，第213页。

与口头程序提供渠道。从其核心条款的释义可知，其对于促进信息公开、程序透明、结论公正具有重要的积极意义。可以肯定的是，截至目前，《透明度规则》是当下国际投资仲裁机制中透明度要求最高的规则。同时，联合国国际贸易法委员会又制定了《毛里求斯透明度公约》，进一步扩大了《透明度规则》的适用范围，以国际公约的形式将投资仲裁透明度规则提升到了更高的层面，有助于建立公平高效解决国际投资争议的协调法律框架、提高透明度、加强问责制、促进善治，从程序法角度对国际投资法中可持续发展原则的落实发挥了关键推力。

2017年10月1日实施的《中国国际经济贸易仲裁委员会国际投资争端仲裁规则（试行）》迄今已颁行4年多。该规则是我国仲裁机构制定的首部国际投资仲裁规则，具有历史上的里程碑意义。值得一提的是，该规则相比于国内其他仲裁机构针对私人间商事争议解决而制定的商事仲裁规则而言，在仲裁程序的透明度上做出了颇具前瞻性的努力，汲取了国际投资仲裁发展的最新研究成果。就文本分析，《中国国际经济贸易仲裁委员会国际投资争端仲裁规则（试行）》第44条以多达12款的较长篇幅详细规范了仲裁当事人以外的第三方提交书面意见的有关问题，其总体上符合国际投资争端解决中的可持续发展原则，也与《透明度规则》的基本要求相契合。具言之，《中国国际经济贸易仲裁委员会国际投资争端仲裁规则（试行）》区分了两类可向仲裁庭提交书面意见的案外人主体：其一，当事人之外的投资条约缔约方（以下简称"非争议缔约方"），其既对案件所涉投资条约解释具有发言权，又对争议范围内的某一事项拥有发表意见的权利；其二，当事人和非争议缔约方之外的个人或实体（以下简称"非争议方"），其仅可就案件所涉争议范围内某一事项提交书面意见，而不得就条约的解释发表意见。为了保证非争议方提交的书面意见能够尽量以独立、中立、客观、公正的角度对仲裁庭的裁判起到辅助作用并促进程序的透明度，《中国国际经济贸易仲裁委员会国际投资争端仲裁规则（试行）》第 44 条第 3 款要求非争议方所提交的书面意见中应列明其组织成员和法律地位（如公司、贸易协会或其他非政府组织）、一般目标、活动性质以及上级组织（包括任何直接或间接控制该非争议方的组织）。书面意见应披露该非争议方是否与当事人存在任何直接或间接的关系，以及在其准备书面意见过程中向其提供财务资助或其他任何协助的政府、组织或个人。根据该条第 10 款，如确有必要，为便于非争议缔约方或非争议方参与仲裁，仲裁庭可以决定向其提供与仲裁程序相关的文件。这一款项不仅有助于强化仲裁程序本身的透明度，而且对案外人有效参与仲裁提供了规范保障。

值得关注的是，自 2016 年起，ICSID 行政理事会启动了《ICSID 仲裁规则》的第四次修订程序，并于 2018 年 8 月公布了全面修订《ICSID 仲裁规则》的征求意见稿。2019 年 3 月，ICSID 在听取来自各方面意见的基础上，对拟议修正案进行了更新。[1]就仲裁程序的透明度而言，2019 年 3 月公布的《ICSID 仲裁规则拟议修正案》对 2018 年 8 月公布的案文进行了进一步的修正，两版修正案在透明度问题的处理方面与《中国国际经济贸易仲裁委员会国际投资争端仲裁规则（试行）》第 44 条的基本理念高度一致，彰显了国际投资争端解决中的可持续发展援助。具言之，在 2019 年 3 月公布的《ICSID 仲裁规则拟议修正案》中，第 5 章详尽规定了投资仲裁中的信息公开（publica-

---

〔1〕 Summary Comments to the Proposals for Amendments of the ICSID Arbitration Rules, available at https://icsid.worldbank.org/en/Documents/IISD.pdf, last visited on 2019-6-28.

tion）、程序参与（access to proceedings）、非争端当事方提交意见（non-disputing party submissions）等内容。略有遗憾的是，在《ICSID 仲裁规则》的两版修正案中，秘书处并没有纳入《透明度规则》所确立的同等标准的透明度条款，这实际上与《华盛顿公约》本身的规定不无关联。依据《华盛顿公约》第 48 条第 5 款，ICSID 未经双方当事人的同意不得公布仲裁裁决，裁决的公开需要先行取得各方当事人的同意，这表明裁决透明度确立是选择方可适用（opt-in）的法律模式。[1] 而根据《透明度规则》第 3 条第 1 款，除第 7 条另有规定外，仲裁庭应向公众提供仲裁过程中发布的命令、决定和裁决，这一规定将裁决公开视为原则，而将不公开视为例外，不公开的信息限于仲裁中的保密信息或公开后会对仲裁程序的完整性构成不当影响的信息。简言之，《透明度规则》中对裁决公开问题的处理模式是原则上应公开除非符合例外（opt-out）的法律模式。《ICSID 仲裁规则》的修正案及《中国国际经济贸易仲裁委员会国际投资争端仲裁规则（试行）》尽管试图强化仲裁程序及仲裁裁决的透明度，但总体上采取的是更为稳妥和慎重的制度设计，并未达到《透明度规则》确立的较高标准。事实上，在我国《仲裁法》未做实质性修订的前提下，仲裁的保密性仍然是法定的制度基础，在透明度问题的处理上，稳妥的制度选择对于中国的国际投资仲裁而言，可能更为适宜。鉴于此，《中国国际经济贸易仲裁委员会国际投资争端仲裁规则（试行）》所规定的程序透明度条款，符合国际投资争端解决的总体趋势与中国国情，较好地平衡了透明度与保密性的不同要求、弥合了私人权益与公共利益之间的沟壑，具有可行性。

---

〔1〕 李万强：《ICSID 仲裁机制研究》，陕西人民出版社 2002 年版，第 326 页。

五、小结

2008 年经济危机的爆发，加强了政府在经济发展中的监管作用。近年来，东道国公共利益与外国投资者私人经济利益之间的矛盾冲突，促使发达国家反思传统国际投资政策及本国的相关立场。发展中国家，特别是以中国为代表的新兴经济体，由于存在对外投资与吸引外资的身份混同问题，也开始倡导可持续发展的理念并呼吁平衡资本输入国与资本输出国的权益保护。[1]越来越多的国际投资协定在序言中申明，条约并不会为了单方面保护和促进投资而牺牲其他重要价值，如健康、安全、劳工保护和环境，也不会因外资的保护而损及东道国在公共利益方面的监管权和规制权，这正是可持续发展原则的直接体现。[2]

随着经济一体化的纵深展开和国际投资自由化的平稳发展，国际社会对国际投资政策的"共同路径"取得了初步共识，这也在一定程度上反映了国际投资政策的最新发展趋向。在后金融危机时代，国际投资的全球治理正在发生重大变迁，这深刻影响了国际投资法的转型。从宏观来看，投资与贸易议题一体化、投资与非经济议题相互融合的趋势不断加强，这导致"新一代投资政策"愈发复杂多样，相比于传统的投资政策，"新一代投资政策"具有更明显的平衡化和可持续发展的趋势。[3]加之投资准入自由化、便利化、透明性的兴起，高标准、平衡化的全球投资治理正在兴起。如本书所言，国际投资仲裁的透明

---

〔1〕　钱嘉宁、黄世席："国际投资法下东道国监管权的改革——基于可持续发展原则的分析"，载《北京理工大学学报（社会科学版）》2018 年第 4 期。

〔2〕　钱嘉宁："国际投资法下履行要求的可持续发展型改革"，载《国际经贸探索》2018 年第 3 期。

〔3〕　王彦志、王菲："后危机时代国际投资全球治理的变迁：趋势、影响与成因"，载《国际关系与国际法学刊》2015 年。

度正在逐步加大，但争端解决中不一致和不平衡问题依然比较严重，全球投资治理正在从新自由主义范式转向内嵌自由主义范式。在"新一代投资政策"语境中，投资政策包括国内法方面的外国投资立法和国际法方面的国际投资条约实践。可持续发展的投资政策框架是国际投资政策历经长期发展面临重大转折点的产物。其产生背景是传统国际投资政策本身面临严峻挑战，南北国家的国际投资地位发生显著变化，引发了国际社会调整国际投资秩序的动机和需求。与此同时，可持续发展原则与中国着力推进的"一带一路"建设高度契合。共建"一带一路"倡议，发展海外投资，只有突出沿线国家和地区的可持续发展，才能行稳致远。[1]可持续发展的投资政策从偏重保护外资权益到强调兼顾促进东道国可持续发展，从偏重保护外资到平衡当事双方权利义务，保护外资和监管外资从各行其是到融为一体。

透明度原则的提出与强化系作为国际投资法治与投资仲裁实践应对时代潮流与顺应新挑战的产物，这一原则不单纯是在投资仲裁遭遇"正当性危机"的背景下所做出的改革，而且是对保障整个国际法律实践可持续发展而做出的一种重要努力。2012 年美国 BIT 范本（第 11 条）、《中华人民共和国政府和加拿大政府关于促进和相互保护投资的协定》（第 17 条）均引入了这一原则，本书所述的《透明度规则》及《毛里求斯透明度公约》则从争议解决的视角对此展开了更为深入的升华与更为普遍的推广。

在"一带一路"建设的背景下，中国对外缔结或重订国际投资条约时，应特别注重将可持续发展原则贯彻于文本之中。

---

〔1〕 宁红玲、漆彤："'一带一路'倡议与可持续发展原则——国际投资法视角"，载《武大国际法评论》2016 年第 1 期。

对此，笔者特提出以下建议：其一，对于晚近国际投资条约缔约实践中出现的部分新型条款，如限制或禁止投资措施条款，我国应当做到因势利导，针对不同谈判对象采取不同性质或者同一性质不同程度的谈判立场；[1]其二，鉴于我国《外商投资法》刚刚实施不久尚缺少对其进行适用的典型案例，为了使对外缔约与国内立法保持一致，在相关条款的拟定上宜粗不宜细，从而给条约解释留出余地；其三，我国早期缔结的 BIT 往往仅规定东道国有义务保护外国投资者的权益，而没有确立东道国的监管权和外国投资者的社会责任，以致权利与义务的不对等，在缔结新约或到期重订时，应及时予以更新，订入环境保护、劳工保护、反腐败、透明度等条款的同时，引入完善的例外条款，包括一般例外、根本安全例外[2]、间接征收的治安权例外[3]等；其四，为了平衡东道国在投资仲裁中的程序权利，应明确纳入仲裁反请求的管辖标准，针对争端解决中可能出现的错误裁决，应加强监督力度或构建上诉机制，为东道国寻求救济渠道；[4]其五，不仅要在国际投资条约序言中列明可持续发展原则，而且要在结构安排和章节设计上平衡投资者保护和东道国监管权的篇幅，创造出"共同发展导向"的缔约模式。[5]总之，随着"一带一路"建设不断向纵深发展，只有以可持续发

---

〔1〕何芳、邓瑞平："当代国际投资条约中的新型条款与我国未来取向"，载《河北法学》2016 年第 3 期。

〔2〕刘京莲："国际投资条约根本安全例外条款研究"，载《国际经济法学刊》2010 年第 1 期。

〔3〕王小林："可持续发展投资政策框架下间接征收的'治安权例外'"，载《学术论坛》2018 年第 6 期。

〔4〕崔盈："ICSID 仲裁监督机制的功能改进——基于国际投资体制的可持续发展视角"，载《中国物价》2015 年第 9 期。

〔5〕曾华群："共同发展：中国与'一带一路'国家间投资条约实践的创新"，载《国际经济法学刊》2019 年第 1 期。

展的理念与透明度的原则作为指引，才有望获得更高水平的持久合作，从而使沿线国家间的经贸往来在人类命运共同体的整体框架内不断迈入新的高度。

第三节　国际商事法庭承认和执行投资仲裁裁决的论证

一、国际投资仲裁的多元选择及其裁决的多样化

以解决外国投资者与东道国政府间投资条约争端为目标的国际投资仲裁机制近年来获得了前所未有的发展。中国自 1982 年与瑞典签订第一项 BIT 以来，截至 2018 年 9 月已对外签订了 100 多项 BIT，与 25 个国家和地区达成了 17 个自贸协定。[1]诸多 BIT 与自贸协定规定东道国政府与外国投资者之间可通过国际仲裁方式解决因东道国违反条约而产生的投资争端。其中，根据 1965 年《华盛顿公约》成立的 ICSID 是最重要的国际投资仲裁机构，但并非解决国际投资争端的唯一选项。[2]2000 年后，中国在签署第三代 BIT 时所采取的争端解决条款文本中，通常确立四种投资仲裁方式供外国投资者单方选择：其一，依据《华盛顿公约》及《ICSID 仲裁规则》提交仲裁；其二，依据《ICSID 附加便利规则》提交仲裁；其三，依据《贸法会仲裁规则》提交临时仲裁；其四，如争端所涉的各方当事人（投资者与东道国）一致同意，可向其他仲裁机构或依据其他仲裁

---

〔1〕 参见"商务部：中国已达成 17 个自贸协定"，载 http://fta. mofcom. gov. cn/article/fzdongtai/201809/38860_ 1. html，最后访问日期：2019 年 3 月 2 日。

〔2〕 2020 年 2 月 7 日，ICSID 公布了 2019 年案件统计数据，2019 年全年 ICSID 共受理 39 起新案件，其中 35 起案件适用《ICSID 仲裁规则》，3 起案件适用《ICSID 附加便利规则》，1 起案件适用《ICSID 调解规则》。除这 39 起案件外，应当事方的要求，ICSID 在 2019 年内对 18 起未适用《ICSID 仲裁规则》的投资仲裁案件提供了案件管理服务，其中 13 起是依据《贸法会仲裁规则》进行的临时仲裁案件。

规则提交仲裁。国际投资仲裁作为解决投资者与国家间争端的一种方式，其目的在于定分止争。与调解、和解等大多数替代性争议解决方式不同，仲裁的优势之一在于能够对所裁判的争议作出有约束力的决定，一旦裁决作出，当事人将履行裁决，这是每一份仲裁协议隐含的条件。在实践中，有统计数据表明，大多数仲裁裁决确实能够得到自动履行，但是，在国际仲裁实践中，败诉方拒绝履行的例证亦不鲜见。[1]鉴于仲裁属于典型的社会救济，仲裁程序本质上属于民间性的"私程序"，仲裁庭并不具备强制执行仲裁裁决的权力，当败诉方拒绝承认和履行裁决时，胜诉方当事人只得求诸国内法院或其他具有公权力的机关，通过公权力的行使实现强制执行裁决的目标。[2]只有仲裁裁决所载明的款项得到财产所在地法院的承认和执行，胜诉方的权益才能得到切实保障。相比之下，中国接受的前述四类国际投资仲裁选项中，ICSID 裁决可以依照《华盛顿公约》的规定在缔约国领土内申请承认和执行，而后三类裁决属于非 ICSID 裁决，其承认和执行尚无统一的、明确的法律依据。考虑到 ICSID 裁决与非 ICSID 裁决在承认和执行时适用不同的法律体系，本书将分别探讨：其一，中国法院应如何理解和适用《华盛顿公约》相关条款，从而为承认和执行 ICSID 裁决确立明确的条件与程序？其二，对于非 ICSID 裁决，是否可在《纽约公约》体系下获得承认和执行的制度安排，如若不可通过《纽约公约》解决，司法者又应如何回应制度缺位？在今后的缔约实践中又应当采取何种立场？其内在理据何在？为了使讨论更具针对性，本部分的写作以中国国际商事法庭为框架，试图论证在这一创新的制度设计中如何服务与保障国际投资仲裁实践。

---

〔1〕　霍政欣：《国际私法》，中国政法大学出版社 2017 年版，第 341 页。
〔2〕　赵健：《国际商事仲裁的司法监督》，法律出版社 2000 年版，第 151 页。

二、我国法院适用《华盛顿公约》执行 ICSID 裁决的制度保障

（一）ICSID 裁决承认和执行的法律依据

国际投资仲裁能否发挥预期效果，解决投资者与国家间争端问题，其关键在于仲裁庭所作出的裁决能否得到承认和执行。通常认为，裁决的承认和执行是有区别的，二者分处于仲裁的两个不同阶段。所谓承认，是指法院认可该裁决所确认的当事人之间的权利与义务在其境内具有法律效力，肯定该裁决具有拘束力；所谓执行，是指法院在承认裁决效力的基础上，依照法律规定的执行程序，对裁决中载明的金钱给付义务予以强制执行。[1]相较之下，承认不涉及执行地国关于国家豁免的法律规定，而执行则需受到执行地国法律（包括国家豁免法）的管辖。

《华盛顿公约》第 53 条第 1 款确立了 ICSID 裁决的终局性和败诉方的自动履行义务，这突出体现在以下方面：首先，对 ICSID 裁决的错误进行审查和追诉必须在公约自身设定的补救办法之内进行，而不受任何外在监督和制约；其次，ICSID 裁决的约束力仅限定于争议的双方当事人，而不及于任何第三方，但这一点颇受质疑，当仲裁庭发布的裁决履行方是东道国的政治区分单位或东道国向中心指派的机构时，东道国政府自身是否受裁决约束，仍需视情况而定；最后，并非 ICSID 仲裁庭作出的所有决定都以裁决书的方式呈现，更不用说最终裁决，根据《华盛顿公约》第 48 条第 3 款，只有裁决处理当事人对提交至仲裁庭的每一个问题说明所依据的理由时，该裁决才确定无疑

---

[1] 刘仁山主编：《国际私法》（第六版），中国法制出版社 2019 年版，第 533页。

是终局的。[1]具言之，仲裁庭认定自身无管辖权的决定以及对所有实体争议事项作出裁断的决定可以被归入裁决的范畴，但仲裁庭仅确认具有管辖权的决定并非最终裁决，因为案件的最终裁判结果有待于仲裁庭对争议的所有实体问题进行审理后方可得出。[2]再如，仲裁庭签发的关于中间措施的程序命令，亦不属于《华盛顿公约》第53条第1款中具有终局性的裁决。[3]

《华盛顿公约》第54条第1款规定了ICSID裁决的自动承认和执行机制。不同于该公约第53条第1款只约束双方当事人，第54条第1款针对公约所有的缔约方。根据该条款，公约的所有缔约国均有义务承认和执行ICSID裁决，裁决的胜诉方不仅可以向投资东道国或投资者母国申请承认和执行裁决，而且可以向其他缔约国申请承认和执行ICSID裁决，胜诉方当事人有权选择其认为最可能成功执行裁决的国家。《华盛顿公约》第69条规定："每一缔约国应采取在其领土内实施本公约的规定所必要的立法或其他措施。"例如，美国为了在其国内执行《华盛顿公约》，制定了《美国法典》第20章第1650条与第1650a条。据此，根据公约作出的ICSID裁决在其国内有权受到与美国各州法院作出的终审判决同等的充分信任。[4]

（二）ICSID裁决承认和执行的程序制约

如前文所述，作为原则，ICSID裁决是终局性的，对争端当

---

〔1〕 Lucy Reed, Jan Paulsson and Nigel Blackaby, *Guide to ICSID Arbitration*, Second Edition, Kluwer Law International, 2011, p. 182.

〔2〕 根据《华盛顿公约》第53条第2款，ICSID裁决包括仲裁庭所作出的裁决书、仲裁庭或特设委员会对裁决所作出的解释、修改、撤销等任何决定。

〔3〕 张建："ICSID投资仲裁裁决的撤销问题——以《华盛顿公约》第52条的理解与适用为中心"，载黄进、肖永平、刘仁山主编：《中国国际私法与比较法年刊》（2017第二十卷），法律出版社2018年版，第271页。

〔4〕 Ralph H. Folsom, *Principles of International Litigation and Arbitration*, West Academic Publishing, 2016, pp. 181–182.

事方及缔约国均具约束力和执行力。但作为例外，ICSID 裁决的承认和执行程序也受内在纠错程序的制约。根据《华盛顿公约》第 50 条第 2 款、第 51 条第 4 款、第 52 条第 5 款，在争端一方或双方申请对裁决进行解释、修改、撤销时，如果仲裁庭或特设委员会认为情况有此需要，可以在作出决定前停止执行裁决。如果申请人在申请书中要求停止执行裁决，则裁决应暂停执行，此即 ICSID 裁决承认和执行程序中的中止执行制度（Stay of Enforcement）。[1]

从法律规范来看，可能导致裁决暂停执行的情况有两类：第一类是仲裁庭或特设委员会依据自由裁量权在情况必要时酌定中止执行，公约用词为"可以"（may）；[2]第二类是争端当事方在提出裁决解释、修改、撤销的同时要求中止执行裁决，此时"应当"（shall）暂停执行，应理解为法定中止执行。之所以在上述两类情形下对 ICSID 裁决中止执行，是为了等候仲裁庭或特设委员会作出解释、修改或撤销的决定，弥合裁决的执行程序与纠错审查程序之间的冲突和罅隙。具言之，在当事人提出裁决解释、修改或撤销的申请后，执行程序暂停进行，如果裁决被撤销，则执行根据不复存在，如果裁决被修改，则执

---

〔1〕 Paul D. Friedland, "Stay of Enforcement of the Arbitral Award Pending ICSID Annulment Proceedings", in Emmanuel Gaillard et al. eds. , *Annulment of ICSID Awards*, Juris Publisher, 2004, p. 177.

〔2〕 2013 年 3 月，"SGS 诉巴拉圭"案的特设委员会拒绝了败诉东道国一方以申请撤销裁决为由提出的中止执行仲裁裁决的请求。该案中，ICSID 仲裁庭在 2012 年 2 月作出裁决支持 SGS 的仲裁索赔，判定巴拉圭败诉应支付赔偿。2012 年 6 月，巴拉圭提出撤销裁决的申请，并在特设委员会组成之后申请中止裁决执行程序，特设委员会指出《ICSID 仲裁规则》第 54 条第 4 款要求申请中止执行的一方必须举证证明存在暂停执行的必要性并担保败诉后继续执行，但巴拉圭未满足证明要求，因此拒绝中止执行本案裁决。See SGS Société Générale de Surveillance S. A. v. The Republic of Paraguay, ICSID Case No. ARB/07/29, Decision on Paraguay's Request for the Continued Stay of Enforcement of the Award, 22 March 2013.

行根据发生变更，如果裁决经过仲裁庭的解释而更加明确，则有助于廓清执行对象。鉴于此，在符合法定事由的前提下暂时中止裁决的执行，虽然在一定程度上会延缓裁决内容的实现、拉低争议解决的效率，但可以避免裁决在执行后才发现执行有误而不得不予以回转或救济，因此对保障仲裁的公正性具有现实意义，实践中也不乏缔约国法院中止执行 ICSID 裁决的案例。[1]并且，由于 ICSID 仲裁中存在早期驳回程序，毋庸担忧裁决的败诉方借助撤销机制实现"拖延战术"或滥用撤销权。ICSID 裁决的中止执行制度，是对承认和执行程序的纠偏，从而在仲裁的效率与公正价值间寻求平衡。

表 2　部分 ICSID 裁决承认和执行情况一览

争端当事方	案件编号	执行法院	承认和执行程序的要点
班邦公司诉刚果	ICSID Case No. ARB/77/2	巴黎民事法庭；巴黎上诉法院；法国最高法院	巴黎民事法庭向班邦公司签发附有限制条件的执行令；经上诉，巴黎上诉法院删除了执行限制条件；执行阶段，法国最高法院认定刚果商业银行与刚

---

〔1〕 2013 年，ICSID 仲裁庭对"米库拉诉罗马尼亚"案作出裁决，判定投资者胜诉，罗马尼亚政府应支付 7.5 亿罗马尼亚列伊赔偿。后罗马尼亚拒绝履行裁决，胜诉方后向欧洲法院（EC）申请承认和执行本案裁决。2015 年，欧洲法院认定该项裁决所载金额构成一项非法的国家援助，因此判令罗马尼亚不应支付。投资者向欧盟普通法院（GCEU）申请撤销欧洲法院的判决，同时向英国商事法院申请承认和执行 ICSID 裁决。英国为了在国内实施《华盛顿公约》而在 1966 年专门颁行了《英国仲裁（国际投资争端）法》，依据《华盛顿公约》，英国有义务自动承认和执行 ICSID 裁决，但鉴于本案争议事项属欧洲法院排他管辖的纠纷，英国商事法庭于 2017 年 1 月 20 日决定中止执行 ICSID 裁决。本案引发英国仲裁界对国际法与欧盟法的关系及英国脱欧问题的热议。Catriona E. Paterson, "English Courts Stay Enforcement of ICSID Award", available at https://www.latham.london/2017/02/english-courts-stay-enforcement-of-icsid-award, last visited on 2020-2-16.

争端当事方	案件编号	执行法院	承认和执行程序的要点
			果政府是不同法律实体，不予执行裁决的金钱义务。[1]
西非混凝土工业公司诉塞内加尔	ICSID Case No. ARB/82/1	巴黎民事法庭；巴黎上诉法院；法国最高法院	巴黎民事法庭确认裁决真实性并即刻签发执行令；塞内加尔以执行豁免权为由提起上诉，巴黎上诉法院撤销执行令；法国最高法院撤销巴黎上诉法院的判决，裁定执行令有效，塞内加尔同意仲裁即应当承认裁决，执行令不构成可援引执行豁免权的行为。[2]
利比里亚东方木材公司诉利比里亚	ICSID Case No. ARB/83/2	美国纽约南区联邦地区法院；美国哥伦比亚特区联邦巡回上诉法院	美国纽约南区联邦地区法院依《华盛顿公约》确认裁决并将裁决金额转化为单方判决，据此发布执行令冻结利比里亚应收取的轮船吨税等税费及利比里亚大使馆的银行账户，利比里亚提出撤销执行令的动议，法院予以批准，理由是上述资产不属于美国《外国主权豁免法》中执行豁免例外的商事财产。[3]

---

〔1〕 See S. A. R. L. Benvenuti&Bonfant v. People's Republic of the Congo, ICSID Case No. ARB/77/2, Paris Court of Appeal Decision, 26 June 1981.

〔2〕 See Société Ouest Africaine des BétonsIndustriels v. Senegal, ICSID Case No. ARB/82/1, French Court of Cassation Decision, 11 June 1991.

〔3〕 See Liberian Eastern Timber Corporation v. Republic of Liberia, ICSID Case No. ARB/83/2, US District Court for Southern District of New York II, 12 December 1986; US District Court for District of Columbia Decision, 16 April 1987.

续表

争端当事方	案件编号	执行法院	承认和执行程序的要点
AIG 资本公司诉哈萨克斯坦	ICSID Case No. ARB/01/6	英国最高法院	AIG 依据 1966 年《英国仲裁（国际投资争端）法》在英国最高法院获得注册裁决的许可，法院对哈萨克斯坦的债权托管机构出具第三方债务临时扣押令，哈萨克斯坦申请撤销扣押令，法院认定，中央银行财产依据英国 1978 年《国家豁免法》第 14 条第 4 款享有执行豁免权，撤销扣押令。[1]

三、我国法院适用《纽约公约》执行非 ICSID 裁决的可行性

（一）我国加入《纽约公约》时提出的"商事保留"及其阐释

依据《华盛顿公约》相关规定，ICSID 裁决在缔约国的承认和执行具有自动性及独立性，此类裁决往往超出仲裁地法律而独立存在，被学理上称为"浮动裁决"或"非内国裁决"。[2] 有学者喻称，就 ICSID 仲裁而言，在仲裁当事人合意的基础上产生的仲裁裁决，从其诞生之时起便开始起飞，消失在苍天，只着陆于裁决执行地。[3] 相较之下，非 ICSID 投资仲裁的地域性色彩更强，裁决的承认和执行受到更为严格和更为宽泛的审

---

〔1〕　See AIG Capital Partners, Inc. and CJSC Tema Real Estate Company Ltd. v. The Republic of Kazakhstan, ICSID Case No. ARB/01/6, Judgment of the English High Court of Justice on Enforcement, 20 October 2005.

〔2〕　杜新丽主编：《国际民事诉讼与商事仲裁》，中国政法大学出版社 2009 年版，第 241 页。

〔3〕　韩德培主编：《国际私法问题专论》，武汉大学出版社 2004 年版，第 431 页。

查。[1]一方面，裁决执行地的国内法对承认和执行外国仲裁裁决的规制将适用于非 ICSID 仲裁；另一方面，裁决执行地加入的国际公约（如 1958 年《纽约公约》）也为国内法院审查裁决的承认和执行提供了法定程序及拒绝事由。[2]

通常认为，《纽约公约》是国际商事仲裁乃至整个国际商法领域编纂得最为成功的条约范例。截至 2020 年 2 月，该公约已有 162 个成员国。我国于 1986 年正式加入了《纽约公约》，该公约自 1987 年 4 月 22 日起对我国生效。根据《纽约公约》第 1 条第 3 款之规定，商事关系的定性是依据各声明国家的国内法来确定的。据此，我国在加入公约之际提出了"商事保留"。[3] 1987 年 4 月 10 日，《最高人民法院关于执行我国加入的〈承认及执行外国仲裁裁决公约〉的通知》（法 [经] 发 [1987] 5 号）第 2 条对"契约性和非契约性商事法律关系"做了具体的列举，其中明确将外国投资者与东道国政府之间的争端排除在商事法律关系的范畴之外。[4]

事实上，从我国现行的主要立法规范来分析，可知我国法律明确区分私法性质的民商事关系和公法性质的行政关系。公民、法人、其他组织以平等主体身份参与市场活动所形成的财

---

〔1〕 Muruga Perumal Ramaswamy, "Enforcement of ICSID and Non-ICSID Arbitration Awards and the Enforcement Environment in BRICS", *International Journal of Business, Economics and Law*, Vol. 15, No. 2, 2018, p. 73.

〔2〕 刘晓红、袁发强主编：《国际商事仲裁法案例教程》，北京大学出版社 2018 年版，第 337 页。

〔3〕 1986 年 12 月 2 日，全国人大常委会通过了《关于我国加入〈承认及执行外国仲裁裁决公约〉的决定》，其中规定了"商事保留"，排除了投资者与东道国争端的商事属性认定。周佳楷、张斌："国际投资仲裁裁决在中国承认与执行依据及其适用"，载《沈阳师范大学学报（社会科学版）》2020 年第 1 期。

〔4〕 杜新丽："论外国仲裁裁决在我国的承认与执行——兼论《纽约公约》在中国的适用"，载《比较法研究》2005 年第 4 期。

产关系和人身关系，属于民商事关系，此类法律关系所引发争议的解决强调当事人主体身份的平等性和争议解决的自愿性。相比之下，行政关系属于典型的公法范畴，具有隶属性，是以国家行政管理机关代表国家的意志和利益，按照指令和服从原则建立起来的权利义务关系。不过，当国家以独立的民事主体身份平等参与市场活动时，国家与其他主体之间形成的是平等的民商事关系，即使国家以国库财产为基础参与市场交易，如发行国库券、国债等，也并不能改变法律关系的拟制平等特征。[1]对于国家行政管理机关通过行使行政权能而在市场管理活动中与行政相对人产生的法律关系，则为行政关系。我国《仲裁法》第 2 条将可仲裁事项的范围明确限定为平等主体的公民、法人、其他组织之间发生的合同纠纷和其他财产权益纠纷，尽管这一可仲裁事项的范围可以作宽泛解释，但立法者显然无意将晚近出现的投资者与国家间争端囊括在内。而事实上，我国仲裁机构虽然多达 200 多家，但只有中国国际经济贸易仲裁委员会与北京仲裁委员会制定了专门的投资仲裁规则。这也表明，投资仲裁并非我国仲裁机构主要的受案来源，在较长的一段时间内，我国的仲裁机构甚至将受案范围仅限于平等主体之间的商事案件，足可见商事仲裁与投资仲裁之间所存在的裂隙。此外，我国《仲裁法》第 3 条第 2 项明确规定依法应由行政机关处理的行政争议不能仲裁，而外国投资者与东道国政府间的国际投资争端中有相当一部分是因政府的外资管理活动引发的行政争议，这类争议显然被排除在可仲裁事项之外。鉴于此，前述最高人民法院于 1987 年发布的通知中列明了"商事保留"，将投资仲裁裁决排除在《纽约公约》的适用范围之外，这是根据全国人

---

〔1〕　王利明：《民法总则研究》，中国人民大学出版社 2003 年版，第 47 页。

大立法部门 1986 年保留声明的立法本意以及我国国内立法的规定所作出的合理解释。如果将投资争端视为商事纠纷，不加解释地径直将投资裁决纳入《纽约公约》的适用范围之内，无疑是对我国现行法律立场的重大挑战，并不属于因法律适用而产生的司法解释权限范围内，而是逾越到了立法者的选择范畴。进一步分析，即使删除了《最高人民法院关于执行我国加入的〈承认及执行外国仲裁裁决公约〉的通知》第 2 条中的"但不包括外国投资者与东道国政府之间的争端"等措辞，仍然会产生根据我国国内法对"商事保留"的具体含义引发的争议，且很难得出投资争端属于商事争议的当然理解。对这一问题的解决，需要立法者予以介入并做出合理的引导，通过立法机制明确中国法院适用《纽约公约》承认和执行非 ICSID 投资仲裁裁决的基础。

（二）中国对外缔结投资条约时对《纽约公约》的纳入

不同于国内法上因"商事保留"而产生的暧昧与争议，在中国对外签署 BIT 的缔约实践中，已经有个别的投资争端解决条款对商事争议与投资争端的两分法进行了调整，从而突破了现有的国内法律规定，明确投资者与国家间仲裁裁决适用《纽约公约》予以承认和执行的合法性。

表 3　中国对外缔结投资条约时对《纽约公约》的纳入

条约名称	相关条款	具体规定
《中华人民共和国政府与捷克和斯洛伐克联邦共和国政府关于促进和相互保护投资协定》（1991年签订）	第 9 条第 4 款	仲裁裁决应由缔约双方根据 1958 年关于承认和执行外国仲裁裁决的《纽约公约》予以承认和执行。

续表

条约名称	相关条款	具体规定
《中华人民共和国政府和墨西哥合众国政府关于促进和相互保护投资的协定》（2008年签订）	第17条	应任一争端方的请求，依本节提起的任何仲裁应在《纽约公约》缔约国内进行。
	第20条第6款	缔约各方应在其领土内采取一切必要措施以有效执行依本条作出的裁决，并应为执行以其为当事一方的程序作出的任何裁决提供便利。
《中华人民共和国政府和瑞典王国政府关于修改一九八二年三月二十九日〈中华人民共和国政府和瑞典王国政府关于相互保护投资的协定〉的议定书》（2004年签订）	第1条第5款	任何依照《贸法会仲裁规则》进行的仲裁，根据争端任何一方的请求，应在作为1958年签署的《纽约公约》缔约方的国家进行。
	第1条第6款	任何依照本条作出的仲裁裁决应是终局的，并对争端各方有拘束力。争端各方应毫不延迟地执行任何此类裁决的规定，并对在其境内执行裁决作出规定。

值得一提的是，中美 BIT 谈判最早由美方于 1986 年提出，此后搁置直至 2008 年重启。[1]由于双方的意见分歧比较明显，实质性进展缓慢，随后因美国对 2004 年 BIT 范本进行修订而导致谈判一度搁置。美国 2012 年版 BIT 范本[2]公布后，第四轮中美战略与经济对话上重启 BIT 谈判。[3]在此后的一年多，中

---

〔1〕　张远岸："中美续谈双边投资协定且年启动负面清单谈判"，载《新世纪周刊》2014 年第 28 期。

〔2〕　美国先后有 1982 年、1994 年、2004 年和 2012 年四个 BIT 范本。参见〔美〕肯尼斯·J. 范德威尔德：《美国国际投资协定》，蔡从燕等译，法律出版社 2017 年版，第 1 页。

〔3〕　Huiping Chen and Karl P. Sauvant，"Negotiations on the Bilateral Investment Treaty Between China and the USA：Consensus，Controversies and Prospect"，*Journal of International Economic Law*，Vol. 19，No. 4，2012，p. 107.

美 BIT 谈判进行了九轮技术性磋商，但进展不大。在 2013 年 7 月第五轮对话中，中美双方同意以准入前国民待遇和负面清单为基础开展中美 BIT 实质性谈判，打破僵局。然而，此后中美 BIT 谈判先后因 2016 年美国大选与 2018 年中美贸易摩擦而再次陷入搁置状态。[1] 当下，距中美 BIT 首次谈判已有十余年，这一工作却迟迟未能完成。

2012 年版美国 BIT 范本在第 25 条第 2 款，第 28 条第 1 款，第 34 条第 9 款、第 10 款都明确提及《纽约公约》在投资者与国家间争端解决中的重要作用。其中，第 25 条第 2 款系针对仲裁协议的形式有效性作出的规定。[2] 相较之下，第 34 条第 10 款更直接地阐明了国际投资争端属于《纽约公约》项下的"商事"关系，因而此类裁决可适用该公约寻求承认和执行。[3] 与此同时，2012 年版美国 BIT 范本第 34 条第 7 款明确规定：各缔约方都应对裁决在其境内的执行作出规定。事实上，这与中方提供的谈判文本是一致的，中方文本第 34 条第 5 款第 5 项亦规定：各缔约方均应对终局裁决在其境内的执行作出规定。具言之，如果两国的 BIT 谈判达成一致，则需要解决投资仲裁裁决在国内的执行问题，对 ICSID 裁决，固然应适用《华盛顿公约》自动承认和执行，但对于非 ICSID 裁决，则要进一步论证其承认和执行所依据的法律路径。

---

〔1〕 王茜、季显娣："重启中美 BIT 谈判的重要性"，载《WTO 经济导刊》2018 年第 6 期。

〔2〕 2012 年版美国 BIT 范本第 25 条第 2 款规定："根据本章提交仲裁和根据第 1 款作出的仲裁同意，应当满足《纽约公约》第 2 条的书面仲裁协议要求。"

〔3〕 2012 年版美国 BIT 范本第 34 条第 10 款规定："根据本章提交仲裁的一项申请应被视为产生于《纽约公约》第 1 条意义上的商事关系或交易。"

（三）我国法院适用《纽约公约》执行非 ICSID 裁决的利弊分析

如前文所言，我国国内法中并未明文规定非 ICSID 裁决的承认和执行事宜，但从恪守条约义务、维护负责任大国形象的立场出发，我国在既往缔结的 BIT 以及中美 BIT 谈判的进程中，均肯定了采取 ICSID 以外的方式解决投资者与国家间争端的合法性。为了维持缔约立场的一致性和法律秩序的稳定性，对于 ICSID 以外的投资仲裁裁决，我国有义务保障其在本国法院顺利承认和执行。

对国内立法所隐存的空白，《纽约公约》的适用提供了有效的"漏洞填补"机制。将《纽约公约》适用于承认和执行非 ICSID 投资仲裁裁决，存在以下优势：首先，《纽约公约》缔约国众多且影响力较大，适用该公约执行非 ICSID 裁决已经成为国际通行的普遍做法，公约允许诸多缔约国法院承认和执行投资仲裁裁决；其次，适用《纽约公约》执行非 ICSID 裁决有利于平衡双向投资利益，该公约在明确缔约国原则上有义务执行公约裁决的同时，又在第 5 条设置了若干拒绝执行的法定事由，这构成仲裁裁决司法审查的事由，使执行地的国内法院有权力对错误裁决进行救济；再其次，适用《纽约公约》执行非 ICSID 裁决既可履行高标准的投资保护义务，又有助于"倒逼"国内依法行政；最后，相较于专门颁布单行的国内立法，直接援用《纽约公约》执行非 ICSID 裁决，可以在一定程度上节约立法成本。

不过，《纽约公约》的适用并不能完全解决非 ICSID 裁决在中国法院的承认和执行问题，其适用范围和制定初衷决定了将其适用于投资仲裁具有局限性。原因在于：首先，《纽约公约》第 1 条将其构建的承认和执行机制限定适用于平等主体的自然人或法人之间的商事裁决，而投资者与国家间争端难以归入为平等主体间的商事争议。其次，基于我国所提出的"互惠保留"，对于仲裁地在非公约缔约国领土内作出的投资仲裁裁决，无法援引《纽约公约》向我国法院申请承认和执行。[1]对于既不适用《纽约公约》也不适用《华盛顿公约》的国际投资仲裁裁决，其在我国法院的承认和执行仍属"未解之谜"。此外，相比于《华盛顿公约》，《纽约公约》对国家豁免这一阻碍裁决执行的"症结"问题并未给出直接回应。但是，上述局限并不能用于否认《纽约公约》对投资仲裁的可适用性。正如有学者所指出的，《纽约公约》第7条确立的"更优惠权利条款"明确了该公约不影响在缔约国间所订立的其他双边或多边条约框架内赋予利害关系人援用裁决的权利，这一补充式规定赋权争端当事方依据《纽约公约》申请承认和执行非ICSID裁决。[2]对于"互惠保留"，应当注意的是，并非所有国家都提出过此类保留。同时，根据《维也纳条约法公约》的理念，公约之效力原则上仅及于缔约国，《纽约公约》本就不是无所不包的全景式公约，其并不适用于非缔约国的裁决这一点无法用于否认公约本身对投资仲裁的价值。再者，国家豁免问题虽然影响到投资仲裁裁决的执行，但前者是相对独立的法律问题，受到各国国内法的制约，试图在《纽约公约》或《华盛顿公约》体系内进行一劳永逸式的解决并不现实，这也并不能成为诟病《纽约公约》的有力论点。鉴于此，将《纽约公约》适用于非ICSID投资仲裁裁决的承认和执行，有其内在的制度优势，而反对者的主张显然难以立足。这从各国依据《纽约公约》承认及执行非ICSID

---

〔1〕 George A. Bermann, *Recognition and Enforcement of Foreign Arbitral Awards: The Interpretation and Application of the New York Convention by National Courts*, Springer, 2017, p. 184.

〔2〕 孙南申、孙颖："论国际投资仲裁裁决在《纽约公约》下的执行问题"，载《广西师范大学学报（哲学社会科学版）》2020年第1期。

投资仲裁裁决的实践中亦可窥见（见表4）。

表4　部分非 ICSID 裁决承认和执行情况一览

争端当事方	执行依据	执行法院	承认和执行程序的要点
萨尔纸业公司诉波兰	德国与波兰BIT 第 11 条第 4 款规定，国际投资仲裁裁决应根据《纽约公约》予以承认和执行。	德国法兰克福上诉法院；德国联邦最高法院	德国投资者根据《斯德哥尔摩商会仲裁院仲裁规则》在苏黎世对波兰政府提起投资仲裁并获得胜诉裁决，德国法兰克福上诉法院裁定执行该裁决，波兰以投资者提交的材料不符合《纽约公约》第 4 条为由提起上诉，德国联邦最高法院维持了执行裁决的决定，认定本案仲裁协议由 BIT 规定而非双方约定，裁决真实性无争议。[1]
萨德玛耶诉俄罗斯	德国与苏联BIT 第 10 条第 4 款规定，国际投资仲裁裁决应依据《纽约公约》予以承认和执行。	德国柏林高等法院；德国联邦最高法院	萨德玛耶向斯德哥尔摩商会仲裁院对俄罗斯提起投资仲裁并获得胜诉裁决，俄罗斯向瑞典法院申请撤销裁决遭驳回，投资者向德国法院提出过 30 次执行措施申请，包括政府展览设备、航空公司在俄罗斯过境的应付费用等，德国联邦最高法院认定，过境通行费具有公共性质，享有执行豁免权，后投资者在德国科隆找到产权人为俄罗斯的住所并提出执行申请，终获执行。[2]

---

〔1〕 See Saar Papier Vertriebs GmbH v. Republic of Poland, UNCITRAL, IISD News Story on the Award, 5 January 2004.

〔2〕 See Mr. Franz Sedelmayer v. The Russian Federation, SCC, Decision of Oberlandesgericht Köln, 29 November 2010.

续表

争端当事方	执行依据	执行法院	承认和执行程序的要点
沃尔斯特诉泰国	德国与泰国 BIT 第 9 条规定了缔约国之间的投资仲裁机制，第 8 条允许投资者运用此种争端解决机制。	柏林上诉法院；德国联邦最高法院	德国投资者沃尔斯特根据《贸法会仲裁规则》在瑞士日内瓦对泰国提出投资仲裁申请，诉称泰国违反 BIT 的实体保护条款，仲裁庭认定投资者胜诉，柏林上诉法院认定裁决具有可执行性，且执行不违反公共政策，后德国联邦最高法院推翻柏林上诉法院判决，指出本案应适用管辖豁免。[1]
雪弗龙公司诉厄瓜多尔	美国与厄瓜多尔 BIT 第 6 条第 6 款规定，缔约国应当在其领土内无延误地执行裁决的各个款项。	美国纽约南区联邦地区法院；美国哥伦比亚特区联邦巡回上诉法院	投资者依据《贸法会仲裁规则》在海牙对厄瓜多尔提起投资仲裁索赔并获得胜诉裁决。后投资者依据《纽约公约》向美国法院申请承认和执行裁决，厄瓜多尔依据《外国主权豁免法》《纽约公约》提出不予执行的抗辩，并以荷兰的未决上诉申请中止执行，美国法院驳回异议，准许承认和执行裁决。[2]
英国天然气集团公司诉阿根廷	阿根廷与英国 BIT 第 8 条第 4 款规定，仲裁裁决具有终局	美国哥伦比亚特区联邦地区法院；美国哥伦比	英国投资者根据《贸法会仲裁规则》在华盛顿哥伦比亚特区对阿根廷提起投资仲裁索赔并获得胜诉裁决，美国哥伦比亚特区联邦地区法院与联邦巡回上

[1] See Walter Bau AG v. Kingdom of Thailand, UNCITRAL, Judgment of Germany's Federal Court of Justice, 6 October 2016.

[2] See Chevron Corporation and Texaco Petroleum Corporation v. The Republic of Ecuador, UNCITRAL, PCA Case No. 2009-23, Order of the United States District Court for the Southern District of New York on Chevron Corporation v. Donziger et al., 4 March 2014; Judgment of the US Court of Appeal for the District of Columbia, 4 August 2015.

续表

争端当事方	执行依据	执行法院	承认和执行程序的要点
	性，且对双方当事人具有约束力。	亚特区联邦巡回上诉法院；美国联邦最高法院	诉法院均确认了裁决，美国联邦最高法院认为，未遵守当地诉讼的前置条件不妨碍仲裁程序，最终确认了裁决。[1]
加里宁格勒诉立陶宛	立陶宛与俄罗斯 BIT 第10条第3款规定，各缔约国应在国内法院依据本国法院执行裁决。	立陶宛法院；维尔纽斯法院；立陶宛最高法院；巴黎上诉法院	加里宁格勒（借款人）向立陶宛贷款后未按期偿还，立陶宛将信贷利益转让给杜克公司，杜克公司在伦敦国际仲裁院对借款人提请仲裁获得胜诉，立陶宛法院为执行该裁决而查封并出售了借款人的不动产，借款人依 BIT 向国际商会仲裁院对立陶宛提出仲裁申请，仲裁庭认定无管辖权，借款人向巴黎上诉法院申请撤销裁决，法院认定 BIT 未授权仲裁庭管辖因法院执行裁决而产生的征收争议，驳回撤销申请。[2]
梅特克拉德公司诉墨西哥	《北美自由贸易协议》第1136条第4款规定，各缔约国应在国内执行依据本协议作出的仲裁裁决。	加拿大不列颠哥伦比亚省最高法院	美国投资者依据《ICSID 附加便利规则》在加拿大哥伦比亚特区温哥华市对墨西哥政府提出仲裁申请并获得胜诉裁决，墨西哥向加拿大法院申请撤销裁决，法院认定，本案争端具有国际性和商事性，适用《国际商事仲裁法》，仲裁庭对《北

〔1〕 See BG Group Plc. v. The Republic of Argentina, UNCITRAL, Judgment of the Supreme Court of the United States, 5 March 2014.

〔2〕 See Kaliningrad Region v. Lithuania, ICC, Judgment of the Paris Court of Appeal on Application to Set Aside Award, 18 November 2010.

争端当事方	执行依据	执行法院	承认和执行程序的要点
			美自由贸易协议》第 1105 条"国际法"的解释有误，构成超裁，因此撤销部分裁决，其他部分予以执行。[1]

四、在国际商事法庭体系内承认和执行投资仲裁裁决的考量

（一）国际商事法庭的管辖创新为执行投资仲裁奠定基础

为依法及时公正审理国际商事案件，平等保护中外当事人合法权益，营造稳定、公平、透明、便捷的法治化营商环境，最高人民法院立足于国家大计，从大局出发，对涉外商事审判机制的顶层制度设计进行了创新，这集中体现为 2018 年 6 月在广东省深圳市与陕西省西安市设立的两个国际商事法庭。[2]作为国家服务与保障"一带一路"建设的司法创新，国际商事法庭的构建围绕中国独特的国情和现实的需求而逐步展开，在此基础上推出国际商事专家委员会、"一站式"国际商事纠纷解决机制、全国法院域外法查明统一平台，积极推进国际民商事司法协助工作的高效开展，以公正、高效、便利、低成本的优势成为国际商事争议解决舞台上璀璨的"新星"。[3]

---

〔1〕 See Metalclad Corporation v. The United Mexican States, ICSID Case No. ARB (AF) /97/1, Challenge to the Arbitral Award, 2 May 2001.

〔2〕 刘敬东："国际商事法庭的时代意义与使命"，载《人民法院报》2018 年 7 月 5 日，第 2 版；张勇健："国际商事法庭的机制创新"，载《人民法院报》2018 年 7 月 14 日，第 2 版。

〔3〕 薛源、程雁群："以国际商事法庭为核心的我国'一站式'国际商事纠纷解决机制建设"，载《政法论丛》2020 年第 1 期。

作为国际商事争端解决机制创新的载体，国际商事法庭的管辖权涵盖了五类案件，包括：其一，当事人协议选择最高人民法院管辖且标的额在人民币 3 亿元以上的一审国际商事案件；其二，各高级人民法院移送给最高人民法院管辖的一审国际商事案件；其三，在全国有重大影响的一审国际商事案件；其四，在"一站式"国际商事纠纷解决机制的基础上申请仲裁保全、申请撤销或者执行国际商事仲裁裁决的案件〔1〕；其五，最高人民法院认为应由国际商事法庭审理的其他案件。据此，国际商事法庭的管辖权突破了传统的地域管辖与属人管辖等客观限制，将当事人协议管辖与法院裁量管辖等主观因素纳入视野，这为国际商事法庭管辖当事人申请承认和执行国际投资仲裁裁决案件提供了合法性基础。〔2〕

具言之，除本书开篇论及的 ICSID 及非 ICSID 投资仲裁机制外，鉴于我国已有仲裁机构制定了国际投资仲裁规则，将来这些机构亦可就投资者与国家间争端作出国际投资仲裁裁决，国际投资仲裁裁决可区分为在我国作出的裁决与在其他国家作出的裁决。对于在其他国家作出的国际投资仲裁裁决，如败诉方在我国有财产，则胜诉方可向我国国际商事法庭提出承认和执行该裁决的申请。此时，国际商事法庭可根据前述管辖权五类案件的第一项、第二项、第三项和第五项予以管辖。对于我国仲裁机构作出的投资仲裁裁决，如该机构已被纳入"一站式"国际商事纠纷多元化解决机制的仲裁机构，则裁决的执行亦应由

---

〔1〕　参见《最高人民法院关于设立国际商事法庭若干问题的规定》（法释〔2018〕11 号）第 2 条、第 11 条、第 14 条。

〔2〕　吴永辉："论国际商事法庭的管辖权——兼评中国国际商事法庭的管辖权配置"，载《法商研究》2019 年第 1 期。

国际商事法庭管辖。〔1〕

（二）国际商事法庭的裁判实践为仲裁司法审查积累经验

作为不同的争议解决方法，司法与仲裁的关系始终是理论界与实务界常谈常新的议题。〔2〕近年来，国际上逐渐兴起建立国际商事法庭的潮流，这一新兴的司法创新举措非但没有对国际仲裁机制形成冲击或挑战，反而与国际仲裁机制相辅相成。〔3〕我国的国际商事法庭自成立并运作以来，也受理了部分涉外仲裁司法审查案件，作出了公允的裁判，为审理承认和执行国际投资仲裁裁决案件积累了有益经验。2019年2月，第一国际商事法庭受理了首批5起案件，这些案件已分别于同年9月18日和10月25日作出裁判。〔4〕据悉，第一国际商事法庭审结的5起案件均为提级管辖，当事人有日本、意大利、英属维尔京群岛等公司以及中国的公司和个人。各方当事人均同意由国际商事法庭提级管辖，并认可一审终审制。就案件类型而言，此次结案的5起案件中，有3起为确认仲裁协议效力案件。这3起案件的裁定明确了几个重大法律问题，进一步确定了仲裁协议独立性原则，解决了长期以来理论与实务界对此产生的疑惑，有力地统一了处理此类案件的指导性思路和标准，彰显了最高人民法

---

〔1〕 首批纳入"一站式"国际商事纠纷多元化解决机制的仲裁机构包括：中国国际经济贸易仲裁委员会、上海国际仲裁中心、深圳国际仲裁院、北京仲裁委员会、中国海事仲裁委员会。

〔2〕 宋连斌："司法与仲裁关系的重构：'民诉法'有关仲裁新规定之解析"，载《仲裁研究》2013年第3期。

〔3〕 叶珊珊："国际商事法庭对国际商事仲裁的影响——以新加坡国际商业法庭和伦敦商事法庭为例"，载《北京仲裁》2019年第1期。

〔4〕 2019年9月18日，国际商事法庭合议庭就国际商事法庭受理的第一案即运裕有限公司（Luck Treat Limited）与深圳市中苑城商业投资控股有限公司申请确认仲裁协议效力一案，作出〔2019〕最高法民特1号民事裁定书。王生长："仲裁协议独立性要义——中国国际商事法庭第一案述评"，载《上海法学研究》集刊（2019年第17卷 总第17卷）——上海国际经济贸易仲裁委员会文集，2019年。

院组建的国际商事法庭为"一带一路"建设服务的决心和实力。

纵使国际投资仲裁与国际商事仲裁适用不同的制度体系，国际商事法庭在涉外仲裁司法审查方面积累的经验无疑是有益于对投资仲裁进行司法审查时提供参照的。但这种参照仍有待解决以下几个方面的现实问题：首先，国内法院审查国际投资仲裁裁决的合法性具有合法性基础，这种审查权的限度根据仲裁机制的不同而有所区别，国内法院在《纽约公约》体系下对裁决的承认和执行具有直接审查权，非当事国的其他《华盛顿公约》缔约国对 ICSID 裁决的承认和执行具有优先的间接审查权，作为《华盛顿公约》缔约国的争端当事国对 ICSID 裁决无权审查，应予以自动承认和执行。[1]其次，对于具有审查权的案件，国内法院应秉持谦抑性与中立性，仅得基于特定事由对投资仲裁进行有限制的程序审查，如仲裁缺乏管辖权、违背正当程序原则、仲裁庭越权、违背当事人合意等，除公共政策外，不得对仲裁的实体事项进行干预，以免对国际投资仲裁的裁决结果形成冲击，防止国内过度审查减损争端解决的不确定性。[2]最后，中国亟待明确国际商事法庭有权审查投资仲裁裁决承认和执行申请并构建配套规章。根据《华盛顿公约》第 54 条第 2 款，缔约国应将指定的有权承认和执行 ICSID 裁决的相关法院或其他机构通知 ICSID 秘书长。根据《华盛顿公约》第 69 条，缔约国需要采取立法或其他措施促使公约在国内的实施。中国加入《华盛顿公约》后，尚未指定有关受理机构和搭建配套规则体系，鉴于国际商事法庭适合于管辖投资仲裁裁决承认和执

---

〔1〕王海浪："论国际投资仲裁裁决的承认与执行——以执行法院的审查权为中心"，载《国际经济法学刊》2018 年第 4 期。

〔2〕祝利："国内法院审查 ICSID 国际投资裁决的合法性分析——以 BG 公司诉阿根廷案为例"，载《产业创新研究》2019 年第 1 期。

行类案件，应及早完成此项指定并尽快建章立制。[1]

（三）国际商事法庭的职能定位为执行投资仲裁拓宽路径

国际商事法庭成立于全球治理趋于法治化的时代背景下，中国司法通过国际商事法庭开展涉外商事审判工作，不仅可提升中国营商环境的法治化、国际化、便利化水平，而且可据此掌握国际规则的解释权，积极参与国际规则制定，增强中国在国际法律事务中的话语权和影响力。[2]就外国投资者与东道国争端而言，为了追求居中裁决，各方当事人通常选用投资仲裁机制解决案涉纷争，而避免将争端提交至国内法院司法解决。但鉴于仲裁的私人裁判属性，裁决结果仍需借助国内司法强制力予以执行。对此，国际商事法庭独特的职能定位为国际投资仲裁的落地提供了强有力的司法服务与保障，拓宽了投资仲裁的执行路径。

具言之，国际商事法庭承认和执行投资仲裁，不仅需要完善的制度支撑、系统的裁判机制，还需要先进的司法理念指引。[3]自20世纪80年代加入《纽约公约》以来，中国在涉外仲裁司法审查方面形成了独具特色的中国经验，如内部报核程序、慎用公共政策、支持仲裁发展、仲裁协议独立性、一裁终局原则等。作为创新机制下的裁判组织，国际商事法庭并未突破上下相互支撑、三级两审终审制的司法体系。通过对国际投资仲裁裁决进行承认和执行，国际商事法庭可对投资仲裁的公正性进行监督与制约，从而实现"一站式"纠纷解决平台基础上诉讼

〔1〕薛源："投资者与东道国争端仲裁与我国法律机制的衔接"，载《国际商务（对外经济贸易大学学报）》2017年第5期。

〔2〕贺荣："论中国司法参与国际经济规则的制定"，载《国际法研究》2016年第1期。

〔3〕刘桂强等："论中国国际商事法庭的构建"，载《武大国际法评论》2018年第3期。

与仲裁的衔接融合发展，凭据独立的商事裁判体系和能动司法传递商法独立价值，推进中国外商投资法治的自治化、体系化和国际化。[1]

总之，国际商事法庭的构建与完善，有利于提升一国在国际商事争议解决领域的话语权，争取国家间法治竞争的主动权。[2]由国际商事法庭管辖承认和执行国际投资仲裁裁决案件，既符合诉讼、调解、仲裁有机结合的"一站式"多元化解纠纷理念，又有助于强化仲裁的司法支持与协助，提升国际投资争议解决的国际化，彰显中国守约践诺的国际形象，勇担裁决承认和执行的时代使命。

五、小结

如同国际商事仲裁那样，在国际投资仲裁的当事人对仲裁程序或仲裁庭的裁决不满时，可寻求法定的救济和追诉机制。因提起仲裁的根据及适用的仲裁规则不同，导致有权受理裁决异议的机构也有不同：对 ICSID 仲裁而言，只能向特设委员会申请撤销裁决，缔约国法院应自动承认和执行裁决；对根据《贸法会仲裁规则》进行的非 ICSID 投资仲裁，仲裁地及裁决执行地的国内法院享有司法审查权，《纽约公约》中拒绝承认和执行裁决的法定事由存在适用空间。[3]

鉴于 ICSID 裁决与非 ICSID 裁决适用不同的法律依据，应分别探讨其在我国的承认和执行问题。一方面，我国作为《华盛顿公约》的缔约国，应当尽快履行条约义务，现有国内法体系与

---

〔1〕 姜丽丽："国际商事法庭的未来抉择"，载《人民司法》2019 年第 10 期。

〔2〕 沈伟："国际商事法庭的趋势、逻辑和功能——以仲裁、金融和司法为研究维度"，载《国际法研究》2018 年第 5 期。

〔3〕 黄世席："国际投资仲裁裁决的司法审查及投资条约解释的公正性——基于'Sanum 案'和'Yukos 案'判决的考察"，载《法学》2017 年第 3 期。

公约义务还缺乏有效的接轨机制，难以实现"无缝对接"。[1]基于此，尽快采取在国内实施公约所必需的立法措施，依据公约的规定指定人民法院作为承认和执行公约裁决的主管机关，实乃当务之急。另一方面，应当肯定的是，依据《纽约公约》承认和执行非 ICSID 投资仲裁裁决符合国际普遍做法，有利于平衡双向投资利益及保护我国公民、法人和其他组织在海外的投资权益，并有助于"倒逼"国内依法行政，因此该方案具有可行性。但是，《纽约公约》在国际投资仲裁中的适用与商事仲裁中的适用存在本质的差别，这与投资争端本身的性质密不可分，因此我国法院在解释与适用《纽约公约》执行非 ICSID 投资仲裁裁决时，应尤其避免投资仲裁司法审查的"商事化"倾向，尊重东道国的规制主权或主权豁免。[2]并且，为了使投资者与国家间争端囊括在《纽约公约》范畴之内，适用公约的前提条件是全国人大同意对我国在《纽约公约》项下的"商事保留"作必要的扩张解释。与此同时，在制度安排与程序设计上，要从更为宏观的视角分析问题，不仅需要考虑国外投资仲裁裁决在我国的承认和执行问题，还要探索以我国为仲裁地的国际投资仲裁裁决的国外执行问题。

当下，国际商事争议裁判机构方兴未艾，成为各国参与全球竞争、营造优质营商环境的重要工具。[3]在国际商事法庭框

---

〔1〕 张倩雯："多元化纠纷解决视阈下国际投资仲裁裁决在我国的承认与执行"，载《法律适用》2019 年第 3 期。

〔2〕 参见肖芳："国际投资仲裁裁决司法审查的'商事化'及反思——以美国联邦最高法院'BG 公司诉阿根廷'案裁决为例"，载《法学评论》2018 年第 3 期；贺辉："基于实践分析国际投资仲裁去商事化的必要性"，载《郑州大学学报（哲学社会科学版）》2018 年第 5 期。

〔3〕 蔡伟："国际商事法庭：制度比较、规则冲突与构建路径"，载《环球法律评论》2018 年第 5 期。

架内审查承认和执行国际投资仲裁裁决案件，可借助于司法审判机制的创新实现中外当事人权益的平等保护，结合国内外专家委员的意见对投资条约进行公正合理的解释适用，依托于涉外仲裁司法审查经验增加中外司法交流与合作，无疑具有制度优势。与此同时，国际投资仲裁裁决的司法审查工作颇具挑战，是考验一国国际化水准、衡量一国司法涉外裁判技能的"炼金石"。通过拓展对此类案件的管辖，将促使我国在构建国际投资仲裁裁决承认和执行的制度安排问题上适时调整国家豁免立场。

第四节　《ICSID 仲裁规则》修改中的重点与难点

一、《ICSID 仲裁规则》修改背景与进程

外国投资者与东道国政府间投资争端的妥当解决，不仅关系到国际投资法律秩序的稳定发展，也有助于塑造一套国际社会普遍接受的全球治理标准。相比于外交保护、当地救济等传统的投资争端解决方式，国际仲裁提供了一种更为公平、简便、快捷的争端化解机制。通常认为，国际投资仲裁既可以通过一些常设的国际商事仲裁机构进行，也可采取临时仲裁的方式，但二者在仲裁员的专业性、仲裁程序的透明度、仲裁成本的控制方面存在一定不足。鉴于此，在世界银行的主持下，各国于1965 年 3 月缔结了《华盛顿公约》，并据此成立了隶属世界银行集团、专门开展仲裁和调解活动的常设机构——ICSID。中国政府于 1990 年 2 月签署了《华盛顿公约》，公约自 1993 年 2 月 6 日起正式对中国生效。

为了保证仲裁程序的规范进行，ICSID 行政理事会在 1967 年制定了《ICSID 仲裁规则》。随着时代的飞速进步与仲裁实践的长期积累，国际社会对《ICSID 仲裁规则》提出了新要求，行

政理事会以实践需要为导向，不断检视仲裁规则文本，先后于1984 年、2003 年、2006 年三次修订仲裁规则。自 2016 年起，行政理事会启动了《ICSID 仲裁规则》的第四次修订程序，并于2018 年 8 月公布了全面修订《ICSID 仲裁规则》的征求意见稿（以下简称"征求意见稿"）。2019 年 3 月，ICSID 在听取来自各方面意见的基础上，对拟议修正案进行了更新。2022 年 3 月21 日，ICSID 行政理事会正式批准《ICSID 仲裁规则》的修正案。新修订的《ICSID 仲裁规则》具体包括：《ICSID 行政和财务条例》《ICSID 仲裁规则》《ICSID 调解规则》《ICSID 仲裁程序启动规则》《ICSID 附加便利规则》 《ICSID 调解程序规则》《ICSID 事实调查规则》。《ICSID 仲裁规则》的本次修订，堪称ICSID 有史以来规模最大、最为全面的一次更新，其不仅简化了ICSID 仲裁与调解程序，而且有助于提升国际投资争端解决的效率、增加透明度、强化仲裁员信息披露，可以更好地满足新时代背景下外国投资者与东道国政府解决争端的需求。

国际投资争端仲裁规则的修订不仅直接关系到中国政府及中国投资者作为当事人参与 ICSID 案件的程序权利与义务，而且也直接涉及各国在国际投资规则设计方面话语权的实现。鉴于此，本部分将对征求意见稿中的核心条款进行评析并提出相应的修改意见。为了使讨论更为集中，本部分论证重点针对《ICSID 仲裁规则》修订中的几项关键问题，暂不对其他规则进行论述。

二、《ICSID 仲裁规则》的修改要点及未决问题

ICSID 通过组织公开咨询，获得来自各国政府、国际组织、专家学者、社会公众反馈的书面意见，结合这些有益的提议，2019 年 3 月公布的《ICSID 仲裁规则拟议修正案》对 2018 年 8

月公布的案文进行了进一步的修正，修改之处重点体现在如下方面：其一，在一般规定中增加了善意原则，完善了质证认证程序，将联络当事人、仲裁庭、行政理事会主席的职责由秘书处变更为秘书长，明确期限的计算标准及特殊情况下当事人逾期行为的接受；其二，在仲裁庭组成方面，2019 年版修正案准确界定了第三方资助的概念并明确排除将当事人的代理人认定为第三方资助者的可能性，将当事人就奇数仲裁员的人数及指定方式进行协商的期限压缩为 45 天；其三，在仲裁员不适格及仲裁员空缺问题的处理上，2019 年版修正案不再要求当事人只能依据《华盛顿公约》第 57 条质疑仲裁员公正性，因为仲裁员回避将导致仲裁程序的中止，所以新规则要求任何一方对仲裁员的质疑必须在组庭之日起或知道异议事由之日起 21 天之内提出，以免当事人滥用拖延策略拖缓仲裁程序的效率；其四，在仲裁程序方面，根据 2018 年修正案文，仲裁庭应在首次会议召开之前将庭审议程发送至各方当事人并邀请当事人就议程草案及程序事项发表意见，2019 年版修正案删除了当事人对构成仲裁庭法定人数所必要的仲裁员发表意见的规定，新增了当事人对任何一方或仲裁庭提出的其他程序事项发表意见的规定，根据新的修正案，仲裁庭召开案件管理会议的时间改为首次会议之后的任何时间；其五，在证据方面，2019 年版修正案第 35 条新增了当事人对其主张或抗辩承担举证义务的条款，且新版修正案第 38 条对 2018 年版修正案第 42 条进行了微调，明确仲裁庭有权任命独立专家对争议范围内的特定事项提供意见。此外，新版修正案还对初步异议的提交（第 42 条）及其分步处理（第 41 条）、合并仲裁（第 43 条）、临时措施（第 35 条）、附随请求（第 45 条第 3 款）、仲裁费用（第 47 条）等作出了调整。

　　由于跨国投资关系往往关涉当地的社会公共利益，投资者与国家间仲裁的结果常常会对争端当事方以外的主体的权利义务产生影响，如外国投资者的股东、受到外国投资活动影响的个人、东道国当地的社区、投资项目所在地的原住民、工会、环保组织、民间团体等。许多国家的行政诉讼法或行政复议法都为这些当事人以外的利益相关者提供了介入案件并申诉权利的途径，使此类主体可以在外国投资者与被诉东道国之间就其所遭受的损害主张求偿或发布意见，部分国际仲裁机构也借鉴了这种机制，在仲裁规则中增设了第三方参与条款（Third-Party Joinder）。

此外，反请求制度也为保障东道国公共利益提供了重要的法律保障。根据现行的《华盛顿公约》及《ICSID 仲裁规则》，被诉东道国在针对作为申请人的投资者提起反请求时，需要同时满足三方面要件：其一，各方当事人必须同意将反请求提交 ICSID 仲裁解决；其二，反请求必须直接产生于仲裁本请求中所争议的投资事项；其三，反请求必须在 ICSID 仲裁的管辖权范围内。在以条约为基础的投资者与国家间仲裁中，这些要件几乎难以满足，障碍集中在三个方面：首先，由于投资者并非启动仲裁所依据的投资条约的缔约方，依据该条约很难判定投资者默示同意将反请求提交 ICSID 解决，而投资者也缺乏将反请求提交 ICSID 仲裁解决的明示同意，这就使反请求很可能欠缺双方当事人共同的仲裁合意；其次，大多数条约在实体条款方面主要是为投资者设定权利、为东道国施加义务，很少有条约为投资者施加义务，这就意味着被诉东道国提出的反请求很难以条约之违反作为诉因，而只能依赖于东道国国内法、投资合同或其他法律文件；最后，由于提起反请求的管辖权要件非常严格，一旦申请人提出的本请求因管辖权方面的原因被仲裁庭驳回，反请求几乎无法独立存在。基于以上困境，各成员国应借助《ICSID 仲裁规则》修改的契机，充分考虑到以条约为基础的国际投资仲裁的特殊性，竭力修正仲裁反请求的管辖要件。具言之，笔者建议工作组在进一步修改中明确：投资者提出仲裁申请即表明其同意 ICSID 仲裁管辖，此种同意也应当被视为投资者对东道国提出反请求的同意，但此类反请求必须在 ICSID 仲裁管辖权的范围之内；任何直接或间接产生于投资争议事项的反请求，即使提出该类反请求的法律基础系投资者提出仲裁请求的条约以外的法律文件，也应当被视为在 ICSID 管辖权之内。

《ICSID 仲裁规则》修改的另一项关键问题是仲裁程序所使用的语言。所谓仲裁语言，特指在仲裁程序中的口头陈述与申辩、提交的书面文件、证据、裁决书使用的语言。国内仲裁中当事人通常使用该国通用的语言文字，但在国际仲裁中，双方当事人、仲裁员、证人、代理人往往来自不同国家，这就涉及多种不同语言。为了充分保障程序正义，案件审理过程中的各类通知及书面文件必须要在多语环境下同步进行，既要顾及仲裁地的官方语言及仲裁机构的通用语言，还要顾及当事人惯常居所地的语言，以使当事人真正了解案件中的信息并适时地做出相应的行动。当程序语言并非当事人国籍国的官方语言时，翻译工作量比较大，材料的翻译会对材料的递交时间造成影响，也会在一定程度上影响程序的公正性。简言之，如果不能妥善确定某一种或多种工作语言，不仅会导致仲裁程序因语言文字的困扰而徒增时间与金钱成本，而且将影响仲裁程序的公平进行及裁决的有效执行。

在国际商事仲裁中，许多当事人通过仲裁协议明确约定了仲裁程序语言。在不存在约定语言的情况下，绝大多数仲裁规则授权仲裁庭选择一种仲裁语言，实践中最为常见的情形是，仲裁庭将当事人签订主合同时所使用的语言确定为仲裁语言，除非仲裁规则中明确规定了默认的仲裁语言。在国际投资争端解决实践中，不仅在仲裁环节需要考虑语言文字问题，在和解、调解等阶段同样会遇到这个问题。因此，程序语言问题需要在规则中明确，并且应具备一定的适用延续性。

征求意见稿中的《ICSID 仲裁规则》第 5 条第 1 款规定：当事人可以同意仲裁程序使用一种或两种程序语言。如果使用非中心正式语言，当事人应当与仲裁庭和秘书处协商。第 5 条第 2 款规定：如果当事人未就程序语言达成一致，各方当事人可以各选择一种中心正式语言。该条款一方面认可了当事人意思自治原则，肯定了当事人通过合意方式约定非中心正式语言作为仲裁语言的可能性，另一方面又为当事人未达成合意的情况规定了确定仲裁语言的替代方法。根据第 5 条第 2 款，如果双方当事人分别选定一种语言，则仲裁语言可能是多种不同语言，但均为中心的官方语言，如此既保证了选择语言方面的灵活性，又能够使中心秘书处及仲裁员在既有的官方语言中保证确定性和工作便利性。不过，第 5 条第 1 款在制度设计方面存在一定的缺憾，在仲裁庭组成之前，当事人对语言使用达成合意，则与秘书处协商沟通即可，但在仲裁庭组成之后，当事人才就仲裁语言达成合意，则需要顾及仲裁程序的安定性和已经组庭的仲裁员对此种语言的熟悉使用程度。鉴于此，第 5 条第 1 款建议稍作变动，改为："当事人可以同意仲裁程序使用一种或两种程序语言；如果使用非中心正式语言，当事人应当与秘书处协商，如果仲裁庭已经组成，应当与秘书处和仲裁庭协商。"如此修改，更有利于提升和促进仲裁程序的高效进行。

三、对《ICSID 仲裁规则》修改的评价

（一）对第三方资助设定相应的披露义务有助于促进程序透明

国际投资仲裁案件往往涉及高昂的仲裁费用，具言之，仲裁费用通常由三部分组成：其一，仲裁机构的运作成本，包括 ICSID 行政管理费用、场地租金及有关开支，这部分费用通常并不由当事人负担，而由世界银行负责解决；其二，具体程序的费用，包括仲裁员的费用与酬金、通信费及支付给翻译人员、专家证人的费用、鉴定费等，这些均要求当事人在仲裁庭或撤销委员会组成后预先定期支付；其三，争端各当事方的开销，包括律师费、专家聘请费、雇员开支、为应对仲裁而调取证据或沟通联络所付出的花费等。金额庞大的仲裁费用，催生了投资仲裁融资产业。近年来，以法律资本为核心业务的第三方资助开始在国际投资仲裁中崭露头角，国际商事仲裁理事会和伦敦玛丽女王大学为此专门组建联合工作组（ICCA-Queen Mary Task Force），撰写并发布了《国际仲裁第三方资助报告》。作为一种国际仲裁案件处理中无追索权的融资安排，第三方资助被逐渐运用于 ICSID 仲裁实践，并且受到学者的高度关注。

征求意见稿中的《ICSID 仲裁规则》第 21 条第 1 款对第三方资助作了如下界定："第三方资助是指由非争端当事方的自然人或法人向仲裁一方当事人或其关联方或代表该方的律师事务所，为仲裁程序的提起或抗辩提供资金或其他实质性支持。此种资金或实质性支持可以通过以下方式提供：①捐助或赠与；②以保险费作为回报，或全部或部分依赖仲裁结果换取报酬或补偿。"

拟修订的《ICSID 仲裁规则》第 19 条对当事人需要预先缴

纳的仲裁费用作出了界定，该条第 1 款规定：仲裁庭应当根据《行政和财务条例》第 14 条第 5 款决定各方当事人应当支付给仲裁庭和中心的与仲裁程序有关费用的预付金份额。第 2 款规定：仲裁费用是当事人发生的与仲裁程序有关的所有费用，包括当事人的法律费用和支出、仲裁庭成员的费用和支出、中心的管理费用和直接费用。值得一提的是，该条并没有明确第三方资助是否属于仲裁费用，也没有确切规定当事人是否应当预先缴纳此类费用。鉴于该问题在规则中没有被明确，修改小组的代表解释称该问题应由仲裁庭决定。目前，全球范围内仅有一例国际商事仲裁案件的仲裁庭裁定被申请人承担申请人的资助协议中规定的风险代理费用（针对胜诉金额的一定比例），但这种裁决模式尚未成为主流实践，应秉持审慎态度。对于第三方资助，秘书处的修订建议中也提到目前仅个别国家修改了有关法律，允许国际仲裁中适用第三方资助，但此种允许仅为原则性通过，具体的实施和监督规定等仍有待落实。实践中让投资仲裁的被申请人承担高额的第三方资助费用显然不合理。事实上，联合国国际贸易法委员会在讨论《2016 年仲裁程序管理的指引》时，就有成员国提出第三方资助费用应当得到支持（仅为国际商事仲裁领域），但由于大多数国家反对，联合国国际贸易法委员会没有讨论该问题，也没有将该费用纳入仲裁费用的范畴。鉴于以上观察，笔者认为，有必要将第三方资助费用明确排除在可主张的当事人发生的费用之外，避免含糊其辞所导致的不确定性。

为了避免第三方资助对仲裁程序的公正性造成消极影响，拟修订的《ICSID 仲裁规则》第 21 条第 2 款、第 3 款还要求当事人对其受到第三方资助的信息予以披露，具言之，当事人应当提交书面通知，披露存在第三方资助和第三方资助者的名称。

该通知应当在仲裁请求登记时，或在登记之后达成第三方资助安排时，立即向秘书处发出。就前述信息在首次披露之后发生的任何变化，包括终止资助安排，各方当事人应当负有持续披露义务。不过，笔者认为，这两个条款的规定还存在一定的漏洞：一方面，披露的信息如果仅限于资助方的名称，并不能使仲裁庭知悉其融资安排对仲裁程序究竟产生了何种影响；另一方面，虽然设定了当事人的持续披露义务，但是没有明确规定当事人应当在知悉已披露信息发生变动后多久告知秘书处。如果因为当事人故意延迟披露，导致程序受到难以弥补的不利影响，则不仅无益于程序之公正性，也会浪费仲裁资源，导致发生不必要的延误。鉴于此，有必要对《ICSID 仲裁规则》第 21条第 2 款做如下修改："当事人应当提交书面通知，披露存在第三方资助和第三方资助者的信息，包括第三方资助者的名称、国籍、股权结构和资助协议。应当在仲裁请求登记时，或在登记之后达成第三方资助安排之后的 5 个工作日之内，立即向所有当事人、仲裁庭和秘书处发出通知。"对该条第 3 款做如下修改："就第 2 款所述信息在首次披露之后发生的任何变化，包括终止资助安排，各方当事人负有持续披露义务，应当在变化发生之后 5 个工作日内进行披露。"

（二）对费用担保进行合理规范有助于保障程序正义

费用担保（security for costs）制度初现于国际民事诉讼领域，特指审理涉外民商事案件的法官依据内国诉讼立法的规定，要求作为原告的外国人在起诉时提供败诉后可能由其负担的诉讼费用，据此防止原告败诉后逃避缴纳诉讼费的义务。在国际商事仲裁语境下，费用担保是指仲裁庭采取的裁令申请人为被申请人的仲裁费用提供一定数额的担保，以保障在申请人败诉时费用裁决得以执行的措施。

作为一项特殊的临时措施，费用担保对于防范仲裁申请人滥诉、保障被申请人得到仲裁费用补偿具有实践意义。不过，并非所有投资仲裁案件的申请人都需要提供费用担保，仲裁庭在考虑是否采取费用担保时，须综合考虑申请人的身份是否明确、经济状况是否稳定、争议双方的胜诉可能性、申请人遵守不利费用裁决的能力、申请人财产的可供执行性等因素。征求意见稿第51条专门规定了费用担保问题。就费用担保的申请而言，一方当事人可以请求仲裁庭命令另一方当事人为仲裁费用提供担保并确定提供担保的适当条件。通常，担保申请应向仲裁庭提出，但如果一方当事人在仲裁庭组成前申请费用担保，则由秘书长确定适当的期限，命令申请人提交规定的书面陈述材料，以便仲裁庭组成后及时地对请求进行审议。就担保的条件而言，在决定是否命令一方当事人提供费用担保时，仲裁庭应当考虑该当事人遵守不利的费用决定的能力以及其他相关情况。仲裁庭作出费用担保决定，将产生程序法上的效果：如果一方当事人未能遵守费用担保的命令，仲裁庭可以中止仲裁程序，直至提供担保为止；如果仲裁程序因申请人未按要求提供担保而中止超过90天，则仲裁庭在与当事人协商之后将决定终止仲裁；根据仲裁程序的具体需要，仲裁庭可以在任何时候经一方当事人请求或自行更正或撤销其作出的费用担保命令。

对于上述规定，虽然整体上明确了 ICSID 仲裁中费用担保申请的提出方式、仲裁庭决定是否命令担保时应考虑的因素、费用担保决定的效果，但仍然存在一些措辞不严谨之处。首先，之所以要求申请人提供费用担保，是为了防止投资仲裁中的滥诉现象。轻率地提起仲裁可能导致的后果是，仲裁庭裁定申请人承担被申请人发生的仲裁费用、律师费用、差旅费用等。当然，仲裁庭作出此种裁定的前提是该申请人的财务状况不良，可能无法承担不利费用。尽管如此，为防止被申请人将提供费用担保作为仲裁策略有意给申请人制造障碍，应要求被申请人提供相应证据证明提供费用担保的合理性。其次，为了防止因第三方资助的介入而导致滥诉，需要申请人有条件地提供担保来减少滥诉发生的可能性。再其次，判定是否需要提供费用担保的关键在于当事人承担不利费用裁决的能力。虽然第三方资助越来越多地被有偿付能力的大型企业使用，但不可否认，使用第三方资助的当事人更有可能存在资金短缺的问题，若其受到了资助，可以初步推定该方当事人不具备遵守不利费用决定的能力。鉴于此，仲裁庭在判定是否要求申请人提供费用担保时，还应当考察其是否受到了第三方资助，有必要在现有的征求意见稿上增加一句：经被申请人请求，申请人得到第三方资助应当作为决定性因素而被裁定提供费用担保。最后，ICSID 投资仲裁与国际商事仲裁都是以当事人意思自治为基础并赋予仲裁庭充分的自由裁量权的争端解决机制，为了保障仲裁程序的公正进行，仲裁庭在决定撤销或变更费用担保的命令时，有必要给予各方当事人合理的机会供其陈述和表达意见，确保程序的妥当性和安定性。

（三）对仲裁员委任程序的具体化有助于提升仲裁效率

仲裁员是争端的裁判者，其在具体案件的仲裁过程中，居于主持人和裁决者的地位，因此对于仲裁程序的进展和裁决结果起着决定性作用，在一裁终局的情况下尤其如此。

《华盛顿公约》第 14 条规定：纳入仲裁员名册中的人员应具备高度的道德品质，并且在法律、商业、工业、金融方面具有公认的资格，他们可以被信赖做出独立的判断。该条款实际上对 ICSID 仲裁员提出了职业伦理和行为规范方面的要求。目前，对国际仲裁员职业伦理的监管模式包括外部监管和内部监管两类，前者即由国内法院、仲裁机构、国际组织开展监督，后者则由仲裁员协会、仲裁庭成员及当事人开展内部监督。但从目前来看，无论外部监管抑或内部监管，相比于对法官及律师等其他法律从业人员职业行为的监管而言，对国际仲裁员的职业监管还处于发展初期。对于仲裁员的行为规范，国际律师协会（International Bar Association）所发布的《国际仲裁员利益冲突指南》是目前各界所广泛接受的较为权威的对仲裁从业人员提出的职业伦理方面的要求。该指南的第一部分规定了处理利益冲突与披露义务的 7 个一般标准，第二部分是一般标准的实际适用，具体列举了红色、橙色、绿色三组清单。具言之，该指南中要求，仲裁员在整个仲裁程序中，从开始接受仲裁员委任之日起直至仲裁裁决的作出，都应该保持公正性与独立性。《ICSID 仲裁规则》中除对仲裁员公正性与独立性作出明确要求外，还要求仲裁员在接受委任时对便利性作出声明，以确保仲裁员有足够的时间、精力处理案件。根据征求意见稿第 26 条，仲裁员在接受委任时，需要提交一份按照中心发布的格式签署的声明，载明包括仲裁员的公正性、独立性、便利性以及承诺对仲裁程序予以保密在内的所有事项。不过，在修改后的"附表二：仲裁员声明"中，并未涉及任何有关仲裁员便利性承诺的内容。为了使仲裁员的声明与《ICSID 仲裁规则》的要求保持一致，笔者建议对声明的承诺进一步予以完善，增加有关便利性的内容。参考国际商会仲裁院的做法，建议在声明中增加如下表述："本人承诺，本人有充足的时间根据所适用仲裁规则中的期限，以快速和符合成本效益的方式履行本人作为仲裁员的职责，并提供给各方当事人随附的签署之日起两年之内的计划安排作为基本承诺。"

就仲裁员的委任方法而言，根据《华盛顿公约》第 37 条第

2款，仲裁庭应由双方一致同意任命的独任仲裁员或非偶数的合议制仲裁员组成；如果双方对仲裁员的人数或选任方法未能达成一致意见，则原则上仲裁庭应由三名仲裁员组成，由各方当事人分别委任一名，第三名仲裁员由双方协议选任，并担任首席仲裁员。争端当事方所选任的仲裁员及首席仲裁员既不得与任何一方当事人具有相同国籍，也不得是争端任何一方的国民，而 ICSID 行政理事会主席则只能在已有的仲裁员名册中选任。

　　征求意见稿第 23 条、第 24 条、第 25 条对《华盛顿公约》第 37 条第 2 款 b 项中的仲裁员指定方法进行了进一步的明确。根据征求意见稿中的条款，在双方无法就仲裁员人选达成一致意见时，各方应当各自指定一名仲裁员并由当事人共同指定仲裁庭首席仲裁员；当事人可以共同请求 ICSID 秘书长协助指定仲裁庭首席仲裁员或独任仲裁员；如果未在登记之日起 90 天内或未在当事人另行约定的期限内组成仲裁庭，任何一方当事人可以请求 ICSID 行政理事会的主席（亦即世界银行的行长）根据《华盛顿公约》第 38 条指定尚未指定的一名或数名仲裁员。不过，征求意见稿中的条款仍有缺漏：全面规定了当事人指定仲裁员、秘书长协助指定仲裁员、主席指定尚未指定的仲裁员三类情形，但是并未明确被指定的仲裁员是否必须在仲裁员名册中，尤其是当主席指定尚未指定的仲裁员时，应当明确仲裁员须从仲裁员名册中指定，以便于与《华盛顿公约》第 33 条规定空缺补齐方式保持一致。这样修改，不仅有利于程序语言的统一，也可以解决仲裁员的普遍参与性问题。

　　（四）对首次会议的规范化有助于优化案件裁判流程

　　在国际民事诉讼程序中，法院地法通常会规定非常详尽的程序法或程序规则，但在国际投资仲裁中，则不必然受制于仲裁地程序法的约束，这就导致不同仲裁机构、不同仲裁庭在处理国际投资争端的程序步骤方面存在很大差异。为了在求同存异的基础上促进仲裁程序的有序展开，实践中很多仲裁庭在组庭后会首先组织当事人召开一次会议，这种会议被称为"首次会议"（First Session）或"预先会议"（Preliminary Meeting），在这次会议中，仲裁庭会与双方当事人进行沟通，拟定出一份庭审日程（Agenda）或审理范围书（Terms of Reference），将双方要商讨的议题和已经达成初步一致意见的问题均列举出来，以此明确仲裁庭所需审理的争点范围，并设定开展程序的具体步骤和时间安排，从而保障仲裁程序高效、有序地推进。此类会议的召开，对于从整体上提升仲裁效率、保障程序公正具有实质意义，仲裁庭通过与当事人商议，可以预先根据案件性质和审理任务来量身定做一套完整的程序。

征求意见稿第 34 条规定了首次会议，该条共 5 款：①在符合第 2 款规定的前提下，仲裁庭应当与当事人举行首次会议处理包括第 4 款所列事项在内的程序性事项。②仲裁庭应当在组成之后 60 天内或在当事人可能同意的其他期限内举行首次会议。如果仲裁庭首席仲裁员认为在该期限内无法召集当事人和其他成员，在就第 4 款所列事项与当事人书面协商之后，首次会议可以仅在仲裁员之间举行。③首次会议可以通过仲裁庭认为适当的任何方式亲自到会或远程参与。经与其他成员和当事人协商，仲裁庭首席仲裁员应当决定首次会议的议程、方式和日期。④在首次会议之前，仲裁庭应当将议程发送给当事人并邀请其就程序事项发表意见，包括：适用的仲裁规则；构成仲裁庭法定人数所必要的仲裁员人数；根据《行政和财务条例》第 14 条第 5 款应付预付金的分担比例；程序语言、翻译和口译；提交方式和书面通信路径；书面陈述的次数、类型和格式；开庭地点；如果有，当事人之间请求提供文件的范围、时间和程序；程序时间表，包括书面陈述、开庭、仲裁庭命令、决定和裁决；保留开庭记录和记录文本的方式；文件和记录的公布；保密信息的保护。⑤在首次会议或就首次会议讨论的程序事项提交最后书面陈述之较晚者之后15天内，仲裁庭应当作出记录当事人的一致意见和仲裁庭就程序事项作出的任何决定的命令。

四、中国在《ICSID 仲裁规则》修订中应坚持的立场与对策

（一）需对第三方资助予以有效规制

如前文所言，第三方资助在投资者与国家间仲裁中越来越常见。所谓第三方资助，通常指的是由争端当事方以外的出资方设计的协议，根据该协议，出资方向争端当事方之一（多为仲裁申请人或申请人的代理律师）提供资金或其他实质帮助，若仲裁结果显示受资助方赢得案件，则其应向出资方支付相应比例的费用。第三方资助现象的出现，不但没有缓和当前国际投资仲裁的"正当性危机"，而且还进一步加剧了投资争端解决中的结构性失衡问题。通常，只有作为仲裁申请人的外国投资者可以获取资助，而作为被申请人的东道国政府则极少获得资助。究其原因，主要是大多数国际投资仲裁案件系由外国投资者针对东道国政府的不法行为而提起的求偿之诉，第三方资助赖以存在的基础是出资方希望从最终裁决中获取一部分投资收益，而东道国极少成为仲裁裁决的受益方，除非东道国作为被申请人提出的反请求得到仲裁庭的支持。在联合国国际贸易法委员会设立的投资者与国家间争端解决改革工作组中，专家普遍认为：第三方资助引起了伦理问题，并对国际投资争端的解决产生了负面的影响；出资方可能会对仲裁程序实施过多的控制和影响，并将导致当事人滥用诉权轻率地提出无意义的诉求；

出资方可能会与仲裁员具有潜在的利益冲突，从而不利于仲裁庭独立、公正地解决争端；出资方的控制可能会突破仲裁程序的保密性，从整体上增加仲裁费用，使争端解决结果充满不确定性。鉴于第三方资助存在以上潜在的风险和弊端，有两类解决方案可资考虑：其一，绝对禁止在国际投资争端解决中运用第三方资助；其二，通过引入仲裁透明度、仲裁员利益冲突、仲裁信息披露等一系列制度设计，对第三方资助予以规制。相较之下，对第三方资助从规则层面予以禁止并不能根除这种现象的客观存在，反倒可能使其处于"灰色地带"的发展状态，而对其加以规制则需要全面衡量各方利益。

在 2019 年 3 月的《ICSID 仲裁规则拟议修正案》中，第 13 条对第三方资助进行了规制，其规制方法是为仲裁员设定强制性的信息披露义务，同时要求受到资助的当事人向仲裁庭及其他当事人通知第三方资助的存在及出资者的名称，从而尽可能地预防潜在的利益冲突。然而，结合中国当事人参与国际投资仲裁的现实状况来看，透明度和信息公开并不足以解决第三方资助的存在所引发的广泛的利益关切，尤其是利益冲突的问题可能会对仲裁的公正性及独立性产生消极影响。尤其是，当出资方基于投机的考虑而对仲裁结果抱有较高的利益期待时，很难保证其不会千方百计地通过各类途径对仲裁审理施加影响。鉴于此，合理的规制思路是：首先，有必要对第三方资助进行具体类型的区分；其次，可考虑禁止特定类型的第三方资助；最后，对法律所容许的第三方资助通过信息披露及利益冲突规则予以规制，从而形成全面的法律监督与制约机制。

（二）应为案外主体陈述申辩提供渠道

在中国现行《仲裁法》语境下，并没有明确区分国际投资仲裁与国际商事仲裁，仅在外国仲裁裁决的承认和执行中对二者所适用的法律框架进行了区隔：商事仲裁裁决在我国的执行可依据《纽约公约》进行，而投资者与国家间争端则被排除在"商事"之外，只能依据《华盛顿公约》或 BIT 申请承认和执行。

学界通常认为，我国当下的仲裁立法与实践中并不认可"仲裁第三人"的概念。但是，国际投资仲裁案件不同于简单的双方当事人一次性交易行为，其往往涉及多元化的利益主体持续性的投资活动，因此裁判过程难免会超越当事人双方的关系，对争端当事人以外的权利义务关系产生影响，如受到外商投资活动影响的个人、东道国当地的社会团体、工会、环保组织等，这就要求以一种相对合理的方式对利害相关方的利益诉求提供陈述及申辩的渠道。具言之，第三方介入国际投资仲裁中包括书面与口头等不同的方式，如以"法庭之友"身份提交书面意见、以第三方身份参加并旁听仲裁程序等。

作为兼具资本输入国与资本输出国双重身份的大国，中国政府与中国的海外投资者都曾经以不同的身份参与到 ICSID 争端解决程序中，因此需要特别关注其利益诉求的法律机制。然而，利益受到影响的非争端当事方介入 ICSID 仲裁的途径却十分有限，现行《ICSID 仲裁规则》虽然不乏关于透明度及"法庭之友"的规定，却远远不足以赋予第三方以有效的方式参与投资仲裁的充分机会。在 2018 年及 2019 年的两份仲裁规则修正草案中，ICSID 秘书处并没有对现有的非争端当事方提交书面意见问题进行系统化的更新。2019 年 3 月公布的《ICSID 仲裁规则》修改草案第 65 条系关于非争端当事方提交书面意见的专门规定，该条款维持了现行规则中的"两步走程序"（Two-step Process），即非争端当事方须首先提出文件提交的申请，待仲裁庭允许其提交后，其方可提交书面意见。即使认定申请者有权提交书面意见，仲裁庭也只是有权利而非有义务向其提供案件的有关文件资料，一旦任何一方当事人提出异议，则仲裁庭将被禁止向非争端当事方提供相关的案件资料。这种规定，实际上对非争端当事方介入投资仲裁施加了较为严苛的限制，并不利于有效发挥"法庭之友"的意见陈述作用，也无助于保障案外主体陈述及申辩利益的诉求。基于此，可考虑对此条进一步予以完善，在肯定案外主体有权提交书面意见的基础上，将对其提供相关案件资料确立为仲裁庭的义务。通过进一步的修订，《ICSID 仲裁规则》应保证权益受到消极影响的案外主体可以积极、合理地抗辩，防止对其作出不利的裁决，或者对其作出的不利裁决建立在其已充分抗辩的基础上，保证正当程序原则的真正实现。

（三）仲裁程序的透明度有待进一步加强

从投资仲裁的辐射效应上分析，如果仲裁庭判定东道国承担较高的赔偿额，这实际上不仅影响政府的财政预算与支出，而且深刻地反映为纳税人即社会公众的财政负担。基于此，投资者与国家间争端的解决不可避免地要牵涉到社会公众的利益，这要求仲裁程序须具备较高水平的透明度。从确立透明度原则的目标来看，透明度的强化有助于使争端当事人以外的利害关系方能够获知案件相关的信息，使其对政府的行动展开民主监督。而从透明度原则的具体落实来看，在投资仲裁中引入透明度，要求仲裁庭允许投资者母国及东道国的公民以及其他利害关系人参与到程序之中，这种参与包括信息披露、裁决公开等外部措施，也包括非争端当事方旁听庭审、提交书面意见等内部措施，前者有助于使案外主体知晓争端的起因、审理及裁判，而后者则更进一步使案外主体可将其利益诉求充分地向仲裁庭及当事人陈述并表达出来。

经过多年的谈判进程，联合国国际贸易法委员会于2013年7月通过了《透明度规则》，该规则自2014年4月1日起生效。根据《透明度规则》，当事人提交的索赔请求、仲裁通知、案件细节、仲裁程序中涉及的所有书面文件、仲裁庭的所有裁决原则上均应予以公开，除非符合该规则第7条所列明的保密信息、受保护信息、为保障仲裁完整性而不应公开的信息等例外情形。目前，《透明度规则》已经被部分投资条约接纳为可接受的国际投资仲裁的一般标准，这使透明度成为国际投资争端解决的基本趋势而非特殊例外。例如，加拿大与欧盟签署的《综合性经济贸易协定》在第8章投资章节中有多个条款直接纳入了《透明度规则》的规定，如第8.36条程序的透明度、第8.38条非争端当事方提交的意见。在此基础上，该协定还规定了其他旨在增强仲裁程序透明度的专门条款，如第8.37条关于信息共享的规定。

国际社会关于增强投资仲裁程序透明度的探索对《ICSID仲裁规则》的修订工作奠定了坚实的基础。早在2006年修订的《ICSID仲裁规则》中，修改工作组就为强化仲裁程序的透明度而增加了非争端当事方旁听条款、非争端当事方以"法庭之友"身份提交书面意见条款、仲裁裁决公开条款等，这分别体现于第32条第2款、第37条第2款、第48条第4款中。不过，这些透明度方面的规定仍然是不彻底的，如仲裁庭在允许案外人旁听时需要针对具有特殊利益的信息确立保护程序、任何一方当事人提出反对则非争端当事方就无从参加仲裁程序、非争端当事方的具体类型及其意见的约束力不甚明确、ICSID裁决的公开仍然受制于争端当事方的同意等。之所以出现上述问题，主要是商事仲裁的保密性在投资仲裁中的折射，以至于虽然《ICSID仲裁规则》致力于增强仲裁透明度，但仅限于谨小慎微的改革，而未有突破性进展。在 2019 年《ICSID 仲裁规则》修改草案中，透明度原则得以真正贯彻，规则草案特设第 10 章专门规定了裁决公开、程序参与及非争端当事方和缔约方的参与问题。具言之，该章共 6 个条款，所涉内容涵盖仲裁裁决及撤销决定的公开、仲裁庭命令与决定的公开、当事人所提交文件的公开、旁听庭审、非争端当事方提交书面意见、非争端当事方的条约缔约方参与仲裁。不过，遗憾的是，《ICSID 仲裁规则》修改草案并没有全面纳入《透明度规则》所确立的较高的透明度标准。例如，根据《透明度规则》，原则上仲裁庭所作出的裁决均应予以公开，而《ICSID 仲裁规则》修改草案第 61 条则规定仲裁裁决的公开须以双方当事人的同意作为前提，在不存在当事人同意的情形下，ICSID 应当公开裁决的摘要及法律推理部分。之所以《ICSID 仲裁规则》的透明度标准未达到最高水准，与《华盛顿公约》本身的条款密切相关。具言之，《华盛顿公约》第 48 条第 5 款规定 ICSID 未经双方的同意不得公布裁决，而《ICSID 仲裁规则》不应构成对公约本身的突破，这就使得规则修改过程中备受掣肘。对此，《ICSID 仲裁规则》修改草案还有进一步完善的空间。例如，可在《ICSID 仲裁规则》中确立较高的透明度标准，同时赋予当事人以选择权，如果当事人明确排除了仲裁规则中的裁决公开条款，则裁决之公开须以双方同意为前提，如当事人未排除仲裁规则中的裁决公开条款，则视为当事人选择仲裁规则的行动本身对仲裁程序中的透明度问题达成了合意，这并不会对公约的立法授权造成负面影响，反倒符合国际投资仲裁程序安排的合意原则。

本章小结

　　《贸法会仲裁规则》的出台，为我国仲裁机构受理投资争端提供了新的契机。通过与《新加坡国际仲裁中心投资仲裁规则》的比较可以发现，《贸法会仲裁规则》在具体制度设计上更胜一筹，凸显出法治创新的基本思路，尤其是在第三方资助、仲裁与调解相结合、机构对裁决书草案的核阅等方面，符合我国当事人参与仲裁的习惯与争议解决的基本规律。当下，我国正与"一带一路"主要的沿线国家共同探讨新的国际商事争端预防与解决组织的建设问题。但在该中心建立之前，我国的本土仲裁机构在投资仲裁领域应当有所作为。可以预见，在不久的未来，以联合国国际贸易法委员会为代表的中国仲裁机构将在投资者与国家间争端解决中独当一面，发挥其应有的作用。在半个多世纪的发展过程中，ICSID 投资仲裁机制为投资者利益保护和国际投资法治发展做出了不可磨灭的贡献，但也暴露出不少弊端，包括程序透明度低、裁决不一致、费用高昂、耗时漫长、程序滥用等，仲裁规则的修订为改善上述问题提供了契机。在"一带一路"沿线国与我国政府签署的部分 BIT 中，ICSID 仲裁为解决投资争端提供了重要选择。《ICSID 仲裁规则》的修订，对提升仲裁效率、保障仲裁员公正性、合理控制费用、完善仲裁程序、增强透明度等做出了有益的努力。为了使国际投资仲裁能够在更为公平合理的基础上推进全球治理体系的法治化，我国作为《华盛顿公约》的缔约国，应积极参与修订并建言，使 ICSID 仲裁能够保持充分的活力，为国际社会的有序发展提供制度支撑和法治保障。

《中华人民共和国仲裁法（修订）（征求意见稿）》

第一章　总　则

第一条　为保证公正、及时地仲裁经济纠纷，保护当事人的合法权益，保障社会主义市场经济健康发展，促进国际经济交往，制定本法。

第二条　自然人、法人和其他组织之间发生的合同纠纷和其他财产权益纠纷，可以仲裁。

下列纠纷不能仲裁：

（一）婚姻、收养、监护、扶养、继承纠纷；

（二）法律规定应当由行政机关处理的行政争议。

其他法律有特别规定的，从其规定。

第三条　当事人采用仲裁方式解决纠纷，应当双方自愿，达成仲裁协议。

第四条　仲裁应当诚实善意、讲究信用、信守承诺。

第五条　当事人达成仲裁协议，一方向人民法院起诉的，人民法院不予受理，但仲裁协议无效的除外。

第六条　仲裁的管辖由当事人协议约定，不实行级别管辖和地域管辖。

第七条 仲裁应当根据事实，符合法律规定，参照交易习惯，公平合理地解决纠纷。

第八条 仲裁依法独立进行，不受行政机关、社会团体和个人的干涉。

第九条 仲裁实行一裁终局的制度。裁决作出后，当事人不得就同一纠纷再申请仲裁或者向人民法院起诉。

裁决被人民法院依法裁定撤销的，当事人就该纠纷可以根据双方重新达成的仲裁协议申请仲裁，也可以向人民法院起诉。

第十条 人民法院依法支持和监督仲裁。

第二章 仲裁机构、仲裁员和仲裁协会

第十一条 仲裁机构可以在直辖市和省、自治区人民政府所在地的市设立，也可以根据需要在其他设区的市设立，不按行政区划层层设立。

仲裁机构由前款规定的市的人民政府组织有关部门和商会统一组建。

其他确有需要设立仲裁机构的，由国务院司法行政部门批准后，参照前款规定组建。

第十二条 仲裁机构的设立，应当经省、自治区、直辖市的司法行政部门登记。

中国国际商会设立组建的仲裁机构，由国务院司法行政部门登记。

外国仲裁机构在中华人民共和国领域内设立业务机构、办理涉外仲裁业务的，由省、自治区、直辖市的司法行政部门登记，报国务院司法行政部门备案。

仲裁机构登记管理办法由国务院制定。

第十三条　仲裁机构是依照本法设立，为解决合同纠纷和其他财产权益纠纷提供公益性服务的非营利法人，包括仲裁委员会和其他开展仲裁业务的专门组织。

仲裁机构经登记取得法人资格。

第十四条　仲裁机构独立于行政机关，与行政机关没有隶属关系。仲裁机构之间也没有隶属关系。

第十五条　仲裁机构应当具备下列条件：

（一）有自己的名称、住所和章程；

（二）有必要的财产；

（三）有必要的组织机构；

（四）有聘任的仲裁员。

仲裁机构的章程应当依照本法制定。

第十六条　仲裁机构按照决策权、执行权、监督权相互分离、有效制衡、权责对等的原则制定章程，建立非营利法人治理结构。

仲裁机构的决策机构为委员会的，由主任一人、副主任二至四人和委员七至十一人组成，主任、副主任和委员由法律、经济贸易专家和有实际工作经验的人员担任，其中法律、经济贸易专家不得少于三分之二。

仲裁机构的决策、执行机构主要负责人在任期间不得担任本机构仲裁员。在职公务员不得兼任仲裁机构的执行机构主要负责人。

仲裁机构应当建立监督机制。

仲裁机构应当定期换届，每届任期五年。

第十七条　仲裁机构应当建立信息公开机制，及时向社会公开机构章程、登记备案情况、收费标准、年度工作报告、财务等信息。

第十八条 仲裁员应当由公道正派的人员担任，并符合下列条件之一：

（一）通过国家统一法律职业资格考试取得法律职业资格，从事仲裁工作满八年的；

（二）从事律师工作满八年的；

（三）曾任法官满八年的；

（四）从事法律研究、教学工作并具有高级职称的；

（五）具有法律知识、从事经济贸易等专业工作并具有高级职称或者具有同等专业水平的。

有下列情形之一的，不得担任仲裁员：

（一）无民事行为能力或者限制民事行为能力的；

（二）受过刑事处罚的，但过失犯罪的除外；

（三）根据法律规定，有不能担任仲裁员的其他情形的。

仲裁机构按照不同专业设仲裁员推荐名册。

第十九条 中国仲裁协会是仲裁行业的自律性组织，是社会团体法人。

仲裁机构是中国仲裁协会的会员。与仲裁有关的教学科研机构、社会团体可以申请成为中国仲裁协会的会员。会员的权利、义务由协会章程规定。

中国仲裁协会的权力机构是全国会员代表大会，协会章程由全国会员代表大会制定。

第二十条 中国仲裁协会履行下列职责：

（一）根据章程对仲裁机构、仲裁员和其他仲裁从业人员的违纪行为进行监督；

（二）依照本法制定示范仲裁规则，供仲裁机构和当事人选择适用；

（三）依法维护会员合法权益，为会员提供服务；

（四）协调与有关部门和其他行业的关系，优化仲裁发展环境；

（五）制定仲裁行业业务规范，组织从业人员业务培训；

（六）组织仲裁业务研究，促进国内外业务交流与合作；

（七）协会章程规定的其他职责。

第三章　仲裁协议

第二十一条　仲裁协议包括合同中订立的仲裁条款和以其他书面方式在纠纷发生前或者纠纷发生后达成的具有请求仲裁的意思表示的协议。

一方当事人在仲裁中主张有仲裁协议，其他当事人不予否认的，视为当事人之间存在仲裁协议。

第二十二条　有下列情形之一的，仲裁协议无效：

（一）约定的仲裁事项超出法律规定的仲裁范围的；

（二）无民事行为能力人或者限制民事行为能力人订立的仲裁协议；

（三）一方采取胁迫手段，迫使对方订立仲裁协议的。

第二十三条　仲裁协议独立存在，合同的变更、解除、不生效、无效、被撤销或者终止，不影响仲裁协议的效力。

仲裁庭有权确认合同的效力。

第二十四条　纠纷涉及主从合同，主合同与从合同的仲裁协议约定不一致的，以主合同的约定为准。从合同没有约定仲裁协议的，主合同的仲裁协议对从合同当事人有效。

第二十五条　公司股东、合伙企业的有限合伙人依照法律规定，以自己的名义，代表公司、合伙企业向对方当事人主张权利的，该公司、合伙企业与对方当事人签订的仲裁协议对其有效。

第二十六条　法律规定当事人可以向人民法院提起民事诉讼，但未明确不能仲裁的，当事人订立的符合本法规定的仲裁协议有效。

第二十七条　当事人可以在仲裁协议中约定仲裁地。当事人对仲裁地没有约定或者约定不明确的，以管理案件的仲裁机构所在地为仲裁地。

仲裁裁决视为在仲裁地作出。

仲裁地的确定，不影响当事人或者仲裁庭根据案件情况约定或者选择在与仲裁地不同的合适地点进行合议、开庭等仲裁活动。

第二十八条　当事人对仲裁协议是否存在、有效等效力问题或者仲裁案件的管辖权有异议的，应当在仲裁规则规定的答辩期限内提出，由仲裁庭作出决定。

仲裁庭组成前，仲裁机构可以根据表面证据决定仲裁程序是否继续进行。

当事人未经前款规定程序直接向人民法院提出异议的，人民法院不予受理。

当事人对仲裁协议效力或者管辖权决定有异议的，应当自收到决定之日起十日内，提请仲裁地的中级人民法院审查。当事人对仲裁协议无效或者仲裁案件无管辖权的裁定不服的，可以自裁定送达之日起十日内向上一级人民法院申请复议。人民法院应当在受理复议申请之日起一个月内作出裁定。

人民法院的审查不影响仲裁程序的进行。

第四章　仲裁程序

第一节　一般规定

第二十九条　仲裁应当平等对待当事人，当事人有充分陈述意见的权利。

第三十条 当事人可以约定仲裁程序或者适用的仲裁规则，但违反本法强制性规定的除外。

当事人没有约定或者约定不明确的，仲裁庭可以按照其认为适当的方式仲裁，但违反本法强制性规定的除外。

仲裁程序可以通过网络方式进行。

仲裁程序应当避免不必要的延误和开支。

第三十一条 仲裁不公开进行。当事人协议公开的，可以公开进行，但涉及国家秘密的除外。

第三十二条 当事人在仲裁程序中可以通过调解方式解决纠纷。

第三十三条 一方当事人知道或者应当知道仲裁程序或者仲裁协议中规定的内容未被遵守，仍参加或者继续进行仲裁程序且未及时提出书面异议的，视为其放弃提出异议的权利。

第三十四条 仲裁文件应当以合理、善意的方式送达当事人。

当事人约定送达方式的，从其约定。

当事人没有约定的，可以采用当面递交、挂号信、特快专递、传真，或者电子邮件、即时通讯工具等信息系统可记载的方式送达。

仲裁文件经前款规定的方式送交当事人，或者发送至当事人的营业地、注册地、住所地、经常居住地或者通讯地址，即为送达。

如果经合理查询不能找到上述任一地点，仲裁文件以能够提供投递记录的其他手段投递给当事人最后一个为人所知的营业地、注册地、住所地、经常居住地或者通讯地址，视为送达。

第二节　申请和受理

第三十五条　当事人申请仲裁应当符合下列条件：

（一）有仲裁协议；

（二）有具体的仲裁请求和事实、理由；

（三）属于本法规定的仲裁范围。

当事人应当向仲裁协议约定的仲裁机构申请仲裁。

仲裁协议对仲裁机构约定不明确，但约定适用的仲裁规则能够确定仲裁机构的，由该仲裁机构受理；对仲裁规则也没有约定的，当事人可以补充协议；达不成补充协议的，由最先立案的仲裁机构受理。

仲裁协议没有约定仲裁机构，当事人达不成补充协议的，可以向当事人共同住所地的仲裁机构提起仲裁；当事人没有共同住所地的，由当事人住所地以外最先立案的第三地仲裁机构受理。

仲裁程序自仲裁申请提交至仲裁机构之日开始。

第三十六条　当事人申请仲裁，应当向仲裁机构递交仲裁协议、仲裁申请书及附件。

第三十七条　仲裁申请书应当载明下列事项：

（一）当事人的姓名、性别、年龄、职业、工作单位和住所，法人或者其他组织的名称、住所和法定代表人或者主要负责人的姓名、职务；

（二）仲裁请求和所根据的事实、理由；

（三）证据和证据来源、证人姓名和住所。

第三十八条　仲裁机构收到仲裁申请书之日起五日内，认为符合受理条件的，应当受理，并通知当事人；认为不符合受理条件的，应当书面通知当事人不予受理，并说明理由。

第三十九条　仲裁机构受理仲裁申请后，应当在仲裁规则规定的期限内将仲裁规则和仲裁员名册送达申请人，并将仲裁申请书及其附件和仲裁规则、仲裁员名册送达被申请人。

被申请人收到仲裁申请书后，应当在仲裁规则规定的期限内向仲裁机构提交答辩书。仲裁机构收到答辩书后，应当在仲裁规则规定的期限内将答辩书及其附件送达申请人。被申请人未提交答辩书的，不影响仲裁程序的进行。

第四十条 当事人达成仲裁协议，一方向人民法院起诉未声明有仲裁协议，人民法院受理后，另一方在首次开庭前提交仲裁协议的，人民法院应当驳回起诉，但仲裁协议无效的除外；另一方在首次开庭前未对人民法院受理该案提出异议的，视为放弃仲裁协议，人民法院应当继续审理。

第四十一条 申请人可以放弃或者变更仲裁请求。被申请人可以承认或者反驳仲裁请求，有权提出反请求。

第四十二条 当事人、法定代理人可以委托律师和其他代理人进行仲裁活动。委托律师和其他代理人进行仲裁活动的，应当向仲裁机构提交授权委托书。

第三节 临时措施

第四十三条 当事人在仲裁程序进行前或者进行期间，为了保障仲裁程序的进行、查明争议事实或者裁决执行，可以请求人民法院或者仲裁庭采取与争议标的相关的临时性、紧急性措施。

临时措施包括财产保全、证据保全、行为保全和仲裁庭认为有必要的其他短期措施。

第四十四条 一方当事人因其他当事人的行为或者其他原因，可能使裁决不能执行、难以执行或者给当事人造成其他损害的，可以申请财产保全和行为保全。

第四十五条 在证据可能灭失或者以后难以取得的情况下，

当事人可以申请证据保全。

第四十六条 当事人在提起仲裁前申请保全措施的，依照相关法律规定直接向人民法院提出。

当事人提起仲裁后申请保全措施的，可以直接向被保全财产所在地、证据所在地、行为履行地、被申请人所在地或者仲裁地的人民法院提出；也可以向仲裁庭提出。

第四十七条 当事人向人民法院提出保全措施申请的，人民法院应当依照相关法律规定及时作出保全措施。

当事人向仲裁庭申请保全措施的，仲裁庭应当及时作出决定，并要求当事人提供担保。保全决定经由当事人或者仲裁机构提交有管辖权的人民法院后，人民法院应当根据相关法律规定及时执行。

当事人因申请错误造成损害的，应当赔偿其他当事人因此所遭受的损失。

第四十八条 当事人申请其他临时措施的，仲裁庭应当综合判断采取临时措施的必要性与可行性，及时作出决定。

前款规定的临时措施作出后，经一方当事人申请，仲裁庭认为确有必要的，可以决定修改、中止或者解除临时措施。

临时措施决定需要人民法院提供协助的，当事人可以向人民法院申请协助执行，人民法院认为可以协助的，依照相关法律规定执行。

第四十九条 临时措施需要在中华人民共和国领域外执行的，当事人可以直接向有管辖权的外国法院申请执行。

仲裁庭组成前，当事人需要指定紧急仲裁员采取临时措施的，可以依照仲裁规则向仲裁机构申请指定紧急仲裁员。紧急仲裁员的权力保留至仲裁庭组成为止。

第四节　仲裁庭的组成

第五十条　仲裁庭可以由三名仲裁员或者一名仲裁员组成。由三名仲裁员组成的，设首席仲裁员。

当事人可以在仲裁员推荐名册内选择仲裁员，也可以在名册外选择仲裁员。当事人在名册外选择的仲裁员，应当符合本法规定的条件。

当事人约定仲裁员条件的，从其约定；但当事人的约定无法实现或者存在本法规定的不得担任仲裁员情形的除外。

第五十一条　当事人约定由三名仲裁员组成仲裁庭的，应当各自选定一名仲裁员，未能选定的由仲裁机构指定；第三名仲裁员由当事人共同选定；当事人未能共同选定的，由已选定或者指定的两名仲裁员共同选定；两名仲裁员未能共同选定的，由仲裁机构指定。第三名仲裁员是首席仲裁员。

当事人约定由一名仲裁员成立仲裁庭的，应当由当事人共同选定；当事人未能共同选定的，由仲裁机构指定。

第五十二条　仲裁庭组成后，仲裁员应当签署保证独立、公正仲裁的声明书，仲裁机构应当将仲裁庭的组成情况及声明书送达当事人。

仲裁员知悉存在可能导致当事人对其独立性、公正性产生合理怀疑的情形的，应当书面披露。

当事人收到仲裁员的披露后，如果以披露的事项为由申请该仲裁员回避，应当在十日内书面提出。逾期没有申请回避的，不得以仲裁员曾经披露的事项为由申请该仲裁员回避。

第五十三条　仲裁员有下列情形之一的，必须回避，当事人也有权提出回避申请：

（一）是本案当事人或者当事人、代理人的近亲属；

（二）与本案有利害关系；

（三）与本案当事人、代理人有其他关系，可能影响公正仲裁的；

（四）私自会见当事人、代理人，或者接受当事人、代理人的请客送礼的。

第五十四条 当事人提出回避申请，应当说明理由，在首次开庭前提出。回避事由在首次开庭后知道的，或者书面审理的案件，当事人应当在得知回避事由之日起十日内提出。

当事人对其选定的仲裁员要求回避的，只能根据选定之后才得知的理由提出。

第五十五条 仲裁员是否回避，由仲裁机构决定；回避决定应当说明理由。

在回避决定作出前，被申请回避的仲裁员可以继续参与仲裁程序。

第五十六条 仲裁员因回避或者其他原因不能履行职责的，应当依照本法规定重新选定或者指定仲裁员。

因回避而重新选定或者指定仲裁员后，当事人可以请求已进行的仲裁程序重新进行，是否准许，由仲裁庭决定；仲裁庭也可以自行决定已进行的仲裁程序是否重新进行。

第五十七条 仲裁员有本法第五十三条第四项规定的情形，情节严重的，或者有本法第七十七条第六项规定的情形，应当依法承担法律责任，仲裁机构应当将其除名。

第五节 审理和裁决

第五十八条 仲裁应当开庭进行。当事人协议不开庭的，仲裁庭可以根据仲裁申请书、答辩书以及其他材料书面审理，作出裁决。

第五十九条 仲裁机构应当在仲裁规则规定的期限内将开庭日期通知双方当事人。当事人有正当理由的，可以在仲裁规则规定的期限内请求延期开庭。是否延期，由仲裁庭决定。

第六十条　申请人经书面通知，无正当理由不到庭或者未经仲裁庭许可中途退庭的，可以视为撤回仲裁申请。

被申请人经书面通知，无正当理由不到庭或者未经仲裁庭许可中途退庭的，可以缺席裁决。

第六十一条　当事人应当对自己的主张提供证据。

仲裁庭认为有必要收集的证据，可以自行收集，必要时可以请求人民法院协助。

第六十二条　仲裁庭对专门性问题认为需要鉴定的，可以交由当事人约定的鉴定部门鉴定，也可以由仲裁庭指定的鉴定部门鉴定。

根据当事人的请求或者仲裁庭的要求，鉴定部门应当派鉴定人参加开庭。当事人经仲裁庭许可，可以向鉴定人提问。

第六十三条　证据应当及时送达当事人和仲裁庭。

当事人可以约定质证方式，或者通过仲裁庭认为合适的方式质证。

仲裁庭有权对证据效力及其证明力作出判断，依法合理分配举证责任。

第六十四条　当事人在仲裁过程中有权进行辩论。辩论终结时，首席仲裁员或者独任仲裁员应当征询当事人的最后意见。

第六十五条　仲裁庭应当将开庭情况记入笔录。当事人和其他仲裁参与人认为对自己陈述的记录有遗漏或者差错的，有权申请补正。如果不予补正，应当记录该申请。

笔录由仲裁员、记录人员、当事人和其他仲裁参与人签名或者盖章。

第六十六条　当事人申请仲裁后，可以自行和解。达成和解协议的，可以请求仲裁庭根据和解协议作出裁决书，也可以撤回仲裁申请。

第六十七条 当事人达成和解协议，撤回仲裁申请后反悔的，可以根据仲裁协议申请仲裁。

第六十八条 仲裁庭在作出裁决前，可以先行调解。当事人自愿调解的，仲裁庭应当调解。调解不成的，应当及时作出裁决。

调解达成协议的，仲裁庭应当制作调解书或者根据协议的结果制作裁决书。调解书与裁决书具有同等法律效力。

第六十九条 当事人在仲裁庭组成前达成调解协议的，可以请求组成仲裁庭，由仲裁庭根据调解协议的内容制作调解书或者裁决书；也可以撤回仲裁申请。

当事人在仲裁庭组成后自愿选择仲裁庭之外的调解员调解的，仲裁程序中止。当事人达成调解协议的，可以请求恢复仲裁程序，由原仲裁庭根据调解协议的内容制作调解书或者裁决书；也可以撤回仲裁申请。达不成调解协议的，经当事人请求，仲裁程序继续进行。

第七十条 当事人根据仲裁协议申请仲裁机构对调解协议进行仲裁确认的，仲裁机构应当组成仲裁庭，仲裁庭经依法审核，可以根据调解协议的内容作出调解书或者裁决书。

第七十一条 调解书应当写明仲裁请求和当事人协议的结果。调解书由仲裁员签名，加盖仲裁机构印章，送达双方当事人。

调解书经双方当事人签收后，即发生法律效力。

在调解书签收前当事人反悔的，仲裁庭应当及时作出裁决。

第七十二条 裁决应当按照多数仲裁员的意见作出，少数仲裁员的不同意见可以记入笔录。仲裁庭不能形成多数意见时，裁决应当按照首席仲裁员的意见作出。

第七十三条 裁决书应当写明仲裁请求、争议事实、裁决理由、裁决结果、仲裁地、仲裁费用的负担和裁决日期。当事人协议不愿写明争议事实和裁决理由的，可以不写。裁决书由仲裁员签名，加盖仲裁机构印章。对裁决持不同意见的仲裁员，可以签名，也可以不签名。

第七十四条 仲裁庭仲裁纠纷时，其中一部分事实已经清楚，可以就该部分先行作出部分裁决。

仲裁庭仲裁纠纷时，其中有争议事项影响仲裁程序进展或者需要在最终裁决作出前予以明确的，可以就该问题先行作出中间裁决。

部分裁决和中间裁决有履行内容的，当事人应当履行。

当事人不履行部分裁决的，对方当事人可以依法申请人民法院强制执行。

部分裁决或者中间裁决是否履行不影响仲裁程序的进行和最终裁决的作出。

第七十五条 对裁决书中的文字、计算错误或者仲裁庭已经裁决但在裁决书中遗漏的事项，仲裁庭应当补正；当事人自收到裁决书之日起三十日内，可以请求仲裁庭补正。

申请执行的裁决事项内容不明确导致无法执行的，人民法院应当书面告知仲裁庭，仲裁庭可以补正或者说明。仲裁庭的解释说明不构成裁决书的一部分。

第七十六条 裁决书自作出之日起发生法律效力。

第五章　申请撤销裁决

第七十七条 当事人提出证据证明裁决有下列情形之一的，可以向仲裁地的中级人民法院申请撤销裁决：

（一）没有仲裁协议或者仲裁协议无效的；

（二）裁决的事项不属于仲裁协议的范围或者超出本法规定的仲裁范围的；

（三）被申请人没有得到指定仲裁员或者进行仲裁程序的通知，或者其他不属于被申请人负责的原因未能陈述意见的；

（四）仲裁庭的组成或者仲裁的程序违反法定程序或者当事人约定，以致严重损害当事人权利的；

（五）裁决因恶意串通、伪造证据等欺诈行为取得的；

（六）仲裁员在仲裁该案时有索贿受贿，徇私舞弊，枉法裁决行为的。

人民法院经组成合议庭审查核实裁决有前款规定情形之一的，应当裁定撤销。

当事人申请撤销的情形仅涉及部分裁决事项的，人民法院可以部分撤销。裁决事项不可分的，应当裁定撤销。

人民法院认定该裁决违背社会公共利益的，应当裁定撤销。

第七十八条 当事人申请撤销裁决的，应当自收到裁决书之日起三个月内提出。

第七十九条 人民法院应当在受理撤销裁决申请之日起两个月内作出撤销裁决或者驳回申请的裁定。

第八十条 人民法院受理撤销裁决的申请后，认为可以由仲裁庭重新仲裁的，通知仲裁庭在一定期限内重新仲裁，并裁定中止撤销程序。

仲裁庭在人民法院指定的期限内开始重新仲裁的，人民法院应当裁定终结撤销程序；未开始重新仲裁的，人民法院应当裁定恢复撤销程序。

当事人申请撤销裁决的，人民法院经审查符合下列情形，可以通知仲裁庭重新仲裁：

（一）裁决依据的证据因客观原因导致虚假的；

（二）存在本法第七十七条第三项、第四项规定的情形，经重新仲裁可以弥补的。

人民法院应当在通知中说明要求重新仲裁的具体理由。

人民法院可以根据案件情况在重新仲裁通知中限定审理期限。

重新仲裁由原仲裁庭仲裁。当事人以仲裁庭的组成或者仲裁员的行为不规范为由申请撤销的，应当另行组成仲裁庭仲裁。

第八十一条 当事人对撤销裁决的裁定不服的，可以自收到裁定之日起十日内向上一级人民法院申请复议。人民法院应当在受理复议申请之日起一个月内作出裁定。

第六章 执 行

第八十二条 当事人应当履行裁决。一方当事人不履行的，对方当事人可以向有管辖权的中级人民法院申请执行。

人民法院经审查认定执行该裁决不违背社会公共利益的，应当裁定确认执行；否则，裁定不予确认执行。

裁定书应当送达当事人和仲裁机构。

裁决被人民法院裁定不予确认执行的，当事人就该纠纷可以根据重新达成的仲裁协议申请仲裁，也可以向人民法院起诉。

第八十三条 一方当事人申请执行裁决，另一方当事人申请撤销裁决的，人民法院应当裁定中止执行。

人民法院裁定撤销裁决的，应当裁定终结执行。撤销裁决的申请被裁定驳回的，人民法院应当裁定恢复执行。

第八十四条 裁决执行过程中，案外人对执行标的提出书面异议的，人民法院应当自收到书面异议之日起十五日内审查，理由成立的，裁定中止对该标的的执行；理由不成立的，裁定驳回。

　　案外人应当自知道或者应当知道人民法院对该标的采取执行措施之日起三十日内，且主张的合法权益所涉及的执行标的尚未执行终结前提出。

　　第八十五条　案外人有证据证明裁决的部分或者全部内容错误，损害其民事权益的，可以依法对当事人提起诉讼。

　　案外人起诉且提供有效担保的，该裁决中止执行。裁决执行的恢复或者终结，由人民法院根据诉讼结果裁定。

　　第八十六条　发生法律效力的仲裁裁决，当事人请求执行的，如果被执行人或者其财产不在中华人民共和国领域内，应当由当事人直接向有管辖权的外国法院申请承认和执行。

　　第八十七条　在中华人民共和国领域外作出的仲裁裁决，需要人民法院承认和执行的，应当由当事人直接向被执行人住所地或者其财产所在地的中级人民法院申请。

　　如果被执行人或者其财产不在中华人民共和国领域内，但其案件与人民法院审理的案件存在关联的，当事人可以向受理关联案件的人民法院提出申请。

　　如果被执行人或者其财产不在中华人民共和国领域内，但其案件与我国领域内仲裁案件存在关联的，当事人可以向仲裁机构所在地或者仲裁地的中级人民法院提出申请。

　　人民法院应当依照中华人民共和国缔结或者参加的国际条约，或者按照互惠原则办理。

第七章　涉外仲裁的特别规定

　　第八十八条　具有涉外因素的纠纷的仲裁，适用本章规定。本章没有规定的，适用本法其他有关规定。

　　第八十九条　从事涉外仲裁的仲裁员，可以由熟悉涉外法律、仲裁、经济贸易、科学技术等专门知识的中外专业人士担任。

第九十条 涉外仲裁协议的效力认定，适用当事人约定的法律；当事人没有约定涉外仲裁协议适用法律的，适用仲裁地法律；对适用法律和仲裁地没有约定或者约定不明确的，人民法院可以适用中华人民共和国法律认定该仲裁协议的效力。

第九十一条 具有涉外因素的商事纠纷的当事人可以约定仲裁机构仲裁，也可以直接约定由专设仲裁庭仲裁。

专设仲裁庭仲裁的仲裁程序自被申请人收到仲裁申请之日开始。

当事人没有约定仲裁地或者约定不明确的，由仲裁庭根据案件情况确定仲裁地。

第九十二条 专设仲裁庭仲裁的案件，无法及时组成仲裁庭或者需要决定回避事项的，当事人可以协议委托仲裁机构协助组庭、决定回避事项。当事人达不成委托协议的，由仲裁地、当事人所在地或者与争议有密切联系地的中级人民法院指定仲裁机构协助确定。

指定仲裁机构和确定仲裁员人选时，应当考虑当事人约定的仲裁员条件，以及仲裁员国籍、仲裁地等保障仲裁独立、公正、高效进行的因素。

人民法院作出的指定裁定为终局裁定。

第九十三条 专设仲裁庭仲裁的案件，裁决书经仲裁员签名生效。

对裁决持不同意见的仲裁员，可以不在裁决书上签名；但应当出具本人签名的书面不同意见并送达当事人。不同意见不构成裁决书的一部分。

仲裁庭应当将裁决书送达当事人，并将送达记录和裁决书原件在送达之日起三十日内提交仲裁地的中级人民法院备案。

第八章　附　则

第九十四条　法律对仲裁时效有规定的，适用该规定。法律对仲裁时效没有规定的，适用诉讼时效的规定。

第九十五条　仲裁规则应当依照本法制定。

第九十六条　当事人应当按照规定交纳仲裁费用。

收取仲裁费用的办法，由国务院价格主管部门会同国务院司法行政部门制定。

第九十七条　劳动争议和农业集体经济组织内部的农业承包合同纠纷的仲裁，另行规定。

第九十八条　本法施行前制定的有关仲裁的规定与本法的规定相抵触的，以本法为准。

第九十九条　本法自 年 月 日起施行。

关于《中华人民共和国仲裁法（修订）（征求意见稿）》的说明

为贯彻落实中共中央办公厅、国务院办公厅印发的《关于完善仲裁制度提高仲裁公信力的若干意见》（以下简称《若干意见》）的精神，实施十三届全国人大常委会立法规划和国务院2021年度立法工作计划，司法部组织起草了《中华人民共和国仲裁法（修订）（征求意见稿）》（以下简称征求意见稿）。现将有关情况说明如下：

一、修法的必要性和起草过程

仲裁是国际通行的纠纷解决方式，是我国多元化解纠纷机制的重要"一元"，在保护当事人的合法权益，保障社会主义市场经济健康发展，促进国际经济交往等方面发挥着不可替代的重要作用。党中央、国务院高度重视仲裁工作。党的十八届四中全会提出，要完善仲裁制度，提高仲裁公信力。《若干意见》要求，要研究修改仲裁法。修改仲裁法已列入十三届全国人大常委会立法规划和国务院2021年度立法工作计划。

现行仲裁法颁布于1994年，分别于2009年和2017年对个别条款进行了修正。仲裁法实施26年来，全国共依法设立组建

270 多家仲裁机构，办理仲裁案件 400 多万件，涉案标的额 5 万多亿元，解决的纠纷涵盖经济社会诸多领域，当事人涉及全球 100 多个国家和地区。仲裁作为独特的纠纷处理机制，对促进改革开放、经济发展，维护社会稳定，发挥了积极重要的作用。随着社会主义市场经济深入发展和改革的深化，以及对外开放的进一步扩大，仲裁法也显露出与形势发展和仲裁实践需要不适应的问题。主要体现在：一是法律规定可以仲裁的范围较窄，很多伴随新经济新业态涌现的新类型纠纷，以及国际上发展较为成熟的国际投资、体育领域的纠纷无法纳入仲裁范围，影响仲裁作用的发挥。二是对仲裁机构的性质定位及其治理结构规定不明确，不利于仲裁机构和整体行业的改革发展。三是仲裁法实施 26 年来的大量仲裁实践经验和成熟可行的司法解释规范，需要及时总结上升为法律规范。四是司法支持与监督仲裁制度需要进一步完善。对国内、涉外仲裁裁决司法审查标准不统一、申请撤销仲裁裁决和不予执行仲裁裁决两种司法监督方式存在内在冲突的问题需要理顺。五是我国现行仲裁法在一些制度规则设计上与发展中的国际仲裁衔接不够，影响我国仲裁的国际竞争力和我国仲裁法的域外适用。这些问题制约了我国仲裁的高质量发展和仲裁在提升国家治理与社会治理能力方面作用的发挥，亟需修改完善。

自十三届全国人大常委会将修改仲裁法纳入立法规划后，司法部着手启动了仲裁法修改工作，并在 2019 年 3 月召开的首次全国仲裁工作会议进行了部署。2019 年 5 月，司法部面向全国征求仲裁法修改的议题和意见，并委托教学科研机构进行专项课题研究。2020 年 3 月，对涉外仲裁问题进行了专项课题研究。2020 年 9 月，选调仲裁理论界和实务界人员，组建工作专班，起草形成了《修改草案》（讨论稿）。2020 年 10 月，将《修改草案》（讨论稿）发送有关中央单位、各省（区、市）司法厅（局）和仲裁机构全面征求意见。多次组织召开有关科研、立法、司法、行政机关和实务领域专家等参加的专家论证会。与全国人大监司委、全国人大社会委、全国人大常委会法工委、最高人民法院、商务部、国家体育总局等进行座谈，专门组织了中级、高级、最高三级法院法官参加的专题座谈会，并与商会和民营企业代表座谈，听取用户意见。在综合各方意见基础上，形成征求意见稿。

二、修法的基本思路

坚持以习近平新时代中国特色社会主义思想为指导，以习近平法治思想为根本遵循，全面贯彻落实党中央、国务院关于仲裁工作的决策部署，坚持正确的政治方向，尊重立法工作的规律，结合实践需求，立足我国国情、借鉴国际有益经验，完善具有中国特色的、与国际接轨的仲裁法律制度。一是坚持政策指引与完善制度相统一，以《若干意见》为依据和指引，重点修改制约仲裁制度发展和影响公信力提高的相关内容。二是坚持稳定性与适度创新性相统一，在保持现行仲裁法基本立法体例不变的前提下，总结实践经验，参考国际规则和实践经验，适度创新。三是坚持现实性和前瞻性相统一，以解决实际问题为导向，实事求是分析修法面临的问题和任务，在修订方向和方案设计上则着眼长远，全面考量修法的指引性、可行性与风险防控。四是坚持中国特色与国际接轨相统一，充分总结吸收经过实践检验的中国特色经验，借鉴国际通行的《联合国国际贸易法委员会国际商事仲裁示范法》（以下简称《示范法》）新近发展结果，兼顾参考英国、美国、新加坡、日本、韩国、俄罗斯等国家，以及我国港澳地区仲裁法的最新立法成果。

三、修改的主要内容

征求意见稿共有九十九条，比现行法增加了十九条，修改的主要内容如下：

（一）完善总则制度规定

一是立法宗旨增加"促进国际经济交往"表述，体现我国仲裁解决国际经贸纠纷，维护国际经济秩序的新定位，适应新时代全面对外开放，加强涉外法治建设的新要求。（第一条）二是增加"诚信仲裁"、"法院依法支持和监督仲裁"两项原则。这两项原则在相关立法和法理上均为共识，加入后使得仲裁法律宏观制度框架更加完善。（第四条、第十条）三是删除了仲裁适用范围规定中"平等主体"的限制性表述，为我国仲裁适用于实践中已经出现的投资仲裁、体育仲裁等提供依据，留出空间，避免造成我国仲裁机构受理相关纠纷和国际当事人选择在我国仲裁的合法性障碍，增强我国仲裁的国际公信力和竞争力。另一方面，根据立法法关于仲裁制度应当由"法律"规定的要求，将负面规定中的"依法"改为限缩性的"法律规定"。同时，为给其他法律对仲裁作出特别规定留出空间，增加了"其他法律有特别规定的，从其规定"的条款。（第二条）

（二）完善仲裁机构制度

一是根据《若干意见》的要求，进一步调整规范仲裁机构的设立及其登记管理制度。主要包括：第一，对近年来自治州、不设区的地级市等地区"确有需要"并强烈要求设立仲裁机构的实际，以及国家战略方面有特殊需要的领域，增加了这类特殊需要经批准设立的规定。（第十一条）第二，建立仲裁机构统一登记制度。将现行法没有规定登记的中国国际商会设立的仲裁机构纳入登记范围，以明确其法人资格。同时，鉴于1996年国办文件已经明确国内新组建的仲裁机构可以受理涉外仲裁案件，涉外和国内仲裁机构均可办理涉外案件的实际，取消国内、涉外仲裁机构设立的双轨制规定，删除对涉外仲裁机构的专门规定。考虑国务院文件已经允许境外仲裁机构在北京、上海等地设立业务机构，且这一开放政策会逐步扩大的发展趋势，增加了境外仲裁机构在我国设立业务机构的登记管理规定。根据修法后法律制度配套的需要，以及统一规范境内外仲裁机构登记管理的需要，授权国务院制定仲裁机构登记管理办法。（第十二条）二是依照《若干意见》的规定，明确了仲裁机构是公益性非营利法人的法律性质，以及仲裁委员会是仲裁机构的主要组织形式。明确仲裁机构经登记取得法人资格。（第十三条）三是依照《若干意见》的规定，增加了仲裁机构建立法人治理结构和建立信息公开机制的规定。（第十六条、第十七条）

（三）完善仲裁员、中国仲裁协会规定

一是完善仲裁员的相关规定，在保留现有正面要求条件基础上，增加负面清单规定；尊重当事人对仲裁员的选择权，明确仲裁员名册为"推荐"名册；对从事涉外仲裁的仲裁员作了单独规定。（第十八条、第八十九条）二是完善仲裁员披露和回避制度。增加仲裁员应当签署保证独立、公正仲裁的声明书并送达当事人的规定；增加仲裁员披露义务，并把披露与回避制度相衔接，进一步规范仲裁员行为。提升回避制度透明度，要求仲裁机构对回避决定说明理由；增加诚信要求，对当事人行使回避申请予以合理限制。保障当事人和仲裁员的合法权利。（第五十二条、第五十四条、第五十五条）三是完善中国仲裁协会规定。将中国仲裁协会的定位从"仲裁委员会的自律性组织"改为"仲裁行业的自律性组织"；协会的监督对象在仲裁机构及其组成人员、仲裁员之外，增加了"其他仲裁从业人员"，防止监督对象出现"盲区"；鉴于会员数量庞大，将章程由"全国会员大会制定"修改为由"全国会员代表大会制定"。允许"与仲裁有关的教学科研机构、社会团体"申请成为会员；并增加列举了协会维护会员合法权益和为会员提供服务等职责。（第十九条、第二十条）

（四）完善仲裁协议规定

一是确立以仲裁意思表示为核心的仲裁协议效力制度，参考国际惯例，删除仲裁条款需要约定明确的仲裁机构的硬性要求。吸收司法解释和实践经验，对仲裁协议中仲裁机构没有约定或者约定不明确的情况予以指引性规定，保障仲裁顺利进行。（第二十一条、第三十五条）二是基于有利于纠纷解决的目标，对主从合同纠纷、公司企业代表诉讼等特殊情形下，仲裁协议效力的认定予以明确规定。（第二十四条、第二十五条）三是解决其他法律规定可诉讼的情形下，与可仲裁性的关系问题，明确只要其他法律对仲裁没有禁止性规定的，当事人订立的符合本法规定的仲裁协议有效。（第二十六条）四是规定了"仲裁地"标准，与国际仲裁惯例接轨，增加我国对仲裁的友好度和吸引力。（第二十七条）五是根据国际商事仲裁通行惯例，明确仲裁庭对仲裁协议效力及其管辖权问题的自主审查权。（第二十八条）

（五）完善仲裁程序规范

一是新增"正当程序"、"程序自主"、"仲裁与调解相结合"、"放弃异议权"和"送达"五条一般规定，同时将现行法中的仲裁保密性原则提升为仲裁程序一般规定。（第二十九条至第三十四条）二是增加"临时措施"一节。为快速推进仲裁程序，提高纠纷解决效率，体现司法对仲裁的支持态度，增强我国作为仲裁地的竞争力，将原有的仲裁保全内容与其他临时措施集中整合，增加行为保全和紧急仲裁员制度，明确仲裁庭有权决定临时措施，并统一规范临时措施的行使。（第四十三条至第四十九条）三是增加仲裁可以通过网络方式进行，可以进行书面审理、灵活决定质证方式，增加关于网络信息手段送达的规定，为互联网仲裁提供法律依据，支持、规范互联网仲裁发展。（第三十条、第五十八条、第六十三条）四是创新发展仲裁与调解相结合的中国特色制度，增加"仲裁确认"条款，允许当事人选择仲裁庭之外的调解员进行单独调解，并规定了与原有仲裁程序的衔接。（第六十九条、第七十条）五是增加了中间裁决的规定，并与部分裁决相结合，以利于发挥仲裁特色，促进纠纷快速解决。（第七十四条）

（六）完善撤销裁决及其重新仲裁制度

一是统一了法院撤销国内和涉外仲裁裁决的规定；将撤销国内和涉外仲裁裁决的规定情形整合，增加了对恶意串通、伪造证据等欺诈行为取得的、涉嫌虚假仲裁的撤销情形；增加了裁决的部分撤销情形。（第七十七条）二是吸收司法解释和实践经验，完善撤销中的重新仲裁制度，尽可能尊重当事人选择仲裁的意愿，确立能够通过重新仲裁弥补的问题就不撤销的原则。（第八十条）三是为凸显仲裁的效率原则，参考示范法和国际立法例将当事人申请撤销的时间由六个月缩短为三个月。（第七十八条）四是为提高仲裁司法监督的透明度和当事人的参与度，参考司法实践中下级法院向上一级法院"报核"的做法，增加赋予当事人对撤销裁决裁定可以申请上一级法院复议的规定。（第八十一条）

（七）完善裁决执行制度

一是依据审执分离原则，为解决撤销程序和不予执行程序对仲裁裁决重复审查和易造成结果冲突的问题，将撤销程序作为司法监督仲裁裁决的一般原则，删除了当事人在执行程序阶段提出不予执行审查的规定，同时赋予执行法院对裁决是否符合社会公共利益的主动审查权。（第八十二条）二是统一了执行法院对国内和涉外案件的执行审查标准。（第八十二条）三是对案外人的救济设计两条路径：第一，规定案外人在执行程序中可以对执行标的提出异议。第二，明确案外人可以提起侵权之诉。（第八十四条、第八十五条）四是吸收民事诉讼法及相关司法解释的规定，增加承认和执行外国仲裁裁决的条款。（第八十七条）

（八）完善涉外仲裁规定，增加临时仲裁制度

一是明确适用涉外仲裁规定的条件，规定具有"涉外因素"的纠纷适用涉外仲裁规定，但因涉外因素的具体内容属于其他法律应当规定的内容，在相关法律未作规定的情况下，实践中是由司法解释具体明确，故本法不再具体规定。（第八十八条）二是吸收司法解释成果，规定涉外仲裁协议效力认定法律适用标准。（第九十条）三是增加并规范"临时仲裁"制度。临时仲裁作为仲裁的"原初"形式和国际通行惯例，在国际社会中普遍存在并被各国法律和国际公约所认可。考虑我国加入了《纽约公约》，外国的临时仲裁裁决可以在我国得到承认和执行的实际，应平等对待内外仲裁，增加了"临时仲裁"制度的规定，但结合我国国情，将临时仲裁适用范围限定在"涉外商事纠纷"；对临时仲裁的组庭、回避等核心程序规定了必要的规范；为加强对临时仲裁的监督，规定了仲裁员因对裁决持不同意见而不在裁决书上签名的，必须向当事人出具书面意见，裁决书及其送达记录要在法院备案。（第九十一条、第九十二条、第九十三条）

（九）其他需要说明的问题

1994年至今，与仲裁法相关的民事诉讼法经过了数次实质

性修改，客观上产生了与仲裁法援引的民事诉讼法条款不一致的问题。为避免这类问题，征求意见稿对现行法中涉及民事诉讼法的"援引条款"全部改为直接表述内容。

参考文献

一、中文专著

1. 池漫郊:《国际仲裁体制的若干问题及完善——基于中外仲裁规则的比较研究》,法律出版社 2014 年版。

2. 崔起凡:《国际商事仲裁中的证据问题研究》,浙江工商大学出版社 2013 年版。

3. 蔡高强等:《国际贸易争端解决诉讼机制研究》,哈尔滨工业大学出版社 2012 年版。

4. 杜新丽:《国际商事仲裁理论与实践专题研究》,中国政法大学出版社 2009 年版。

5. 傅攀峰:《仲裁裁决既判力问题研究》,中国社会科学出版社 2020 年版。

6. 赵秀文:《国际商事仲裁及其适用法律研究》,北京大学出版社 2002 年版。

7. 赵秀文:《国际商事仲裁法原理与案例教程》,法律出版社 2010 年版。

8. 何晶晶、石绍良:《临时仲裁制度的国际比较研究》,中国社会科学出版社 2020 年版。

9. 林一飞:《商事仲裁实务精要》,北京大学出版社 2016 年版。

10. 林一飞:《仲裁裁决抗辩的法律与实务》,武汉大学出版社 2008 年版。

11. 汪祖兴、郑夏:《自治与干预:国际商事仲裁当事人合意问题研究》,法律出版社 2016 年版。

12. 孙巍:《中国商事仲裁法律与实务》(第二版),法律出版社 2020 年版。

13. 孙佳佳、李静:《"一带一路"投资争端解决机制及案例研究》,中国法制出版社 2020 年版。

14. 乔欣:《仲裁权研究:仲裁程序公正与权利保障》,法律出版社 2001 年版。

15. 沈伟、陈治东:《商事仲裁法:国际视野和中国实践》(上下卷),上海交通大学出版社 2020 年版。

16. 罗楚湘:《英国仲裁法研究》,武汉大学出版社 2012 年版。

17. 李万强:《ICSID 仲裁机制研究》,陕西人民出版社 2002 年版。

18. 李万强:《国际法学基本问题研究》,法律出版社 2016 年版。

19. 石现明:《东盟国家国际商事仲裁法律制度研究》,云南大学出版社 2013 年版。

20. 卢云华:《中国仲裁十年》,百家出版社 2006 年版。

21. 钟澄:《国际商事仲裁中的弃权规则研究》,法律出版社 2012 年版。

22. 王春婕:《区域贸易争端解决机制比较研究》,法律出版社 2012 年版。

23. 李双元、谢石松、欧福永:《国际民事诉讼法概论》(第三版),武汉大学出版社 2016 年版。

24. 刘力主编:《中国涉外民事诉讼立法研究:管辖权与司法协助》,中国政法大学出版社 2016 年版。

25. 侯登华:《仲裁协议法律制度研究——意思自治视野下当事人权利程序保障》,知识产权出版社 2012 年版。

26. 韩健主编:《涉外仲裁司法审查》,法律出版社 2006 年版。

27. 韩健:《现代国际商事仲裁法的理论与实践》(修订本),法律出版社 2000 年版。

28. 韩健主编:《商事仲裁律师基础实务》,中国人民大学出版社 2014 年版。

29. 江伟、肖建国主编:《仲裁法》(第三版),中国人民大学出版社 2016 年版。

30. 乔慧娟:《私人与国家间投资争端仲裁的法律适用问题研究》,法律出版社 2014 年版。

31. 史飚：《商事仲裁监督与制约机制研究》，知识产权出版社 2011 年版。

32. 史晓丽：《北美自由贸易区贸易救济法律制度研究（1952—2012）》，法律出版社 2012 年版。

33. 欧明生：《民商事纠纷可仲裁性问题研究》，浙江大学出版社 2013 年版。

34. 杨良宜、莫世杰、杨大明：《仲裁法：从 1996 年英国仲裁法到国际商务仲裁》，法律出版社 2006 年版。

35. 杨良宜、莫世杰、杨大明：《仲裁法：从开庭审理到裁决书的作出与执行》，法律出版社 2010 年版。

36. 龚柏华、伍穗龙主编：《涉华投资者—东道国仲裁案述评》，上海人民出版社 2020 年版。

37. 马占军：《仲裁法修改新论》，法律出版社 2011 年版。

38. 刘晓红、袁发强主编：《国际商事仲裁法案例教程》，北京大学出版社 2018 年版。

39. 刘晓红主编：《仲裁"一裁终局"制度之困境及本位回归》，法律出版社 2016 年版。

40. 王则左：《2011 年香港仲裁条例第 609 章——评论及指南》，法律出版社 2015 年版。

41. 朱科：《中国国际商事仲裁司法审查制度完善研究》，法律出版社 2018 年版。

42. 王鹏：《论国际混合仲裁的性质：与国际商事仲裁和国家间仲裁的比较研究》，人民出版社 2007 年版。

43. 丁颖、李建蕾、冀燕娜：《在线解决争议：现状、挑战与未来》，武汉大学出版社 2016 年版。

44. 陈福勇：《未竟的转型：中国仲裁机构现状与发展趋势实证研究》，法律出版社 2010 年版。

45. 杨秀清：《协议仲裁制度研究》，法律出版社 2006 年版。

46. 杨秀清：《仲裁司法审查裁判规则理论与实务》，法律出版社 2021 年版。

47. 张春良等：《中国涉外商事仲裁裁决撤销：机制与实证》，法律出版社

2019 年版。

48. 张春良等：《中国涉外商事仲裁法律实务》，厦门大学出版社 2019 年版。

49. 高菲、徐国建：《中国临时仲裁实务指南》，法律出版社 2017 年版。

50. 殷敏、王珍珍：《"一带一路"争端解决机制：理论与法规》，上海人民出版社 2020 年版。

51. 石慧：《投资条约仲裁机制的批判与重构》，法律出版社 2008 年版。

52. 漆彤：《"一带一路"国际经贸法律问题研究》，高等教育出版社 2018 年版。

53. 郑世保：《在线解决纠纷机制（ODR）研究》，法律出版社 2012 年版。

54. 杨玲：《国际商事仲裁程序研究》，法律出版社 2011 年版。

55. 杨玲：《仲裁法专题研究》，上海三联书店 2013 年版。

56. 宋朝武：《仲裁证据制度研究》，中国政法大学出版社 2013 年版。

57. 宋朝武：《中国仲裁制度：问题与对策》，经济日报出版社 2002 年版。

58. 宋连斌主编：《仲裁法》，武汉大学出版社 2010 年版。

59. 宋连斌：《国际商事仲裁管辖权研究》，法律出版社 2000 年版。

60. 宋航：《国际商事仲裁裁决的承认与执行》，法律出版社 2000 年版。

61. 肖永平主编：《体育争端解决模式研究》，高等教育出版社 2015 年版。

62. 郭树理主编：《国际体育仲裁的理论与实践》，武汉大学出版社 2009 年版。

63. 郭玉军主编：《仲裁法实训教程》，武汉大学出版社 2010 年版。

64. 李智主编：《体育争端解决法律与仲裁实务》，对外经济贸易大学出版社 2012 年版。

65. 徐元主编：《国际商务争端与解决》，东北财经大学出版社 2017 年版。

66. 朱克鹏：《国际商事仲裁的法律适用》，法律出版社 1999 年版。

67. 赵健：《国际商事仲裁的司法监督》，法律出版社 2000 年版。

68. 黄世席：《国际体育争议解决机制研究》，武汉大学出版社 2007 年版。

69. 詹礼愿：《中国内地与中国港澳台地区仲裁制度比较研究》，武汉大学出版社 2006 年版。

70. 詹礼愿：《中国区际商事仲裁制度研究》，中国社会科学出版社 2007

年版。

71. 尹力：《国际商事调解法律问题研究》，武汉大学出版社 2007 年版。

72. 丁颖：《美国商事仲裁制度研究——以仲裁协议和仲裁裁决为中心》，武汉大学出版社 2007 年版。

73. 李旺：《国际诉讼竞合》，中国政法大学出版社 2002 年版。

74. 金晓晨：《商会与行业协会法律制度研究》，气象出版社 2003 年版。

75. 姜霞：《仲裁司法审查程序要论》，湘潭大学出版社 2009 年版。

76. 马军、杨晋东、邢富顺编著：《商事仲裁司法审查：案件审理规范指南》，法律出版社 2020 年版。

77. 梁丹妮：《〈北美自由贸易协定〉投资争端仲裁机制研究》，法律出版社 2007 年版。

78. 梁堃：《英国 1996 年仲裁法与中国仲裁法的修改：与仲裁协议有关的问题》，法律出版社 2006 年版。

79. 梁咏等：《全球化大变局下的中欧贸易治理：博弈、竞合和未来》，法律出版社 2020 年版。

80. 林一：《国际商事仲裁中的意思自治原则——基于现代商业社会的考察》，法律出版社 2018 年版。

81. 叶兴平：《和平解决国际争端》（修订本），法律出版社 2008 年版。

82. 齐湘泉、齐宸、李旺：《涉外民事关系法律适用法实施研究》，中国政法大学出版社 2021 年版。

83. 齐湘泉：《外国仲裁裁决承认及执行论》，法律出版社 2010 年版。

84. 邢钢：《公司法律问题的比较法与国际私法评判》，中国法制出版社 2018 年版。

85. 李尊然：《国际投资争端解决中的补偿计算》，武汉大学出版社 2019 年版。

86. 李佳勋：《解决两岸商务仲裁法律制度冲突问题之研究——兼论认可与执行仲裁裁决构想》，法律出版社 2010 年版。

87. 潘皞宇编著：《商事仲裁裁判原理与案例研习》，中国法制出版社 2018 年版。

88. 宋建立编著：《涉外仲裁裁决司法审查：原理与实践》，法律出版社

2016 年版。

89. 何铁军：《涉外建筑工程承包法律适用问题研究》，吉林大学出版社 2015 年版。

90. 谢俊英、吕中行：《中国国际商事仲裁模式的创新理论与实践研究》，河北人民出版社 2013 年版。

91. 黄进、宋连斌、徐前权：《仲裁法学》，中国政法大学出版社 2008 年版。

92. 谢海霞：《论国际民商事诉讼中的不方便法院原则》，对外经济贸易大学出版社 2012 年版。

93. 徐伟功编著：《国际商事仲裁理论与实务》，华中科技大学出版社 2017 年版。

94. 杨荣馨主编：《完善立法 加强法制——全国民事诉讼法、仲裁法修改与完善学术研讨会论文集》，中国人民公安大学出版社 2006 年版。

95. 于湛旻：《国际商事仲裁司法化问题研究》，法律出版社 2017 年版。

96. 张建：《国际投资仲裁管辖权研究》，中国政法大学出版社 2019 年版。

97. 张建：《国际投资仲裁法律适用问题研究》，中国政法大学出版社 2020 年版。

98. 张润编著：《仲裁法一本通：中华人民共和国仲裁法总成》，法律出版社 2018 年版。

99. 张圣翠：《中国仲裁法制改革研究》，北京大学出版社 2018 年版。

100. 张圣翠：《仲裁司法审查机制研究》，复旦大学出版社 2020 年版。

101. 张圣翠：《国际商事仲裁强行规则研究》，北京大学出版社 2007 年版。

102. 张志：《仲裁立法的自由化、国际化和本土化——以贸法会仲裁示范法为比较》，中国社会科学出版社 2016 年版。

103. 上海市律师协会国际贸易业务研究委员会主编：《国际商事仲裁律师实务》，法律出版社 2018 年版。

104. 赵相林、宣增益：《国际民事诉讼与国际商事仲裁》，中国政法大学出版社 1994 年版。

105. 赵相林主编：《国际民商事争议解决的理论与实践》，中国政法大学出版社 2009 年版。

106. 何其生主编：《国际商事法院研究》，法律出版社 2019 年版。

107. 毛晓飞：《仲裁的司法边界：基于中国仲裁司法审查规范与实践的考察》，中国市场出版社 2020 年版。

108. 宁红玲：《投资者—国家仲裁与国内法院相互关系研究》，法律出版社 2020 年版。

109. 彭幸：《不方便法院原则适用中的人权保障问题研究》，厦门大学出版社 2019 年版。

110. 张美红：《国际商事仲裁程序"非国内化"研究》，上海人民出版社 2014 年版。

111. 晏玲菊：《国际商事仲裁制度的经济学分析》，上海三联书店 2016 年版。

112. 杨桦：《国际商事仲裁裁决效力研究》，上海三联书店 2021 年版。

113. 胡荻：《国际商事仲裁权研究》，法律出版社 2015 年版。

114. 任明艳：《国际商事仲裁中临时性保全措施研究》，上海交通大学出版社 2010 年版。

115. 石先钰：《仲裁员职业道德建设研究》，中国社会科学出版社 2019 年版。

116. 彭丽明：《仲裁员责任制度比较研究》，法律出版社 2017 年版。

117. 马占军：《商事仲裁员独立性问题研究》，法律出版社 2020 年版。

二、译著

1. ［美］克里斯多佛·R. 德拉奥萨、理查德·W. 奈马克主编：《国际仲裁科学探索：实证研究精选集》，陈福勇、丁建勇译，中国政法大学出版社 2010 年版。

2. ［以］尤瓦·沙尼：《国际法院与法庭的竞合管辖权》，韩秀丽译，法律出版社 2012 年版。

3. ［英］J. G. 梅里尔斯：《国际争端解决》（第五版），韩秀丽等译，法律出版社 2013 年版。

4. ［新加坡］张瑞苓主持：《外国判决在亚洲的承认与执行》，郭玉军等译，法律出版社 2020 年版。

5. ［德］薄克暮、［奥］芮离谷：《从双边仲裁庭、双边投资法庭到多边投资法院：投资者与国家间争端解决的机制化选择》（修订版），池漫郊译，法律出版社 2020 年版。

6. ［瑞士］克里斯塔·纳达尔夫卡伦·舍费尔：《国际投资法：文本、案例及资料》（第三版），张正怡等译，上海社会科学院出版社 2021 年版。

7. ［德］鲁道夫·多尔查、［奥］克里斯托弗·朔伊尔编：《国际投资法原则》（原书第二版），祁欢、施进译，中国政法大学出版社 2014 年版。

8. ［英］维杰·K. 巴蒂亚、［澳］克里斯托弗·N. 坎德林、［澳］毛里济奥·戈地编：《国际商事仲裁中的话语与实务：问题、挑战与展望》，林玫、潘苏悦译，北京大学出版社 2016 年版。

9. ［西］帕德罗·马丁内兹-弗拉加：《国际商事仲裁——美国学说发展与证据开示》，蒋小红等译，中国社会科学出版社 2009 年版。

10. ［英］艾伦·雷德芬等：《国际商事仲裁法律与实践》（第四版），林一飞、宋连斌译，北京大学出版社 2005 年版。

三、中文论文

1. 陈福勇："我国仲裁机构现状实证分析"，载《法学研究》2009 年第 2 期。

2. 何其生："国际商事仲裁司法审查中的公共政策"，载《中国社会科学》2014 年第 7 期。

3. 黄文艺："新《民事诉讼法》对不予执行仲裁裁事由修改的理解与适用"，载《北京仲裁》2012 年第 3 期。

4. 孔嫒："从仲裁诉讼化看仲裁法的修改"，载《北京仲裁》2004 年第 2 期。

5. 梁慧星："论仲裁法修改的方向——梁慧星先生在第二届中国仲裁论坛上的讲话"，载《北京仲裁》2007 年第 2 期。

6. 林一飞："中国仲裁机构改革初论"，载《仲裁研究》2006 年第 3 期。

7. 马占军："论我国仲裁裁决的撤销与不予执行制度的修改与完善——兼评《最高人民法院关于适用〈中华人民共和国仲裁法〉若干问题的解

释》的相关规定"，载《法学杂志》2007 年第 2 期。

8. 马占军："我国仲裁协议效力异议规则的修改与完善"，载《法学评论》2011 年第 2 期。

9. 石育斌、史建三："运用'刺破公司面纱原则'引入仲裁第三人——兼论对我国《仲裁法》的完善"，载《法学》2008 年第 10 期。

10. 宋连斌："司法与仲裁关系的重构：'民诉法'有关仲裁新规定之解析"，载《仲裁研究》2013 年第 3 期。

11. 宋连斌："理念走向规则：仲裁法修订应注意的几个问题"，载《北京仲裁》2004 年第 2 期。

12. 宋连斌、杨玲："我国仲裁机构民间化的制度困境——以我国民间组织立法为背景的考察"，载《法学评论》2009 年第 3 期。

13. 宋连斌、黄进："《中华人民共和国仲裁法》（建议修改稿）"，载《法学评论》2003 年第 4 期。

14. 宋连斌、赵健："关于修改 1994 年中国《仲裁法》若干问题的探讨"，载《国际经济法论丛》2001 年。

15. 宋明志："仲裁协议若干问题研究——兼评《最高人民法院关于适用〈中华人民共和国仲裁法〉若干问题的解释》及《仲裁法》修改"，载《北京仲裁》2008 年第 1 期。

16. 王红松："《仲裁法》存在的问题及修改建议"，载《北京仲裁》2004 年第 2 期。

17. 韦伟强："《仲裁法》的修改与完善——从一起仲裁执行异议之诉案件所进行的实证分析"，载《社会科学家》2018 年第 5 期。

18. 肖永平、邹晓乔："论我国国际商事仲裁规则的新发展"，载《武大国际法评论》2015 年第 1 期。

19. 张圣翠："强行规则对国际商事仲裁的规范"，载《法学研究》2008 年第 3 期。

20. 张圣翠："我国涉外仲裁法律制度之完善"，载《法学》2013 年第 5 期。

21. 郑金波："《中华人民共和国仲裁法》修改建议稿（中）"，载《仲裁研究》2009 年第 3 期。

四、英文专著

1. Gary B. Born, *International Arbitration: Law and Practice*, Second Edition, Kluwer Law International, 2017.

2. Jeswald W. Salacuse, *The Three Laws of International Investment: National, Contractual, and International Frameworks for Foreign Capital*, Oxford University Press, 2014.

3. Tao Jingzhou, *Arbitration Law and Practice in China*, Second Edition, Kluwer Law International, 2008.

4. Mauro Rubino-Sammartano, *International Arbitration Law and Practice*, Third Edition, JurisNet, LLC, 2014.

5. Nigel Blackaby et al., *Redfern and Hunter on International Arbitration*, Sixth Edition, Oxford University Press, 2017.

6. Philippe Fouchard, *Fouchard, Gaillard, Goldman on International Commercial Arbitration*, Kluwer Law International, 1999.

7. Shan Wenhua and Su Jinyuan, *China and International Investment Law: Twenty Years of ICSID Membership*, Brill Nijhoff and Hotei Publishing, 2015.

8. Julius Henry Cohen, *Commerical Arbitration and the Law*, Sagwan Press, 2015.

9. Jan Engelmann, *International Commercial Arbitration and the Commercial Agency Directive: A Perspective from Law and Economics*, Springer, 2018.

10. Margaret L. Moses, *The Principles and Practice of International Commercial Arbitration*, Third Edition, Cambridge University Press, 2017.

11. Mara Giorka, *International Commercial Arbitration: Flaws and Possible Remedies*, Lambert Academic Publishing, 2015.

12. Kyriaki Noussia, *Confidentiality in International Commercial Arbitration: A Comparative Analysis of the Position under English, US, German and French Law*, Springer, 2014.

13. Emmanuel Onyema, *International Commercial Arbitration and the Arbitrator's Contract*, Routledge, 2010.

14. Yves Derains, Laurent Levy, *Is Arbitration Only as Good as the Arbitrator?*

Status, *Powers and Role of the Arbitrator*, Wolters Kluwer Law & Business, 2015.

15. Christina Knahr er al. , *Investment and Commercial Arbitration*: *Similarities and Divergences*, 1 Eleven International Publishing, 2010.

16. Gary B. Born, *International Commercial Arbitration*, Second Edition, Wolters Kluuer Law & Business, 2014.

17. Jarrod Hepburn, *Domestic Law in International Investment Arbitration*, Oxford University Press, 2017.

18. Christian J. Tams and Antonios Tzanakopoulos, *The Settlement of International Disputes*: *Basic Documents*, Hart Publishing, 2012.

19. George A. Bermann, *Recognition and Enforcement of Foreign Arbitral Awards*: *The Interpretation and Application of the New York Convention by National Courts*, Springer, 2017.

20. Nathan D. O'Malley, *Rules of Evidence in International Arbitration*: *An Annotated Guide*, Informa Law from Routledge, 2012.

21. David D. Caron and Lee M. Caplan, *The UNCITRAL Arbitration Rules*: *A Commentary*, Oxford University Press, 2013.

22. Mauro Rubino-Sammartano, *International Arbitration Law and Practice*, Kluwer Law International, 2001.

后　记

　　斗转星移、日月如梭，不知不觉间时光就已悄然流逝，现已是我在首经贸法学院工作的第五个年头。而今迈步从头越，回顾任教的五年时光，不觉感慨万千。从最初踏上讲台时的羞赧不安，到逐步调适，再到慢慢开始游刃有余，我逐渐去享受教学相长的课堂，并日益深刻体会到自身所肩负的责任与使命。自打从事教学工作以来，我曾先后为本科生和研究生开设过国际私法、国际商事仲裁法、国际民商事争议解决、比较法等课程，课堂为我与学生们进行交流提供了一个特别好的机会，而备课的过程实际上也在促使我本人不断汲取新知、时刻"充电"。除日常的授课任务外，我还先后指导学生参加了"贸仲杯"国际商事仲裁英文模拟辩论赛、法兰克福国际投资仲裁辩论赛、国际航空法模拟法庭等多项赛事，并指导了多名研究生开展仲裁与破产交叉问题、仲裁禁诉令问题等法律问题的研究。与此同时，受自身研究兴趣使然，外加科研考核的压力，我始终在密切关注国际商事仲裁及中国仲裁法理论与实践领域的最新进展，通过申报课题、撰写论文、学术研讨等活动提升自身的科研工作。平日里，每天的时间被安排得非常紧凑，教学与科研压力如影随形，脑子里总是绷着个弦，不敢有丝毫怠惰。幸运的是，法学院浓厚的学术研究氛围始终激励着我，在学院同事的微信群中，时不时就能够看到有人获批重大科研项目、有人发表高质量论文、有人接受央视媒体访谈的消息，这使我深刻体会到同事们的优秀和勤勉，也督促着自己需要全身心地投入工作之中。

与此同时，在日常授课、从事科研、批阅论文、指导学生的过程中，我不时进行观察和反思，发觉不少同学对我国现行仲裁法律制度的认知往往停留在较为粗浅的层面，而这与我国《仲裁法》与实践的脱节不无关联。但另一方面，在课堂之外，仲裁近几年来却成为备受法学界与实务界关注的热点话题，"一带一路"建设、自由贸易港、粤港澳大湾区、《新加坡调解公约》《海牙判决公约》等都与仲裁存在着千丝万缕的关联。在这种背景下，作为从事仲裁法教学与研究工作的青年教师，我认为自己有义务也有责任从学理方面将思考与收获形成文字，从而为中国仲裁法的理论研究添砖加瓦。

本书的写作围绕中国仲裁法治现代化这一基本论题而展开，分别述及中国仲裁法发展的历史与当下、《仲裁法》修改的指导思想与建议案文、仲裁证据规则的现代化设计、自贸区临时仲裁的法律构建与制度保障、中国机构探索制定国际投资仲裁规则及参与修订《ICSID仲裁规则》的方案等。这些问题，彼此相互关联，兼顾理论与现实、规范与案例、历史与当下，如果说我国《仲裁法》的修改及仲裁规则的制度设计是受到持久关注的论题，那么自由贸易区临时仲裁与国际投资仲裁规则则属于较为前沿的新议题，在中国进入新时代的背景下，两方面都需要从制度层面进行酌思。

2019年8月至2020年9月期间，在首经贸党委组织部与法学院领导的推荐下，我在最高人民法院民事审判第四庭担任为期一年的挂职锻炼学者。挂职锻炼的经历，使我充分领会并真切接触到了中国涉外民商事司法审判实践工作，尤其是最高人民法院对涉外仲裁的司法审查工作。作为国家最高的司法审判机关，这里拥有最为丰富的司法资源和一手的实践素材，这段宝贵的经历使我得以见证新时代中国涉外法治建设的最前沿，也为本书的写作提供了不少有价值的思路。紧张而繁忙的挂职锻炼与我的日常教学及科研工作相伴而生，着实令我深感压力重大，但同时却也充分激发了我的潜能，将仲裁司法审查的实践与学术研究充分结合起来，从而为写作提供了更为独到且"接地气"的视角。

在书稿即将付梓之际，内心里既满怀期待，又有颇多忐忑。一方面，期待着自己的著作能够被更多的同行阅读，借助文字这一载体使长期以来的一些思考为他人所知，进而相互沟通、促进交流；另一方面，又深知自己的研究能力有限、欠缺实践经验，对很多问题的思考尚不到位，藏拙的本能令我对出版一事有所惶恐。然而，不能否认的是，若不能将真实的想法表达出来，潜藏于内心，久而久之便消失于头脑的"荒野"，那么将很难促进知识的增长。基于此，我选择将其写作出来，尽管表达尚不精练、论述尚不完美，但这恰恰为我不断提升自己提供了一个机会。

感谢首经贸法学院对本专著的出版所给予的资助，尤其感谢院长张世君教授、前辈谢海霞教授、金晓晨教授、李璐玲教授、朱路教授、翟业虎教授、魏庆坡教授、张金矜老师等同事对我的支持与鼓励。感谢中国政法大学出版社编辑部为本书的审校所付出的努力。限于研究能力和水平，书中定是存在着不足与缺漏，真诚地恳请各位读者不吝批评指正。

张　建

2021 年 12 月 26 日于北京长辛店